Josef M. Fersch

Leistungsbeurteilung und Zielvereinbarungen in Unternehmen

Josef M. Fersch

Leistungsbeurteilung und Zielvereinbarungen in Unternehmen

Praxiserprobte Instrumente zur systemorientierten Mitarbeiterführung

GABLER

Die Deutsche Bibliothek – CIP-Einheitsaufnahme
Ein Titeldatensatz für diese Publikation ist bei
Der Deutschen Bibliothek erhältlich

1. Auflage Mai 2002

Lektorat: Susanne Kramer

Der Gabler Verlag ist ein Unternehmen der Fachverlagsgruppe BertelsmannSpringer.
www.gabler.de

Umschlaggestaltung: Nina Faber de.sign, Wiesbaden
Druck und buchbinderische Verarbeitung: Wilhelm & Adam, Heusenstamm
Gedruckt auf säurefreiem und chlorfrei gebleichtem Papier
Printed in Germany

ISBN 3-409-11941-8

Vorwort

Der US-Psychologe Martin Seligman sieht den langfristigen *Leistungserfolg* im Beruf als Folge der Denkmuster (Attributionen), mit denen Menschen ihre Erlebnisse deuten und umsetzen. Er unterscheidet zwischen *Gewinnern* und *Verlierern.* Erfolgsforscher sagen, dass sich die Verhaltensmuster geborener Gewinner von denen geborener Verlierer in drei wesentlichen Punkten unterscheiden:

Dauerhaftigkeit:	Pessimisten halten negative Einflüsse für dauerhaft und tun deshalb auch nichts dagegen. („Das ändert sich nie!") Optimisten glauben das Gegenteil, werden aktiv und ernten Erfolg.
Wirkungsbereich:	Gewinner halten Negatives für begrenzt wirksam, Verlierer für global wirksam – beide verhalten sich entsprechend.
Betroffenheit:	Verlierer fühlen sich für Niederlagen verantwortlich, auch wenn sie objektiv nichts dafür können – Gewinner fühlen sich für Siege verantwortlich, auch wenn sie objektiv nichts dafür können.

Durch die Attributionsforschung ist bekannt, dass Bewerber mit pessimistischen Erklärungsmustern ein Jahr nach der Einstellung doppelt so oft aufgeben wie Bewerber mit optimistischen Mustern.

Nun finden wir Optimisten und Pessimisten in den Unternehmen sehr verteilt vor – natürlich auch im Führungsbereich. Somit sind ganze Unternehmen in der Vielzahl der täglich zu entscheidenden Zahlen und Fakten vom jeweiligen Attributionsverhalten ihrer Manager abhängig. Das ist insbesondere wichtig vor dem Hintergrund, dass nur wenige der täglich kursierenden Zahlen „hart" im Sinne von aussagekräftig bzw. leicht zu entscheiden sind. So sind ganze Unternehmen optimistisch oder pessimistisch eingefärbt – durch ihre Entscheidungsträger.

Martin Seligman warnt allerdings vor unreflektiertem Optimismus, den es auch gibt und der oft früh erkennbar wäre und kontraproduktiv ist. Er spricht hier von der „Optimismus-Falle." Um von ihr nicht gefangen zu werden, sondern dennoch den bestmöglichen Erfolg zu gestalten, sollten immer: Emotionale Intelligenz und gewachsenes Selbstvertrauen verbunden mit Stilflexibilität – hochprozentig vorhanden sein. Sie sind die *personenbedingten* Voraussetzungen für anhaltenden Führungserfolg. Zusätzlich benötigen diese drei Erfolgsträger von „Gewinneroptimisten" *Führungswerkzeuge*, die in diesem Buch vorgestellt werden.

Josef M. Fersch

Inhalt

1. Einleitung

Nachhaltiger Erfolg mit dem Gewinner-Gewinner-Prinzip setzt eine gesunde Leistungsfähigkeit und -bereitschaft voraus – auf Basis von Vernunftzielen. Objektivierte Selbst- und Fremdeinschätzung – eingebunden in fairen Umgang miteinander sollten die erfolgreiche Zusammenarbeit stets tragen und bereichern.

Leistung

1. Leistung ist die Herausforderung und das Salz des Lebens.
2. Leistung hat mit sich selbst erproben und überwinden zu tun.
3. Leistungserfolg bringt Spaß, Lebensfreude, Zuversicht, Zufriedenheit.
4. Gute Leistung motiviert zu weiterer Steigerung.
5. Der Motivierte will seine Leistung messen und sich dadurch selbst einschätzen.
6. Leistung fördert die Persönlichkeitsentwicklung.

Beurteilung

1. Beurteilen findet täglich statt.
2. Beurteilen ist Werten, Einstufen, Zuordnen.
3. Beurteilen setzt Werte und Maßstäbe voraus.
4. Beurteilen erfordert Objektivität und Gerechtigkeit.
5. Beurteilen ist: Innerlich in Beziehung treten.
6. Beurteilen erfordert: Sich entscheiden/festlegen.
7. Beurteilen soll Klarheit schaffen und Tatsachen offen legen.
8. Beurteilen zeigt Erfordernisse auf.
9. Beurteilen lässt Ziele und Wege offenbar werden.
10. Beurteilen soll neue Entscheidungen vorbereiten.
11. Beurteilen anderer fordert die Gesamtperson heraus.
12. Beurteilen anderer soll zur Selbstreifung beitragen.

Ziele

1. Ziele müssen neben sachlichen auch geistige Werte beinhalten, sonst sind sie wertlos.
2. Ziele sollen die gesamte Persönlichkeit ansprechen und anspornen.
3. Ziele müssen bekannt und innerlich akzeptabel sein.
4. Ziele müssen zwischen den Betroffenen vereinbart werden.
5. Ziele müssen klar formuliert sein.
6. Ziele müssen sinnvoll, widerspruchsfrei und erreichbar sein.
7. Ziele müssen in einer zeitlichen Ordnung stehen.
8. Die Zielerreichung muss selbst messbar sein.
9. Ziele sind das α & Ω des Lebens zu Optimierungen hin.

Gespräche
(sind zur Übermittlung der Beurteilungsergebnisse und Klärung der Ziele implizit erforderlich)

1. Gespräche verbinden Menschen.
2. Gespräche sind ein Austausch von bildhaften Vorstellungen.
3. Gespräche sind wie das Blut in den Adern des Unternehmens.

4. Gespräche befruchten das Denken.
5. Gespräche legen Ziele und Widerstände offen.
6. Gespräche legen Beziehungen offen.
7. Gespräche zeigen Wege auf.
8. Gespräche schaffen Klarheit.
9. Gespräche sollen motivieren (Motivrichtungen aufzeigen).

Jedes Unternehmen lebt von der *Leistungs*menge und -qualität seiner gesamten Belegschaft. Diese Belegschaft setzt sich aus Vorgesetzten und den ihnen unterstellten Mitarbeitern zusammen. Nun wird aber jede persönliche Einzelleistung von vielerlei Faktoren beeinflusst, welche auf die individuelle *Leistungs*fähigkeit und *Leistungs*bereitschaft wirken. Der Motivationspsychologe Frederick Herzberg sprach da von sogenannten „Hygienefaktoren“ (Mindestvoraussetzungen), welche in akzeptablen Arbeits-, Kommunikations- und Führungsbedingungen gegeben sein müssten, damit *Normalleistung* erbracht wird. Sind diese betrieblichen Mindestvoraussetzungen, denen entsprechende Erwartungen auf Mitarbeiterseite gegenüberstehen, nicht erfüllt, so tritt schnell Unzufriedenheit mit den Folgen wie *Minderleistung*, höherer Krankenstand, höhere Fluktuation, höhere Fehlerquote etc. ein. Damit Mitarbeiter aber freiwillig höhere, als nur durchschnittliche *Leistung* erbringen, müssten allerdings Anreize vorhanden sein, welche die Mitarbeiter emotional (intrinsisch) dazu antreiben. Da braucht es z. B. das Gefühl, dass die geleistete Arbeit interessant ist *und* geschätzt wird; dass man Aufstiegs- bzw. Entwicklungsmöglichkeiten hat; dass man sich mit dem Vorgesetzten gut aussprechen kann und akzeptiert ist usw. Herzberg nennt diese intrinsischen Anreize „Motivatoren“.

Nach diversen Befragungen in den letzten Jahren steht es allerdings in vielen Firmen mit der Führungs- und damit der Motivationskultur nicht gut; es könnte allgemein erheblich besser sein. Warum ist es so?

1. Haben die Unternehmer und Führungskräfte das Potential an Wissen und Motivation ihrer Mitarbeiter nicht erkannt, unterschätzt, nicht wirklich oder falsch eingesetzt, demotiviert usw.?

   In einem Beitrag der Süddt. Zeitung vom 03.01.1998 heißt es, dass lt. Befragung im Jahr 1990 in 90 deutschsprachigen Firmen nur 20-40 % des vorhandenen betriebsinternen Wissens auch genutzt wird. Also sind die Mitarbeiter in den Firmen zu 60-80 % unterfordert, vielfach falsch eingesetzt und demotiviert. Doch wie gehen die Verantwortlichen damit um?

2. Aus den möglichen Ergebnissen der o. g. Fragen leitet sich die weitere Frage nach der Führungskultur und -effizienz in Deutschland ab: Ist hier noch viel traditionelles Führungsdenken aus der Kaiser- und Militärzeit vorhanden? Wie viel demokratisch-delegativ kooperatives Bewusstsein haben unsere Unternehmer und Führungskräfte? Haben sie oft ein Übermaß an Kompetenzen und Zuständigkeiten an sich gezogen (Flaschenhalsprinzip) und frustrieren damit ständig ihre fähigen Mitarbeiter? Geht es um Macht und Machterhalt? (Wer hohe Machtbedürfnisse hat und beherrschen will, hat Angst, dass ihm etwas entgleitet.)

3. Emigrieren Mitarbeiter nach innen und stellen Werte wie Freizeit, Urlaub, Hobbys etc. viel höher als den Wert „Spaß, Erfolg und Erfüllung in der Arbeit" als Folge der Punkte 1 und 2?

Was kann man tun – was kann man verändern?

- Kann man Mitarbeiterleistung wirklich optimal einsetzen und objektiv beurteilen? Ja/Nein
- Ist die Zeiterfordernis für Beurteilungen eine rentable Investition? Ja/Nein
- Soll man Mitarbeitervorschläge einholen und anwenden (lassen)? Ja/Nein
- Hat es Sinn, Mitarbeiter von der „Tuns-Orientierung" zur Ziele-Orientierung zu führen? Ja/Nein
- Soll und kann man mit Mitarbeitern offen über deren Leistung und auch Leistungsdefizite sprechen oder nicht? Ja/Nein
- Kann man Menschen überhaupt von außen motivieren? Ja/Nein
- Kann ein verändertes Führungsverhalten Mitarbeitern so viele Motive/Motivatoren vermitteln, dass sie die Leistungsmenge und -qualität freiwillig erhöhen und aus dem Gleichgültigkeitstal herauskommen? Ja/Nein

Viele Unternehmen stehen vor dem Dilemma, dass die Kosten (Personalkosten, Arbeitskosten, Stückkosten, Gemeinkosten etc.) relativ zu hoch sind und der Ertrag zu niedrig ist. Trotzdem sehen die Unternehmensleiter und ihre Führungskräfte oft keinen anderen Weg als den alten. Sie sind noch in den alten Mustern gefangen.

In immer mehr Unternehmen aber ist eine *Aufbruchstimmung* zu erkennen: Führungskräfte werden dort nur nach Auswahltests ernannt, der innerbetriebliche Aufstieg wird bewusst gefördert, Mitarbeiter werden jährlich beurteilt. Mit ihnen werden Ziele vereinbart und Entwicklungsgespräche geführt, Mitarbeiter in Teams eingebunden und zur Lösung der eigenen (Fach)Probleme verantwortlich herangezogen, flexible Arbeitszeit- und auch Vergütungsmodelle werden angeboten u. v. a. m.

Leben wir in zweierlei Arbeitswelten? Wo liegen die Trends – was hat sich bewährt? Brauchen wir ein *Umdenken*? Um diese Fragen und Zusammenhänge geht es in diesem Buch.

Ziel ist es somit:

a) aufzuzeigen, zu vergleichen und zu bewerten, mit welchen Leistungsbeurteilungs- und Zielvereinbarungsmethoden derzeit einige namhafte deutsche Unternehmen ihren Personaleinsatz zu optimieren versuchen.

b) ein Soll-Beurteilungsverfahren darzustellen und zu beschreiben, mit dem in der Praxis ein hoher Effektivitätsgrad im Personal- und Führungskräfteeinsatz erreicht werden kann.

Die Vorgehensweise soll sowohl wissenschaftlich fundiert wie auch praxisrelevant sein. Sie soll der Anforderung genügen, hilfreiche Anstöße zu geben für die Optimierung des Humankapitaleinsatzes in der Wirtschaft.

2. Grundfragen der Leistungseffizienz von Unternehmen

2.1. Humankapitaleffizienz entscheidet?

Ausschlaggebend für den langfristigen wirtschaftlichen Erfolg ist das *optimale Zusammenspiel* aller Einflussgrößen im Unternehmen selbst. Wenn dies gut gelingt, dann wird das Unternehmen auch erfolgreich nach außen agieren können. Zwei Faktoren sind hierfür besonders ausschlaggebend: Eine *„gute Führung"* und eine *„gute Mannschaft"* – also gutes Humankapital[1]. *Wie lässt sich das erreichen?*

Schaut man in der Menschheitsgeschichte zurück, so gab es schon immer in allen Bereichen diese Frage, weil es hier immer Probleme gab. Aber erfolgsentscheidend gegenüber der Konkurrenz war es immer, die bessere Mannschaft und die bessere Führung zu haben! Es gibt nur wenige alte, erfolgreiche Unternehmen, aber unzählige, die in der Zwischenzeit wieder verschwunden sind. Wer eine schwache Mannschaft hatte, der hatte in der Regel auch eine schwache Führung – und wer eine gute Führung hatte, dort war oder entwickelte sich in der Regel auch eine gute Mannschaft!

So ist es auch heute im internationalen Wirtschaftskrieg: Land gegen Land und Global Player gegen Global Player usw. Die einen sagen: Die Großen fressen die Kleinen – andere sagen: Die Schnelleren fressen die Langsameren. Also können auch die „Kleinen-Schnellen" die „Großen-Langsamen" fressen, wenn sie eine bessere Führung und eine bessere Mannschaft haben.

2.2. Ursache-Wirkungszusammenhänge verkannt?

Irororu Ishikawa hat festgestellt: Wenn es irgendwelche Problem*ursachen* zu identifizieren und zu analysieren gilt, dann muss man die Einzelwirkung wie auch das *Zusammenspiel* von *Mensch, Maschine, Material und Methode* betrachten – ein systemischer Ansatz.

Bei *Maschinen* und *Material,* einschließlich den adaptierten *technischen Methoden,* hat man schon weitestgehend optimiert (PPS, CIM u. a.). Beim *Menschen* und seinen möglichen *Zusammenarbeits- und Führungsmethoden* scheint noch viel Optimierungspotential ungenutzt.

Hier gilt es also anzusetzen, um das beste Humankapital zu bekommen. So ist z. B. das Leitmotiv des Buches von Peters & Waterman, „Auf der Suche nach Spitzenleistungen"[2]:

„Die Produktivität hängt vor allem davon ab, dass die Beschäftigten sich be- und geachtet fühlen."

---

1 Humankapital ist die Summe aller eingesetzten menschlichen Fähigkeiten und Motivationen.

2 Peters, Thomas/Waterman, Robert: Auf der Suche nach Spitzenleistungen (bei US-Firmen), 1983, S. 28

Wenn in erfolgreichen Unternehmen *nicht bessere Menschen*, sondern *die Menschen dort besser arbeiten,* dann gibt es Gründe für deren hohen emotionalen, mentalen und rationalen Mehreinsatz: Sie werden optimal geführt und betreut. Daher bringen sie ihr ganzes Potential freiwillig ein – jeweils an ihrem Platz und für das ganze Unternehmen. Sie haben dort eine *emotionale „Arbeitsheimat"*, statt nur eine Gelderwerbsstelle.

2.3. Personalökonomie als Ziel?

Nur wenn das „magische Fünfeck der Personalwirtschaft" gleichzeitig erfüllt wird, ist auch das generelle Wirtschaftlichkeitsprinzip erfüllt:

Den richtigen *Mitarbeiter*
in der richtigen *Qualifikation*
zur richtigen *Zeit*
am erforderlichen *Ort*
rationell einsetzen.

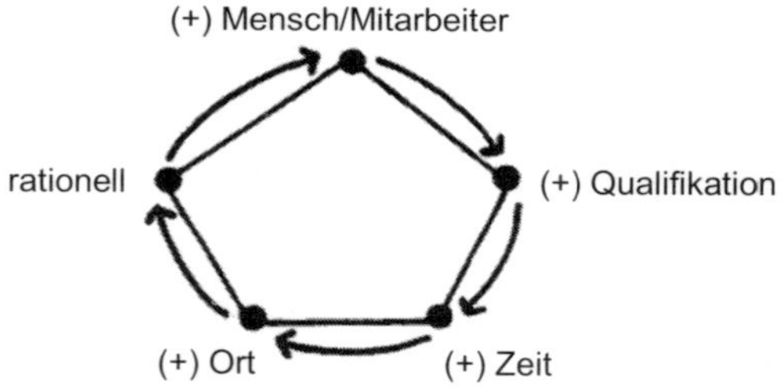

Abbildung 1: Personalwirtschaftliches Fünfeck als positiver Regelkreis
(+) steht jeweils für: richtigen, erforderlichen ...

Wenn nun, wie Holger Beitz[3] schreibt, durchschnittlich 20 % der Mitarbeiter (die Arbeitsethiker) 80 % des Gesamterfolges – und 80 % der Mitarbeiter nur 20 % des Gesamterfolges erbringen, dann ist dort weder das magische Fünfeck noch das generelle Wirtschaftlichkeitsprinzip erfüllt. In diesen Unternehmen haben wir einen negativen Regelkreis – und mentalen Stress im Gesamtsystem.

Viele Werte, Normen, Strukturen, Ablaufprozesse werden als negativ empfunden, deshalb befinden sich hier viele Mitarbeiter in der sog. „inneren Kündigung" und leisten nur „Dienst nach Vorschrift" (Rache durch Passivität). Stressdruck verzehrt dort Energie – siehe Abbildung 2:

3 Beitz, Holger: Trendletter, 2000, S. 2

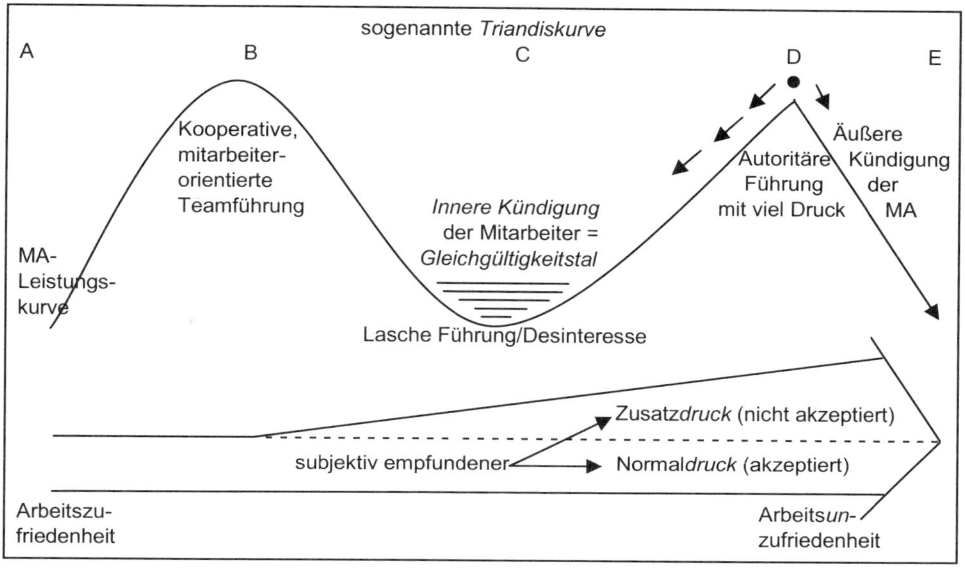

Abbildung 2: Die Triandiskurve (Verfasser unbekannt) zeigt die MA-Leistung in Abhängigkeit vom subjektiv empfundenen Führungsdruck. Wenn der Gesamtdruck unakzeptiert hoch ist, bricht die an diesem Punkt D labile Leistungskurve. Die einen Mitarbeiter kündigen äußerlich – die anderen innerlich.

2.4. Liegt im Systemischen Managementprinzip die Lösung?

Die genannten Möglichkeiten wie Grenzen von Führungs- und Mitarbeiterleistung zu analysieren, zu beschreiben und auf Optimierungen hin zu untersuchen, will dieses Buch.

Der *systemische Managementansatz* hilft uns, grundsätzliche Zusammenhänge klarer zu sehen:

- Menschen sind bekanntermaßen *lebende Organismen* und bilden im Unternehmen lebende Systemgebilde[4].
- Wir unterscheiden zwischen *„nicht-lebenden Systemen"* (Maschinen, Anlagen, Fahrzeugen, PCs, Uhren) und *„lebenden Systemen"* (Menschen, Gruppen, Abteilungen, Unternehmen etc.). Die Aktivitäten, z. B. einer Maschine, werden von deren Baustruktur und Programm bestimmt; sie sind steuerbar. Lebende Systeme aber sind nicht gleichermaßen steuerbar, sondern dynamische Innenvorgänge bestimmen die organische Struktur dieses Organismus.

---

4 Capra, Fritjof: Wendezeit, Systembild des Lebens, 1992, S. 311

Und genau hier liegt eine oder *die* wesentliche Ursache für viele Probleme in Unternehmen: Unternehmen, mit den Menschen darin, werden bisher eher *mechanistisch*[5] betrachtet und geführt – wie *nicht*lebende Systeme.

Viele Führungskräfte verstanden und verstehen sich als *fachlich* kompetente *Macher und Steuerer/Beherrscher.* Sie haben auch in ihren Einflussbereichen dementsprechende Werthaltungen, Verhaltensmuster/-normen und Strukturen gesetzt, gefördert, zugelassen. Dadurch glauben sie Spannungsfelder, Probleme, Konflikte etc. *weitgehend im Griff* zu haben.[6] *Lebende* soziale Systeme – also Menschen im Unternehmen – reagieren aber als dynamisch-vernetzte Organismen oft *anders*, als der einseitig Eingreifende es sich vorgestellt und erwartet hat. Denn lebende Systeme (Unternehmen) und ihre Subsysteme (Mitarbeiter, Abteilungen, Gruppen) haben eine gewisse Autonomie und steuern sich selbst – also aus sich heraus. Deshalb amortisieren sich oft riesige Investitionen nur ungenügend, die Kosteneinsparungspotentiale und Effizienzsteigerungen entstehen nicht wie berechnet, wenn die „lebenden Wirkungszusammenhänge" nicht einbezogen bzw. nicht beachtet wurden. Durch das nicht-systemische Denken wird unökonomisch gewirtschaftet. Der ökonomisch Erfolgreiche denkt *systemisch.*

Capra, Exner, Königswieser[7] haben dies im ersten Grundprinzip des systemischen Managements so formuliert:

„Unternehmen sind nicht beherrschbar, sie beherrschen sich selbst!" (weil sie dynamisch strukturiert und vernetzt sind und nicht-statischen Programmen folgen)

Dies ist für Macher- und Beherrscher-Führungskräfte eine höchst unangenehme bis unakzeptable Aussage. Sie sind es gewohnt, mit großem Einsatz wie auch hohem Fachwissen technisch-organisatorische Abläufe einschließlich der betroffenen Menschen zu steuern – mit mehr oder weniger Erfolg. Dieses Denken stammt noch von Descartes und Newton. Nach ihrem Denken war die ganze Welt wie eine große Maschine zu sehen und zu behandeln.[8]

– Dieter Frey[9] kommt nach intensiven und umfangreichen Mitarbeiterbefragungen zu folgendem Ergebnis: Über 50 % von 3 000 repräsentativ befragten Mitarbeitern verschiedener Firmen haben ihrem Unternehmen innerlich gekündigt, weil sie vor allem mit dem Führungsverhalten ihrer Vorgesetzten nicht einverstanden sind. Nach den von Dieter Frey besonders häufig vorgefundenen 20 Verhaltensbeschreibungen für diese Führungskräfte, kann man sie mindestens als *Macher und Beherrscher* bezeichnen.

5 Thömmes, Jürgen: Blinde Flecken in der Beurteilungspraxis, 1996, S. 246
6 Thömmes, Jürgen: Blinde Flecken in der Beurteilungspraxis, 1996, S. 246
7 Capra, Fridjof/Exner, Alexander/Königswieser, Roswitha: Veränderung im Management – Management der Veränderung, in: Königswieser, Roswitha/Lutz, Christian (Hrsg.): Das systemisch evolutionäre Management: der neue Horizont für Unternehmer, 1992, S. 112-121
8 Capra, Fritjof: Wendezeit, Systembild des Lebens, 1992, S. 296
9 Frey, Dieter: Universität München, Aufsatz Innere Kündigung, Eigenverlag, 04.01.1999

Systemisch analog schlussfolgernd heißt das: Wenn es wichtigen Organen (MA) nicht gut geht, dann befindet sich der gesamte Organismus (Unternehmen) im Stress und kann keine optimale Leistung erbringen. Diese Eigendynamik von Systemen wird oft unterschätzt. Nachdem Capra[10] sagt,

> „die jeweilige Ordnung auf einer Systemebene ist die Folge der Selbstorganisation auf einer höheren System-Ebene",

heißt dies auch: Zuerst muss es oben stimmen, dann kann es unten funktionieren – und nicht anders herum. Dieter Freys Studie[11] zeigt auf, dass es in den befragten Unternehmen „oben" nicht stimmt, deshalb auch „unten" nicht! Nachdem die Qualifikation und Motivation, d. h. die Gesamtkompetenz aller Mitarbeiter eines Unternehmens, sowohl der wichtigste Kosten- wie auch der wichtigste Erfolgsfaktor ist, sollte damit behutsam, sorgfältig, wirtschaftlich, zielorientiert etc. umgegangen werden – und nicht konsequent falsch, wie die Beispiele Frey/Beitz zeigen.

– Unternehmen sind als Organisationen autopoietische Systeme, welche ein selbststeuerndes *Gedächtnis* – wie Bewusstseine[12] – haben und entsprechend reagieren. Deshalb stoßen Abteilungen ihre nicht akzeptierten Vorgesetzten (zumindest durch Passivität = innere Kündigung) ab, wie ein menschlicher Körper ein transplantiertes Organ – nach einer eigenen inneren Logik. Das heißt: Führungskräfte und auch gute Fachleute können scheitern, wenn das systemische Umfeld sie wie eine kranke Zelle abstößt, weil sie für dieses (Sub-)System nicht um*feld*verträglich sind. Das geschieht meist schon in der Probezeit und kann unabhängig von der Qualifikation dieser Menschen sein. Wir haben es hier mit einer gewissen *Systembiologie* zu tun. So werden z. B. die positiven Systemeigenschaften eines Unternehmens sowie seiner Subsysteme zerstört, wenn dieses Unternehmen in ein anderes eingegliedert wird. Wendelin Wedeking (Porsche AG) sagte einmal: 80 % aller Unternehmenszusammenschlüsse sind im Prinzip gescheitert. Deshalb müssten Zusammenschlüsse systemisch gut überlegt, äußerst sorgsam vorbereitet und systemisch-behutsam durchgeführt werden. Das kostet viel Zeit, weil echtes *Zusammenwachsen* geschehen muss, sonst geht es schief! Lebende Organismen (Unternehmen und ihre Subsysteme) sind nicht starr und statisch, sondern in ihnen ist Raum für Variationen und Flexibilität.

Dies macht sie fähig, sich neuen Umständen anzupassen – das geschieht durch „Rückkoppelungsschleifen"[13] in den Einzelkomponenten und Subsystemen. Hierin besteht zugleich auch die Chance, über Komponenten die Subsysteme und letztlich den ganzen Organismus (U) zu beeinflussen. Das geht aber nur durch ganzheitliches Denken und system-konformes prozessuales Vorgehen (die Betroffenen umfassend beteiligen). Genau das geschieht aber in den meisten Unternehmen (noch) nicht; dies

---

10 Capra, Fritjof: Wendezeit, Systembild des Lebens, 1992, S. 311

11 Frey, Dieter: Universität München, Aufsatz Innere Kündigung, 04.01.1999

12 Capra, Fridjof/Exner, Alexander/Königswieser, Roswitha: Veränderung im Management – Management der Veränderung, in: Königswieser, Roswitha/Lutz, Christian (Hrsg.): Das systemisch evolutionäre Management: der neue Horizont für Unternehmer, 1992, S. 112-121

13 Capra, Fritjof: Wendezeit, Systembild des Lebens, 1992, S. 297

belegen die Ergebnisse von Dieter Frey. Auf dem Management-Symposium St. Gallen im Mai 2000 sagte der damalige AOL-Europa-Chef Andreas Schmidt[14], „dass die meisten Unternehmen noch immer recht hilflos vor den Herausforderungen des Kulturwandels stünden und *Management nach dem traditionellen Führer-Gefolgschaftsprinzip betrieben ...*“

Die grundsätzlichen Probleme in Unternehmen sind systemische Probleme, die nicht als solche erkannt sind, weil man sie immer noch linear und isoliert lösen will. Sie sind aber miteinander verknüpft und voneinander abhängig und deshalb nur ganzheitlich zu lösen. Anstatt durch starre Entscheidungen einzugreifen, müssen unvermeidbare Konflikte durch dynamisches Ausbalancieren[15] überwunden und gelöst werden. Und Konflikte sind natürlich nicht grundsätzlich negativ.

- Lern- und Anpassungsprozesse laufen in organisatorischen Gebilden sehr langsam ab. Oft wird geradezu zwanghaft an überkommenen Routinen festgehalten (10 Jahre und länger[16]), die ihren Sinn für die Praxis längst verloren haben. Sie sind fest verankert in nicht-systemischen Managementgewohnheiten und Standardabläufen.[17]

Diejenigen Unternehmen, die ihre Zukunft erfolgreich gestalten wollen, müssen – wenn sie es noch nicht getan haben – einen *Paradigmenwechsel*[18] im Management vollziehen und anschließend auch in der „Mannschaft“. Wir brauchen eine Erweiterung des Denkens und der Wertvorstellungen. Wir brauchen dringend individuelle Kompetenzentwicklung.

Abbildung 3 zeigt das sogenannte systemisch-bionische Organisationsmanagement eines Unternehmens. Deutlich werden die zwei Paradigmen gegenübergestellt: die herkömmliche global-ökonomische Form der Organisation und die systemisch-bionische Form. Der Begriff *Bionik* ist eng verbunden mit dem systemischen Denken und Bewusstsein. Bionik ist ein wissenschaftlich-methodischer Forschungsansatz, der die natürlich-systemisch geleiteten Wechselspiele der vielfältigen Arten in der Natur als Vorbilder für innovative Ingenieurlösungen wie auch für kybernetische Problemlösungen in der Organisation nutzt. Bionik hat hier eine Brückenfunktion; denn in diesem Systemtyp sind sowohl die Subsysteme (Regelkreis) wie auch das ganze Unternehmen im dynamischen Gleichgewicht.

---

14 Deckstein, Dagmar: Postmoderne Zeiten, Süddeutsche Zeitung, 29.05.2000, S. 25

15 Capra, Fridjof/Exner, Alexander/Königswieser, Roswitha: Veränderung im Management – Management der Veränderung, in: Königswieser, Roswitha/Lutz, Christian (Hrsg.): Das systemisch evolutionäre Management: der neue Horizont für Unternehmer, 1992, S. 112-121

16 Peters, Thomas/Waterman, Robert: Auf der Suche nach Spitzenleistungen (bei US-Firmen), 1983, S. 28/30

17 Peters, Thomas/Waterman, Robert: Auf der Suche nach Spitzenleistungen (bei US-Firmen), 1983, S. 28/30

18 Capra, Fridjof/Exner, Alexander/Königswieser, Roswitha: Veränderung im Management – Management der Veränderung, in: Königswieser, Roswitha/Lutz, Christian (Hrsg.): Das systemisch evolutionäre Management: der neue Horizont für Unternehmer, 1992, S. 112-121

Hier wird das Unternehmen als integrierter Teil einer komplexen Umwelt gesehen, dessen Aktivitäten mit diesem komplexen Umfeld dynamisch vernetzt sind und im Wechselspiel stehen: an jedem Arbeitstag in jedem Detail. Es gilt also, Unternehmen neu zu qualifizieren.

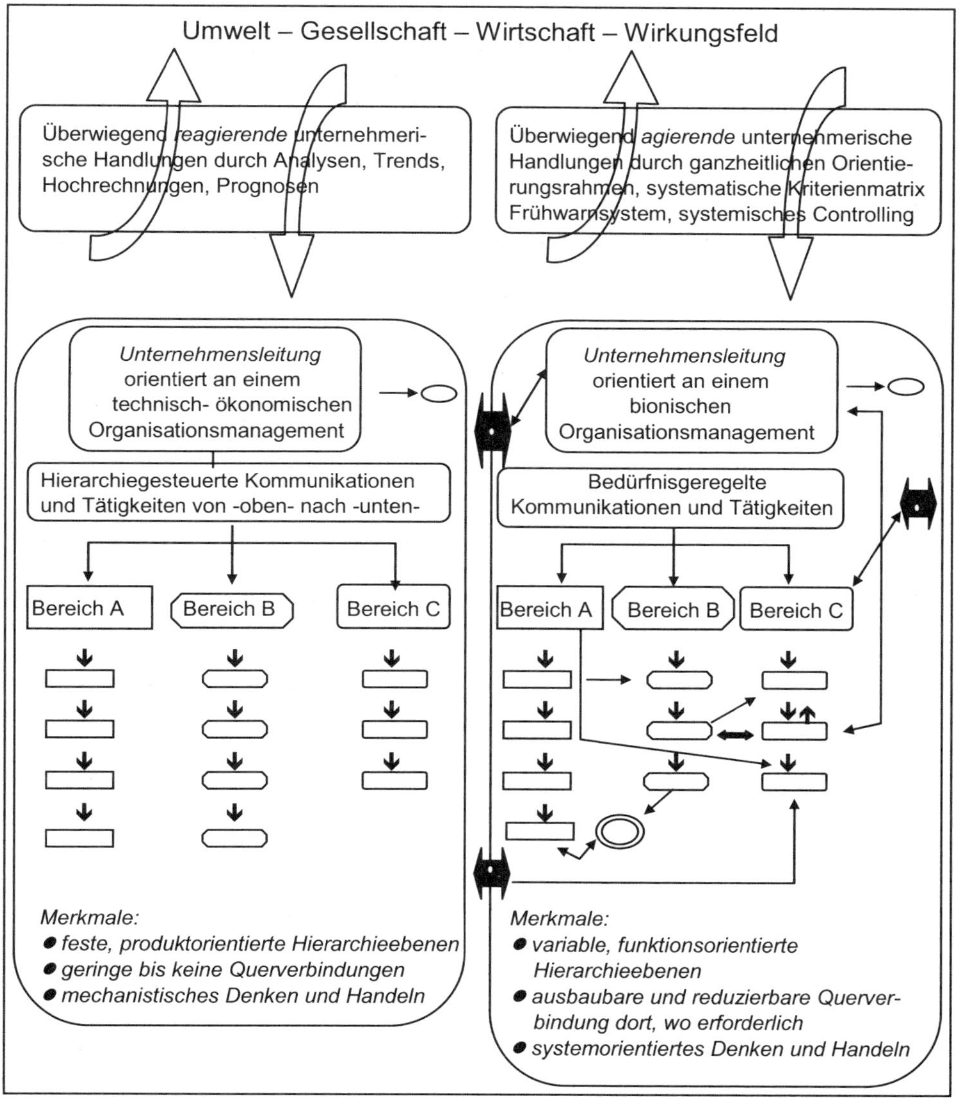

Abbildung 3: Systemisch-bionisches Organisationsmanagement eines Unternehmens
Quelle: io-Management ETH-Zürich, Sonderausgabe 06/2000, S. 28

2.5. Künftige Qualifizierungsfelder?

Die Bosch und Siemens Hausgeräte GmbH – Zentrale Personalentwicklung, München – stellt die künftigen *Qualifikationsfelder* wie folgt dar:

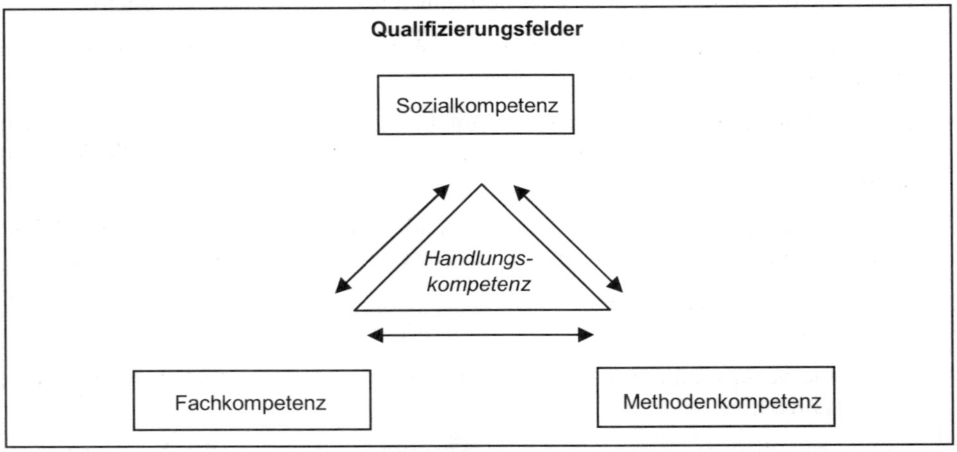

Abbildung 4: Qualifizierungsfelder Bosch und Siemens Hausgeräte GmbH

Über die Fachkompetenz verfügen die Vorgesetzten und Mitarbeiter in der Regel – obwohl sie auch immer wieder rasch erweitert werden muss. Die Entwicklung/Steigerung der Sozialkompetenz steht z. T. im Zusammenhang mit der Methodenkompetenz. Nach Dieter Freys Ergebnissen zeigen sich in der Sozial- und Methodenkompetenz von Führungskräften große Defizite – im Unterschied zu deren Fachkompetenz. Entsprechend dem erforderlichen Paradigmenwechsel benötigen wir in der Zukunft nicht den vielfach vorhandenen Macher und Beherrscher, sondern den „Gärtner und Kultivator[19]" von Unternehmen mit hoher Handlungskompetenz.

Welcher Persönlichkeitstypus ist der „neue Manager"?

[19] Capra, Fridjof/Exner, Alexander/Königswieser, Roswitha: Veränderung im Management – Management der Veränderung, in: Königswieser, Roswitha/Lutz, Christian (Hrsg.): Das systemisch evolutionäre Management: der neue Horizont für Unternehmer, 1992, S. 112-121

2.6. Der neue Managertyp?

Dieser neue[20] Managertyp wird den Zukunftserfolg ermöglichen. Er ist einer, der:

- gelernt hat und weiter lernt, mit immer neuen Unsicherheiten zu leben (statt mit Pseudosicherheit immer schnell alles bestimmen und beherrschen zu wollen),
- die Eigenlogik seines Unternehmens bzw. Subsystems (Gruppe/Abteilung) in einem erforderlichen Maß erspürt und akzeptiert,
- seinen Mitarbeitern Orientierung vermittelt, Impulse gibt und versucht, seinen Verantwortungsbereich in gewünschte Zustände zu bringen und deren Wirkung zu analysieren,
- kennt das alltägliche, natürliche Spannungsfeld, in dem er steht und der sowohl über großes Konfliktpotential wie auch über eine stark ausgeprägte Rollendistanz verfügt,
- leistungs- und zielorientiert ist, aber gleichzeitig auf die Bedürfnisse seiner Mitarbeiter eingeht,
- seine Mitarbeiter schützt und entwickelt, aber immer der Repräsentant seines (Teil-) Systems bleibt,
- seinen Mitarbeitern sowohl Sicherheit vermittelt als auch flexible, innovative Handlungsmöglichkeiten und Entscheidungsfreiheiten im System aufzeigt,
- nicht Angst vor Machteinbußen und vor Veränderung hat, sondern weiß, dass „alles fließt" und die Entwicklung in dynamischen Prozessen abläuft, die beeinflusst werden können,
- seine Mitarbeiter von der Selbstbehauptung zur Integration führen kann – von der Herrschaft zur verantwortungsorientierten Partnerschaft (Paradigmenwechsel),
- Teams voll sich ergänzender Stärken entwickeln und führen/coachen kann,
- die wichtigsten inneren-tragenden Strukturen und Werte seines (Teil-) Systems zu bewahren wie auch weiterzuentwickeln weiß,
- die Spielregeln des Unternehmens positiv beeinflusst bzw. mitgestaltet,
- „störende" Personen/Mitarbeiter vorrangig als Symptomträger von tiefer liegenden Dysfunktionalitäten/Störungen versteht und ganzheitliche Lösungen anstrebt,
- sich als „primus inter pares" versteht (Gärtner und Kultivator) und nicht als der gemiedene oder gefürchtete Macher und Beherrscher seiner Mitarbeiter.

---

[20] z. T. Capra, Fridjof/Exner, Alexander/Königswieser, Roswitha: Veränderung im Management – Management der Veränderung, in: Königswieser, Roswitha/Lutz, Christian (Hrsg.): Das systemisch evolutionäre Management: der neue Horizont für Unternehmer, 1992, S. 112-121

Chester Barnard[21] (Präsident von New Yersey Bell) erklärte einmal aus der Sicht des Unternehmensleiters: Die Aufgabe einer Führungspersönlichkeit bestehe darin, die sozialen Kräfte im Unternehmen in positive Energie umzusetzen, Wertvorstellungen zu formen und in die gewünschten Bahnen zu lenken. Gute Manager, wie er sie verstand, prägen das Wertsystem durch ihr Verständnis der informellen sozialen Komponente der Organisation. Ihnen stellte er den Manager gegenüber, der sich darauf beschränkt, über formale Belohnungen und Systeme kurzfristige Effizienzsteigerungen zu erzielen (Triandiskurve rechts).

Wie kommen wir zu diesem neuen, systemisch handelnden Managertyp? Damit sind wir auch bei der Eingangsfrage: *Was beinhaltet eine gute Führung?*

2.7. Personalauswahl als Schlüssel zur Erneuerung?

Es ist schwierig, im Führungsbereich schnell eine gute Lösung umzusetzen, denn die alten Werte, Normen, Verhaltensmuster etc. sind noch weit verbreitet, tief verwurzelt und verhaltenssteuernd. Obwohl z. B. klar sein müsste, dass:

die Personalauswahlentscheidung die wichtigste unternehmerische Entscheidung ist,

- stellen Ich-schwache Vorgesetzte wiederum Ich-schwache Mitarbeiter ein – statt Ich-starke (diese Ich-schwachen werden später Nachfolger),
- empfehlen Vorgesetzte nach wie vor überwiegend ihre besten *Fach*kräfte[22] als Führungs-Potentialkandidaten.

Noch dazu kommt, was ich in meiner Unternehmensberaterpraxis oft erlebe:

- Die meisten Vorgesetzten/Führungskräfte verfügen *nicht* über die richtigen *sachlichen Hilfsmittel* für eine Personalführung, die auf eine Optimierung des magischen Personaleinsatzfünfecks ausgerichtet ist. Sie sind in der Regel auch methodisch *nicht* geschult und leider oft nicht bereit, geeignete Hilfsmittel oder Methoden effektiv einzusetzen. Außerdem kommen sie durch fachliche Überlastung kaum zu ihren *Führungs*aufgaben, diese laufen nur nebenbei mit.
- Sehr oft erkennt auch die Unternehmens*leitung* diese erforderlichen *Voraussetzungen* effektiver Personalarbeit *nicht* (an). Da wird im alten Beherrscherstil hilflos[23] nach unten durchregiert und viele gute Leute werden frustriert (innere Kündigung als Folge auch bei vielen unteren Vorgesetzten).

---

21 Peters, Thomas/Waterman, Robert: Auf der Suche nach Spitzenleistungen (bei US-Firmen) 1983, S. 28

22 Capra, Fridjof/Exner, Alexander/Königswieser, Roswitha: Veränderung im Management – Management der Veränderung, in: Königswieser, Roswitha/Lutz, Christian (Hrsg.): Das systemisch evolutionäre Management: der neue Horizont für Unternehmer, 1992, S. 112-121

23 Deckstein, Dagmar: Postmoderne Zeiten, Süddeutsche Zeitung, 29.05.2000, S. 25, (s. auch 13)

2.8. Neuanfang – wie?

Um Grundsätzliches im Unternehmen zu verändern, müssten Interventionen und Veränderungen vorrangig *beim Verhalten/den Handlungsmustern* von Personen ansetzen. Es geht also nicht darum Menschen zu verändern, sondern darum, neue *Voraussetzungen* zu schaffen, die andere Verhaltensweisen dieser Menschen ermöglichen und hervorbringen – systemisch orientierte! Eine systemische *Selbsterneuerung im* Unternehmen muss eingeleitet werden. Beginnen müssen wir mit den Führungskräften.

Der Neuanfang darf nie gegen die Führungskräfte versucht werden sondern nur mit ihnen gemeinsam. Sie sind selber oft ausgebrannt durch hohen Dauerstress und wünschen vielfach einen Wertewandel. Sie müssen – wenn auch manchmal mühsam – gewonnen und eingebunden werden in die neuen und besseren Ziele und Wege. Viele würden/werden mitgehen – vor allem die Gewinneroptimisten wollen voran.

Welche Modelle und Verfahren bietet die derzeitige Unternehmenspraxis hierfür an und wie ausgereift/empfehlenswert sind diese Modelle und Verfahren? Als Anschauungsbild soll uns die *Triandiskurve* noch einmal dienen – nun in erweiterter Form:

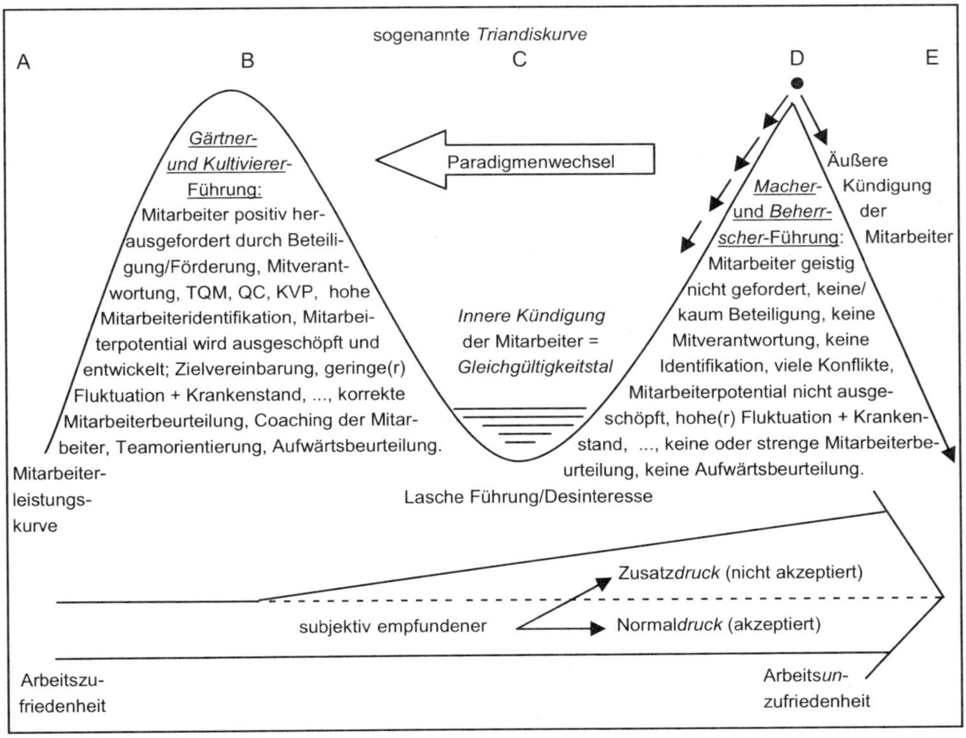

Abbildung 5: Triandiskurve „Paradigmenwechsel“

Globale Hinweise[24] auf optimale Vorgehensweisen zur Entwicklung von FK-Potentialen in Unternehmen sind möglich. Allerdings erfordern entsprechende maßgeschneiderte Verfahren und Strategien für Unternehmen die genaue Kenntnis der spezifischen Innenwelt des jeweiligen Systems. (Unternehmenskultur, Unternehmensstrukturen, Allianzen und Seilschaften).

Mit jeder falsch getroffenen Entscheidung beginnen Probleme, die sich im System (Unternehmen) multiplizieren können. Deshalb ist die Führungskräfte*auswahl* besonders wichtig. Nachdem aber die Frage der Personalauswahl bei *Neu*einstellungen eine eigenständige Thematik ist, soll sie hier nur gestreift werden. Vielmehr wird sich dieses Buch mit dem *rationellen Einsatz* des bereits vorhandenen Personals (einschließlich den Führungskräften) befassen und hierfür Optimierungswege aufzeigen.

Zusammengefasst zeigt sich folgende Problemstellung:
Im Durchschnitt erbringen die Firmen *nicht* die von einem positiv eingestellten Humankapital mögliche Leistung; zu viele Mitarbeiter sind in der inneren Kündigung! Es liegt vor allem am Führungsstil, der jeweils von oben nach unten im „traditionellen Führer-Gefolgschaftsprinzip“ (wie AOL-Chef Schmidt[25] es nennt) durchgesetzt wird. Die Führungskräfte erledigen täglich zu ca. 85 % und mehr reine Sachaufgaben. Sie haben in der Regel fast keine Zeit für essentiell wichtige Führungsaufgaben wie: sorgfältige Personalauswahl, wirksame Delegation, effektives Zielvereinbarungsmanagement, Konflikt- und Problemlösungsgespräche, Personalbeurteilung, Personalförder- und -entwicklungsgespräche, gezielte Bereichsoptimierung usw. Infolge der nur 10-15 % Führungszeit läuft im Führungsbereich der Vorgesetzten zu viel schief, was sie wiederum selbst ausbaden müssen. Sie klagen, dass sie dauernd da und dort eingreifen müssten, weil die Mitarbeiter Fehler gemacht hätten, zu faul wären, gegeneinander arbeiten würden usw. – also ein echter Teufelskreis. Somit können diese Vorgesetzten tatsächlich dauernd nur Brandherde löschen und kommen wieder nicht zum wirksamen Führen ihrer Mitarbeiter. Sie sind oft einsame Einzelkämpfer, die sich endlich vorrangig (statt nachrangig) Zeit zum *Führen* nehmen sollten – um andere Verhältnisse zu bekommen; Dieter Freys Ergebnisse beweisen es. Als gelernte Einzelkämpfer (Macher und Beherrscher – lt. Fridjof Capra) sind sie ohnehin skeptisch gegenüber einem prozessorientierten-ganzheitlichen, die Mitarbeiter in wirkliche Mitverantwortung nehmenden Führungsstil. Sie misstrauen der Verantwortungsbereitschaft ihrer Mitarbeiter, die sie ja selber nie wirklich verantwortlich entscheiden ließen. Sie haben also keine positiven Erfahrungswerte. Außerdem könnte diese Mitarbeiterbeteiligung Macht-, Einfluss-, Positionsverlust bringen – meinen sie im Stillen. Nachdem die meisten Führungskräfte infolge guter Fach- und Macherqualitäten in diese Rolle gekommen sind und überwiegend effektive Führungsmethoden nie wirklich gelernt haben, bestehen auch Berührungsängste oder sogar Abneigungen gegen kooperative Führungsmethoden.

---

[24] Thömmes, Jürgen: Blinde Flecken in der Beurteilungspraxis, 1996, S. 242
[25] Deckstein, Dagmar: Postmoderne Zeiten, Süddeutsche Zeitung, 29.5.2000, S. 25

Diejenigen Firmen, die langfristig überleben wollen, müssen – wenn sie es noch nicht getan haben – diesen Paradigmenwechsel endlich beginnen, bevor sie zu weit zurückfallen gegenüber der aufgeschlossenen Konkurrenz. Die Zeit bleibt nicht stehen! Die hoch motivierten und voll verantwortlichen Mitarbeiter, die effektiv eingesetzt und geführt werden können, braucht das Unternehmen. Vorgesetzte müssen deren Coach und Trainer sein – der Impresario. Diesen *Rollenwechsel* vom innerlich gekündigten zum hocheffektiven Mitarbeiter – wie auch vom autoritären, überlasteten Einzelkämpfer-Chef, der nicht führt, zum systemisch handelnden Gärtner-Impresario erfordert der Erfolg von morgen. So ist es. Wer es nicht glaubt, wird es trotzdem erleben. Umdenken muss zuerst die *Unternehmensspitze.*

Warum aber sollten die Führungskräfte den Weg des Paradigmenwechsels vom Beherrscher zum Kultivator überhaupt gehen, wenn sie ihn nicht kennen – weil sie ihn bisher immer schon abgelehnt haben? Sie betrachten kooperative Führung als ineffektive Zeitverschwendung. Das ist zu „weich“, da wird zuviel „Geschwätz“ betrieben, da geht nichts voran. „Arbeiten sollen die Leute (Mitarbeiter), sich nicht auf Seminaren rumdrücken ...“ – derartige direkte oder indirekte Aussagen findet man als Killerphrasen oft bei Vorgesetzten. Und über sie soll die Wende zum systemisch-ganzheitlichen Management laufen? Diese Fragen bleiben im Moment noch offen.

Rolf Wunderer[26], Hochschule St. Gallen, sagte 1994 auf einem Vortrag in München: 80-90 % der Mitarbeiter wollen eine kooperative MbO-Führung, aber nur ca. 20-30 % der Vorgesetzten wären dazu bereit. Er sagt, die klassischen Führungsanforderungen seien: Dominanz, höchste persönliche Belastbarkeit etc. – die neuen dualen Führungsanforderungen seien: Sozialkompetenz, Konsensbereitschaft, Spontanität, Einfühlungsvermögen, Überzeugungskraft, Mut, usw.

Einige Unternehmen haben die Zeichen der Zeit und die notwendigen Voraussetzungen für Wettbewerbsfähigkeit und nachhaltigen Erfolg erkannt und den Paradigmenwechsel begonnen. Wenn sie ein Stück des Weges gegangen sind, wollen sie nicht mehr in alte Muster und Werte zurück. Die anderen schlafen noch – sie werden irgendwann schlafend beerdigt! Die zu hohen Kosten bei zu geringer Effizienz werden sie sterben lassen.

Wie hieß es eingangs: Die „Kleinen-Schnellen“ fressen die „Großen-Langsamen“? Wer mit seinem Personal ökonomisch arbeitet, der weiß: Man muss die jeweils Besten (Benchmarking) einstellen – sie gut informieren/trainieren – richtig einsetzen/fordern – verantwortlich arbeiten lassen – weiter fördern – fair honorieren – usw. Dann geht es auch dem Unternehmen gut.

---

[26] Wunderer, Rolf: HSG, Vortrag: Mitarbeiterführung im Wertewandel, 07.06.1994

Welche Unternehmen sind beispielsweise schon auf dem neuen Weg? Wie sehen ihre Werte und Methoden aus? Was können wir von ihnen lernen?

Und so soll es bei den neuen Führungskräften künftig laufen.
Führungskräfte müssen:

- sorgfältigst ausgewählt werden,
- nach Bedarf Führungstraining und -coaching erhalten,
- Führungsmethoden und -werkzeuge einsetzen,
- einen größeren Entscheidungsfreiraum erhalten,
- von Sachaufgaben erheblich entlastet werden,
- ihre neuen Mitarbeiter sorgfältig auswählen,
- ihre Mitarbeiter jährlich beurteilen,
- sich von ihren Mitarbeitern jährlich beurteilen lassen,
- „eingefahrene“ Mitarbeiter zu job rotation o. ä. anhalten,
- gezielt Nachwuchs fördern und entwickeln,
- ihren Mitarbeitern echte Verantwortung übertragen (MbO),
- ihre Mitarbeiter coachen und beraten,
- ihre Mitarbeiter zu effektiven Teams entwickeln,
- das Wissensmanagement in ihrem Bereich effizienter einsetzen.

3. Historie der Mitarbeiterbeurteilung

In der Einleitung wurde ausführlich beschrieben, dass Unternehmen das Wirtschaftlichkeitsprinzip erfüllen müssen, wenn sie langfristig existieren und von ihrer Leistung leben wollen. Der *Zwang* zu „wirtschaften" ist also allen Menschen mehr oder weniger gemäß – und das war schon immer so.

Wirtschaften ist die Frage der Effizienz des Input-Output-Verhältnisses; diese Effizienz wie auch die Menge und Qualität des Inputs bzw. des Outputs kann man einstufen, bewerten, beurteilen ... Meistens geschieht das subjektiv; da können dann Interessengegensätze auftreten. Der Mächtigere setzt seine Bewertungsergebnisse durch; der weniger Mächtige verlangt nach objektiven Maßstäben. Im Rahmen der Entwicklung zum heutigen Stand der Leistungsbeurteilung können wir diese Tatbestände ebenfalls verfolgen. Wer gute Leistung erbrachte, schien geeignet, wer die gewünschte Leistung nicht erbrachte, passte nicht in das jeweilige System. So einfach war das und ist das.

3.1. Tayloristisches Denken

Frederik Winslow Taylors[27] Annahme einer Übereinstimmung von Arbeitgeber und Arbeitnehmerinteressen: „Fast allgemein hört man die Ansicht vertreten, dass die grundlegenden Interessen des Arbeitgebers und Arbeitnehmers sich unvereinbar gegenüberstehen. Im Gegensatz hierzu liegt einer auf wissenschaftlicher Grundlage aufgebauten Verwaltung als Fundament die unumstößliche Überzeugung zugrunde, dass die wahren Interessen beider Parteien ganz in derselben Richtung liegen, dass Prosperität des Arbeitgebers auf lange Jahre hinaus nur bei gleichzeitiger Prosperität des Arbeitnehmers bestehen kann und umgekehrt; es muss möglich sein, gleichzeitig dem Arbeiter seinen höchsten Wunsch nach höherem Lohne und dem Arbeitgeber sein Verlangen nach geringen Herstellungskosten seiner Waren zu erfüllen."

Diese vermutete Übereinstimmung der Arbeitgeber- und Arbeitnehmerinteressen bestand nach Taylor darin, dass sowohl der Arbeitgeber wie auch die Arbeitnehmer jeweils maximal viel verdienen wollten. Infolgedessen schuf er eine „wissenschaftliche Betriebsführung" und Arbeitsorganisation, welche sowohl eine Erhöhung des Outputs (Produktivität) als auch entsprechend die Erreichung höherer Löhne ermöglichte. Allerdings hatte sich der Mensch dem technischen System anzupassen – er wurde wie eine Maschine behandelt. Alle Arbeitsvorgänge wurden in technische Teileeinheiten aufgespalten und z. B. genau bezüglich optimaler Arm- und Fingerlänge bewertet/beurteilt. Schließlich wurden z. B. nur noch jene Frauen als Näherinnen eingestellt, deren Arm- und Fingerlänge dem ermittelten Optimum entsprachen. Der Produzent verdiente an hohen Stückzahlen, d. h. an Selbstausbeutung der Arbeiter zusätzlich.

---

[27] Ulich, Eberhard: ETH-Zürich, Arbeitspsychologie Zürich und Stuttgart 1994, S. 7 über Frederik Winslow Taylor's Buch: „Die Grundsätze wissenschaftlicher Betriebsführung" (1913)

Der *menschliche* Faktor wurde nicht bewertet. Die Trennung von Hand- und Kopfarbeit hat damals begonnen und heute haben wir noch hochgradig in den Macher- und Beherrscherköpfen diese sog. „wissenschaftliche Betriebsführung". Und auch damals stellte sich schon die Frage, welches Ziel das bessere sei: Die Heranziehung tüchtiger, arbeitsfreudiger Arbeitskräfte oder die Gewinnung billiger Arbeiter?

Münsterberg[28] meinte zu der Frage der Arbeitszeitmessung bzw. Arbeitsbewertung und zum Monotonieproblem der Arbeiter(innen): Außenstehende könnten überhaupt nicht beurteilen, wann eine Arbeit subjektiv für jemanden interessant ist und wann nicht; die gleiche Tätigkeit wirke nicht auf jeden gleich.

3.2. Die Psychotechnik

Hugo Münsterberg[29] hat den Begriff Psychotechnik 1914 geschaffen, welcher später auf „Industrielle Psychotechnik" eingeengt wurde. Gegenstand der *Subjekt*psychotechnik ist die Anpassung der Menschen an die Arbeitsbedingungen durch Berufsberatung, Ausleseverfahren, Schulung und Führung. Gegenstand der *Objekt*psychotechnik ist die Anpassung von Arbeitsbedingungen und Arbeitsmitteln an die „psychologische Natur des Menschen". In den 80er Jahren wurde diese sog. Objektpsychotechnik in einer Public-Relations-Welle als *Humanisierung der Arbeitswelt* propagiert. Einen ersten Aufschwung nahm die Psychotechnik im ersten Weltkrieg in den USA. Eignungsuntersuchungen und psychologische Testverfahren für Spezialtruppen wurden durchgeführt. Durch diese Eignungstests sollten Zeitverluste[30] durch Fehlentscheidungen vermieden werden. Kurt Lewin[31] sah im Taylorismus und seinen Wirkungen eine „Entwürdigung der Arbeit durch ins Extrem getriebene Arbeitsteilung ohne Rücksicht auf die Seele des Arbeitenden", kurz einen „Verbrauch" des Arbeiters im Dienste der Produktion gemäß den für Maschinen geltenden Abnutzungs- und Amortisationsberechnungen. Die Psychotechnik war z. T. zum Erfüllungsgehilfen des Taylorismus geworden.

3.3. Die Heerespsychotechnik und ihre Auswahlverfahren

Auch in Deutschland wurden 1915 erstmals psychologische Testverfahren zur Auswahl von Kraftfahrern, Flugzeugführern und Funkern angewandt. Ab 1927 sollte keiner mehr Offizier werden, der nicht die psychologischen Auswahltestverfahren bestanden hatte. Einige Jahre später war die Hauptprüfung im Verfahren bereits ein charakterologisches Verfahren, bei dessen Schlusskolloquium erstmals sogenannte „Führerlose Gruppendiskussionen" eingesetzt wurden. Ansonsten umfasste das Verfahren eine breite Palette von z. T. heute noch eingesetzten Untersuchungsverfahren.

---

[28] Ulich, Eberhard: ETH Zürich, Arbeitspsychologie, Zürich und Stuttgart 1994, S. 13/14
[29] Ulich, Eberhard: ETH Zürich, Arbeitspsychologie, Zürich und Stuttgart 1994, S. 16
[30] Ulich, Eberhard: ETH Zürich, Arbeitspsychologie, Zürich und Stuttgart 1994, S.16
[31] Ulich, Eberhard: ETH Zürich, Arbeitspsychologie, Zürich und Stuttgart 1994, S.19

Die Verfahren waren (Simoneit 1922, S. 46 ff.): [32]

a) Lebenslaufanalyse (analysiert wurden Daten und Fakten, die sich auf seelisch und geistige Entwicklung ausgewirkt hatten).

b) Ausdrucksanalyse (registriert wurde Mimik und Pantomimik unter Verwendung von Filmaufnahmen sowie sprachlicher und schriftlicher Ausdruck).

c) Geistesanalyse (geprüft wurde anhand von Aufgabenreihe und Exploration nicht allein Intelligenzgrad, sondern auch Denkantrieb, -richtung, -methode usw.).

d) Handlungsanalyse (hier stand die Willensseite des Probanden im Vordergrund wissenschaftlichen Interesses, z. B. wie der Prüfling seinen Willen einsetzt, reaktiv oder spontan, Maßnahmen ergreift und andere Menschen beeinflusst). Die beiden Elemente dieser Handlungsanalyse waren die Reaktionsprüfung an Apparaten (reaktives Handeln) und die Arbeitsprüfung „Befehlsreihe" (spontanes Handeln), wobei über einen Zeitraum von ca. 45 Minuten der Prüfling Befehle erhielt, die er nach eigenem Gutdünken ausführen konnte.

e) Führerprobe („Höhepunkt" der Untersuchung, da hier der Einsatz der gesamten Persönlichkeit gefordert wurde). Dem Kandidaten wurden Soldaten unterstellt, mit denen er gemeinsam Aufgaben lösen sollte.

f) Schlusskolloquium (Führerlose Gruppendiskussion, in dem die bisherigen Beobachtungen über den Prüfling ergänzt wurden).

Aber sowohl der alten preußischen Offizierstradition als auch der Parteiideologie der NSdAP widersprachen diese *demokratischen* Ansätze. So wurden die Programme wieder abgesetzt.

Geblieben ist bis zum heutigen Tag die organisatorische und methodische Grundkonzeption der Veranstaltung. Geblieben ist auch die große Rolle der „Führerlosen Gruppendiskussion" und die Betonung der ganzheitlichen Betrachtung eines Kandidaten.

Der britische Militärattaché Sir Andrew Thorne[33] kannte die Arbeit der Militärpsychologen in Berlin und führte diese Offiziers-Auswahlverfahren in Großbritannien ein. Von dort verbreiteten sie sich im Commonwealth und kamen 1942 zum US-Militär, wo sie noch verfeinert wurden. US-Militärs gingen nach dem 2. Weltkrieg in Firmen und die Firma AT & T (American Telephon & Telegraph) führte ab 1956 die ersten industriellen Auswahltests durch – welche jetzt öfter schon als Assessment-Center (AC) bezeichnet wurden. 1969 arbeiteten zwölf amerikanische Organisationen mit AC-Verfahren.

[32] Jeserich, Wolfgang: Mitarbeiter auswählen und fördern, 1981, S. 103

[33] Jeserich, Wolfgang: Mitarbeiter auswählen und fördern, 1981, S. 97/98

3.4. Assessment-Center-Verfahren in Deutschland

Amerikanische Firmen befruchteten ihre deutschen Tochterfirmen mit dem AC-Gedanken – allerdings mussten diese US-Firmentests erst auf deutsche Verhältnisse übertragen werden. So kamen die ACs nach Deutschland zurück.

3.4.1. Warum Assessment-Center-Verfahren (ACs)?

„Assessment" kann in etwa mit *Prüfen, Durchleuchten, Einschätzen* übersetzt werden. Das Verfahren ist: „ein auf dem Prüfstand stehen". Eingangs hatten wir die Frage: Wie erzielt man eine gute Führung und eine gute Mannschaft? Die Einstellungsentscheidungen aufgrund von klassischen Bewerberauswahlverfahren erbrachten nur eine Erfolgsquote von ca. 35 %. Das heißt ca. 65 % Fehlentscheidungen, weil mit Vergangenheitsdaten[34] auf die Zukunft (*pro*spektiv) geschlossen werden sollte und die (mit-)auswählenden Vorgesetzten in der Regel keine spezielle Schulung in Personalauswahl und außerdem keine Zeit für Führungsdinge hatten. Das konnte also immer nur eher schief gehen als richtig laufen. So war unser o.g. Humankapitalziel nicht zu erreichen. Die US-Unternehmen hatten von 1956 an AC-Ergebnisse und -entscheidungen weiterverfolgt[35] und errechneten eine durchschnittliche Entscheidungsqualität – nach AC-Verfahren – von ca. 72 %.[36] Das ist um ca. 105 % höher als mit den herkömmlichen Methoden! Wie war das möglich?

Das wesentliche Neue am AC ist, dass nun die Personalabteilung und Vorgesetzte:

1. die Zeugnisdaten nur noch zur *Vor*auswahl für die Teilnahme am AC verwendeten, statt zur Einstellungsentscheidung und
2. die AC-Teilnehmer durch Praxissimulation von wesentlichen Aufgaben[37] dieser neuen Stelle (z. B. Führungs- und Entscheidungssituationen) intensiv und umfassend testeten.

[34] Fersch, Josef Maria: FHR-Skriptum Personalwirtschaft 1988, S. 46, Anmerkung: Zeugnisse über einen unbekannten Bewerber – und unbekannten Zeugnisverfassern – über unbekannte Arbeitsplätze und Situationen dort – sind retrospektive Daten.

[35] Fersch, Josef Maria: FHR-Skriptum Personalwirtschaft 1988, S. 46, Anmerkung: Zeugnisse über einen unbekannten Bewerber – und unbekannten Zeugnisverfassern – über unbekannte Arbeitsplätze und Situationen dort – sind retrospektive Daten.

[36] Fersch, Josef Maria: FHR-Skriptum Personalwirtschaft 1988, S. 46, Anmerkung: Zeugnisse über einen unbekannten Bewerber – und unbekannten Zeugnisverfassern – über unbekannte Arbeitsplätze und Situationen dort – sind retrospektive Daten.

[37] Fersch, Josef Maria: FHR-Skriptum Personalwirtschaft 1988, S. 46, Anmerkung: Zeugnisse über einen unbekannten Bewerber – und unbekannten Zeugnisverfassern – über unbekannte Arbeitsplätze und Situationen dort – sind retrospektive Daten.

Genaue AC-Definition:
Ein AC (Assessment-Center) ist eine vergleichende, gleichzeitige Beurteilung mehrerer Teilnehmer (z. B. Bewerber) durch mehrere Beobachter (Assessoren) in Bezug auf die Erreichung von vorher definierten Anforderungen, mit dem Ziel, die Eignung für bestimmte künftige Aufgaben zu erkennen bzw. Entwicklungsbedürfnisse zu ermitteln.

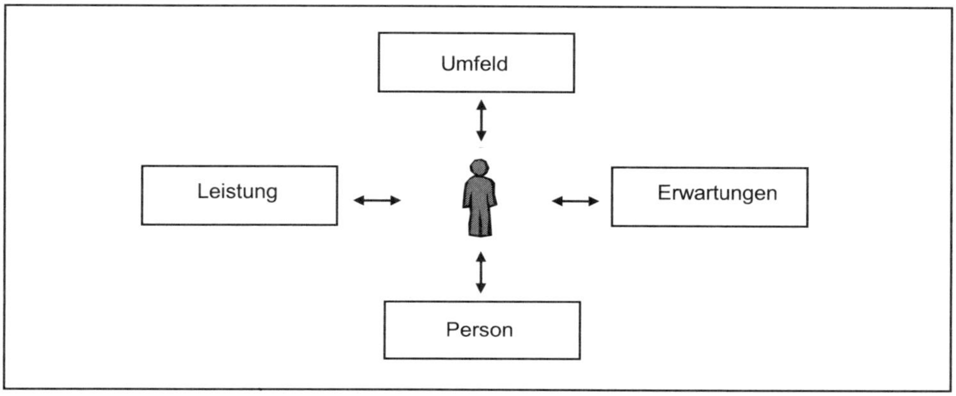

Abbildung 6: Der Mensch in den Anforderungen des Umfeldes

Mit der Entscheidungsqualität von 72 % waren in der Folge geringere Fluktuations- und entsprechend geringere erneute Personalauswahlkosten in den AC-Firmen zu verzeichnen. Dies vor allem, weil man in den ersten AC-Jahren vorrangig Vorgesetztenpositionen mittels AC-Verfahren besetzte. Die Methode des Assessment-Center stellt den bis heute anspruchsvollsten Versuch in der Richtung dar, optimal qualifiziertes Personal zu finden. Im Assessment-Center werden traditionelle Verfahren, wie Interviews oder Tests mit anderen Ausleseverfahren, wie Bearbeitung von Fallstudien, Präsentationen, Führerlose Gruppendiskussionen kombiniert. Die Bewerber arbeiten und diskutieren einzeln oder in kleinen Gruppen (letztlich immer in „Konkurrenz" untereinander) und stellen sich einem qualifizierten Team von Beurteilern, die normalerweise gut ausgebildete Linienmanager, Personalfachleute und Psychologen sind. Die AC-Verfahren simulieren im Testablauf reale künftige Praxisanforderungen der Bewerberstelle. Deshalb sind die Ergebnisse prospektiv – in die Zukunft gerichtet.

Die meisten großen Unternehmen in Deutschland besetzen heute mittlere und z. T. obere (aber nicht oberste und kaum untere) Führungspositionen mittels AC-Verfahren – auch für den innerbetrieblichen Aufstieg. Das Ziel ist das gleiche wie damals in der Heerespsychotechnik: Den richtigen Mann für den gegebenen Platz zu finden – also unser magisches Fünfeck. Hier sind wir bereits einen großen Schritt vorangekommen auf unserem Zielweg: *Eine gute Führung und eine gute Mannschaft zu haben.*

Weitaus die meisten Arbeitnehmer in Deutschland arbeiten aber nicht in Großfirmen – diese liegen ab 10 000 Mitarbeitern aufwärts. Und leider existiert eine große Kluft zwischen den Personalrekrutierungs- und -führungsmethoden vieler Großfirmen und denen der mittelgroßen, kleineren und ganz kleinen Unternehmen. Je kleiner sie sind, um so mehr werden sie patriarchal geführt – mit rühmlichen Ausnahmen – und entsprechend gering ist der Stellenwert fortschrittlicher Managementmethoden (Macher- und Beherrscherstrukturen – lt. Fridjof Capra).

Sie brauchen den Paradigmenwechsel z. B. zum AC hin, wenn sie längerfristig überleben wollen. Laut MZSG[38] ist eine von sechs Messgrößen für den Erfolg und die Gesundheit eines Unternehmens, dessen *„Attraktivität für gute Leute"*.

Dahinter verbirgt sich die Frage: Welche/wie viele *gute* Leute kommen ins Unternehmen oder welche guten gehen von ihm weg – z. B. zur Konkurrenz – und fehlen dann? Das Unternehmen kommt nicht (mehr) voran – dort wo sie fehlen. Die Optimisten gehen zuerst, wenn das Unternehmen deutlich unattraktiver wird. Die Pessimisten bleiben, wenn sie sich eingenistet haben, und werden evtl. sogar befördert – als *Notlösungen*, die dann solche bleiben.

3.4.2. Rückgang der Psychotechnik durch AC-Verfahren

Mit der allmählichen Verbreitung des AC-Einsatzes und -Erfolges in Großunternehmen schwand die Legitimationsgrundlage der klassischen „Psychotechniken"[39], wie z. B. die frühere Form von Intelligenz- und Persönlichkeitstests, graphologische Gutachten, klassische Interviews im entsprechenden Maße. Gleichzeitig wuchs jedoch der Bedarf an Instrumenten zur möglichst frühzeitigen Identifikation von „Führungspotential". Es geht also beim AC um eignungsdiagnostische Verfahren zur *Potentialbeurteilung*.

Als historisch wichtig anzusehen ist auch der Umstand, dass Führungskräfte in der Beobachterrolle eines ACs zum ersten Mal zu einer intensiven Auseinandersetzung mit dem Arbeitsalltag nachgeordneter Hierarchieebenen gezwungen werden. Hier bieten sich Chancen der Beobachtung der „unteren Etagen" mit entsprechenden Reflexionsmöglichkeiten. Daraus kann sich die Mentalitätsveränderungsstrategie entwickeln, künftig die eigenen Mitarbeiter im Arbeitsalltag besser zu beobachten und systematischer nach Potentialen Ausschau zu halten, wie auch die eigenen Mitarbeiter besser zu fördern.

Ebenso historisch wichtig – weil neu – ist auch der Umstand, dass jeder AC-Teilnehmer alle seine Ergebnisse bei einem Abschlussgespräch ausgehändigt bekommt. Das reduziert das Verliererproblem erheblich. Jedes AC-Verfahren ist immer (nur) so effektiv, d. h. aussagekräftig, wie es effizient vorbereitet und durchgeführt wird. Hier ist immer eine konzertierte Aktion aller betroffenen Organisatoren und Führungskräfte zwingend erforderlich. Das ist ebenfalls neu gegenüber dem einzelkämpferischen Vorgehen der Führungskräfte bei der herkömmlichen Bewerberauswahl.

---

[38] Malik, Fredmund: Management-Zentrum St. Gallen, Heft 1/1995, S. 1

[39] Thömmes, Jürgen: Blinde Flecken in der Beurteilungspraxis, 1996, S. 112

3.5. Metall-Leistungsbeurteilungsmodell 1974 und Firmenmodelle der Beurteilung

Das Metall-Leistungsbeurteilungsmodell (Dez. 1974) für damals ca. 700.000 Mitarbeiter der Metall- und Elektroindustrie in Bayern wurde sehr einfach gehalten, weil die Vorgesetzten und Mitarbeiter in den Firmen noch keinerlei Wissen und Erfahrung mit der Leistungsbeurteilung hatten. Es enthält nur fünf Beurteilungskriterien und fünf Beurteilungsstufen. Es sind maximal 100 Leistungspunkte pro Beurteilten zu vergeben, mit einem Geldwertfaktor von anfangs 0,2 – d. h. z. B. 60 Punkte erbringen eine Lohnzulage von 12 % des Grundlohnes (60 x 0,2). Mit diesem Modell wollte man die pauschale und allgemeine Leistungszulage von 10 % auf den Grundlohn abschaffen und diese Zulage prozentual nach echter erbrachter persönlicher Leistung neu verteilen. Die gesamtverteilte Geldmenge sollte gleich bleiben – nur gerechter verteilt. In den Metalltarifbezirken Württemberg/Baden, Hessen, Nordrhein-Westfalen, Niedersachsen wurden anschließend ähnliche tarifliche Beurteilungsmodelle vereinbart. Später zogen dann die chemische Industrie, sowie weitere Industriezweige mit Beurteilungssystemen nach.

Die Siemens AG, die zum Metall-/Elektrotarifbereich gehört, hat ein eigenes Beurteilungsmodell mit bis zu vierzehn Beurteilungskriterien, neun Beurteilungsstufen und der Möglichkeit eines Vergleichs der Beurteilten innerhalb ihrer Lohn/-Arbeitsgruppe eingeführt. Dieses Modell empfand ich als Anregung für eigene Entwicklungen. Es wurde nach einigen Laufjahren weiterentwickelt zum heutigen Siemens-System.

Weitere Großunternehmen erstellen nach und nach firmeninterne Beurteilungssysteme. BMW z. B. wendet (aber außerhalb von Akkordmitarbeitern) dieses alte Metallsystem von 1974 noch an, weil die Tarifbindung besteht. Aber BMW hat bereits seit 1982 eine sogenannte Aufwärtsbeurteilung für Führungskräfte und seit 1995 eine spezielle Vorgesetztenbeurteilung („Mein Meister und ich") eingeführt. Ab 1999 wurde die Aufwärtsbeurteilung in ein „Feedback für Führungskräfte" umgewandelt. Seit 1995 gibt es für AT-Mitarbeiter eine Portfolio-Beurteilung im Mehraugenprinzip – mehrere Vorgesetzte beurteilen gemeinsam ihre einzelnen AT-Mitarbeiter.

Auch die Firmen Rodenstock (OWGR), Motoren- und Turbinenunion München (MTU), Wacker-Chemie u. a. entwickelten eigenständige Beurteilungs-, Zielvereinbarungs- und Feedbackmodelle.

Die Esso AG führte bereits 1975 ein erstes Vorgesetztenbeurteilungsmodell ein – das erste dieser Art in der BRD.

Insbesondere erst in den ersten 90er Jahren entwickelten einige größere Unternehmen ihre heutigen Beurteilungsmodelle, die z. T. erst in den letzten Jahren mit Zielvereinbarungen ergänzt wurden.

Man ist in den Firmen mit diesem einfachen Metallsystem von 1974 mittlerweile sehr unzufrieden, aber VBM und IG Metall haben sich bisher *nicht* auf ein zeitgemäßes neues Modell für Leistungsbeurteilung einigen können. So wird weiterhin pro Jahr einmal das Metall-Modell 1974 eingesetzt und der Sinn ist nicht mehr erfüllt, denn viele Vorgesetzte beurteilen nicht mehr wirklich, sondern übernehmen die Vorjahrespunktezahl, auch *ein* Grund für die innere Kündigung vieler Mitarbeiter. Die MTU hat sich aufgerafft, das Metall-Modell für ihre Tarifmitarbeiter zu optimieren.

Wenige weitere Firmen setzten ab Mitte 1995 auch Aufwärtsbeurteilungsmodelle ein. Für manche aber ist das aus den USA kommende 360°-Feedback der große Renner.

4. Rechtliche Entwicklung der Leistungsbeurteilung in der BRD

Im Rahmen der Neufassung des Betriebsverfassungsgesetzes 1972 wurden auch die Arbeitnehmerrechte hinsichtlich persönlicher Beurteilungen, Leistungsmesseinrichtungen, leistungsorientierter Bezahlung etc. ausgeweitet bzw. präzisiert.

Diese Rechte sind insbesondere für die Leistungsbeurteilung sehr wichtig. Deshalb werden sie in der folgenden Gliederung aufgeführt. Die Details dazu sind im Anhang 1 ausführlich dargestellt.

1. Informationsrechte des Betriebsrates[40]
   - 1.1 Allgemeiner Informationsanspruch des Betriebsrates nach § 80 AG 2 BetrVG
   - 1.2 Personalplanung nach § 92 BetrVG
2. Mitbestimmungs- und sonstige Rechte bei Beurteilungsverfahren[41]
   - 2.1 Mitbestimmung nach § 94 BetrVG
   - 2.2 Mitbestimmung nach § 87, Abs.1, Nr. 6 BetrVG (Leistungs- und Verhaltenskontrolle)
   - 2.3 Mitbestimmung nach § 87, Abs.1, Nr. 10 und 11 BetrVG (Zulagengestaltung)
   - 2.4 Mitbestimmung nach § 95 BetrVG (Auswahlrichtlinien)
   - 2.5 Beschwerdeverfahren nach § 85 BetrVG (Einigungsstelle)
   - 2.6 Diskriminierungsverbot nach § 75 Abs.1 BetrVG
   - 2.7 Schutz der Persönlichkeit nach § 75 Abs.2 BetrVG
   - 2.8 Unterrichtungs- und Erörterungspflicht des Arbeitgebers nach § 81 BetrVG[42]
   - 2.9 Allgemeines Anhörungs- und Vorschlagrecht für die Gestaltung des Arbeitsplatzes und Arbeitsablaufes nach § 82 Abs.1 BetrVG
   - 2.10 Recht auf Erörterung der Leistung sowie beruflicher Entwicklungsmöglichkeiten im Betrieb nach § 82 Abs.2 BetrVG
   - 2.11 Recht auf Einsicht in die Personalakte und Beifügung von Stellungnahmen der Arbeitnehmer/innen nach § 83 BetrVG
   - 2.12 Beschwerderecht nach §§ 84 und 85 BetrVG

Insgesamt sind den Nicht-Leitenden Mitarbeitern und deren Vertretern, den Betriebsräten, umfassende Auskunfts-, Mitwirkungs-, Mitentscheidungs- und Beschwerderechte eingeräumt.

---

40 Breisig, Thomas: Personalbeurteilung, Mitarbeitergespräch, Zielvereinbarungen, 1998, S. 202-225

41 Breisig, Thomas: Personalbeurteilung, Mitarbeitergespräch, Zielvereinbarungen, 1998, S. 202-225

42 Becks-Arbeitsgesetze aus Beck-Texte im dtv, 55. Auflage, 1999, S. 515

Am besten werden diese Arbeitnehmerrechte, denen Pflichten auf der Arbeitgeberseite gegenüberstehen, durch ausgewogene Beurteilungs-, Zielvereinbarungs- und Personalentwicklungsmodelle erfüllt. Allerdings müssen sie mit dem Betriebsrat gemeinsam entwickelt werden bzw. können nur mit seiner Zustimmung eingesetzt werden.

Diese neugeschaffenen Arbeitnehmer- und Arbeitnehmervertreterrechte (Betriebsrat) verursachten anfangs (1972) eine gewisse Verhaltensunsicherheit bei Arbeitgebern wie Arbeitnehmern – was die Rechtsanwendung für eine Leistungsbeurteilung betrifft. Nach schwierigen Verhandlungen verabschiedeten aber dann im Dezember 1974 der VBM-Arbeitgeberverband Metall und die Industriegewerkschaft Metall in und für Bayern ein tarifliches Beurteilungsmodell, welches heute noch angewendet wird.

5. Methoden und Arten der Beurteilung

5.1. Grundsätzliche Fragen und Zusammenhänge zur Beurteilungsthematik

Wenn der einzelne Mitarbeiter voll geeignet und am richtigen Platz sein soll und daraus in der Gesamtheit eine gute Führung und eine gute Mannschaft vorhanden sein soll, dann wird das immer eine entsprechend konzertierte Vorgehensweise erfordern.

- Genauso wie man in der Fertigung die gute Qualität des Endproduktes nicht erst durch intensive Endkontrolle erreichen kann, sondern im frühesten Vorfeld schon Qualitätssicherung betreiben muss, so ist es auch ähnlich mit der Qualität des Personals. Im Produktionsprozess musste man von der überdimensionierten Endkontrolle weggehen und die Qualitätsverantwortung auf alle Betroffenen und Beteiligten an dieser Wertschöpfungskette zurückverlagern. Die kleinen-schnellen und großen-schnellen Unternehmen haben das erkannt und mit TQM-, Null-Fehler-Programm-, QC-, KVP-Kaizen-Muda-, Problemlösungsworkshop etc. -methoden komplette Restrukturierungen durchgeführt. Auch die PPS- und CIM-Methoden wurden hier sehr wesentlich eingesetzt. Denn besonders wichtig war und ist es hierbei, *das neue Denken und Verantwortungsbewusstsein* in die „alten-bisherigen Köpfe" hineinzubringen; die alten Gewohnheiten wirken wie zäher Leim! Durchgesetzt werden konnte und kann diese Restrukturierung nie vom grünen Tisch aus (im Macher- und Beherrscherstil), sondern nur durch mühsames Einbeziehen (Gärtner-Prinzip); es muss wachsen und von selbst stark werden können – das neue Bewusstsein, dann trägt es die erhofften Früchte. Anders nie, denn viele Widerstände und Hindernisse in den Köpfen gab und gibt es hier zu überwinden. Und immer noch *bleibt der Weg das Ziel*, Null-Fehler-Status zu erreichen.[43]
- Ein sehr ähnliches und ebenso dringend erforderliches *neues Denken und unternehmerisches Zielbewusstsein* ist in der *Humankapitalqualifizierung* überwiegend noch nicht entwickelt und nachhaltig anzustreben. Oft klagen Vorgesetzte, *„welche Flasche sie da wieder eingestellt hätten"* merken aber nicht, dass gerade sie selber – wenn auch unbewusst – den größten Anteil an dieser Fehlentscheidung haben. Von allen derzeit als erfolgreich bekannten Methoden und Hilfsmitteln des Recruting wurde (fast) *nichts* eingesetzt – „schließlich macht man so eine Personaleinstellung ja nicht zum ersten Mal", heißt es dann. Man vertraut also vielen falschen Erfahrungen – wider besseren Wissens der Personalfachleute. Das weitere Problem ist aber, dass man das eingekaufte Problem *nicht* behebt. Denn wenn der „Neue" nicht so gut ist, wie erwartet, aber einige gute Ansätze zeigt, dann trennt man sich nicht von ihm am Ende der Probezeit, sondern gibt ihm noch eine Chance. Allerdings hat dieser dann ein unbefristetes Arbeitsverhältnis und ist, wenn er eine *„Flasche"* bleibt, nur

---

[43] Tominaga, Minoru: Auf der Suche nach deutschen Spitzenleistungen, 1997, S. 119/120

sehr schwer zu kündigen. So schleppen die Firmen relativ viele *verschobene Probleme* als Mitarbeiteraltlasten mit und *verstecken* sie in irgendeiner Abteilung – niemandem geht es gut damit, aber niemand übernimmt auch irgendeine persönliche Verantwortung. Es sind nicht wenige Vorgesetzte, die unter diesen Altlasten stöhnen. Diese Altlasten können aber auch Vorgesetzte sein, die ihre Mitarbeiter als Chef mehr stören und hemmen als sie ihnen nützen.

Eine psychologische Fachdisziplin sagt: *Nicht das Problem ist das Problem, sondern wie wir damit umgehen – ist das Problem.*

Also müssen wir anders mit dem Problem umgehen: Es gibt viel zu tun, ... packen wir's an, sagen die Optimisten; warten wir lieber noch ab, oder wer soll denn das bezahlen, das ist zu teuer oder dafür haben wir keine Zeit, oder wer weiß, ob das was bringt/gut geht ... etc. sagen die Pessimisten. Wenn Letztere im Unternehmen überwiegen oder sogar an der Firmenspitze sind, dann steigt der Anteil der innerlich Kündigenden kontinuierlich. Der Effizienzgrad der Firmen fällt dann immer mehr ab.

– Wenn man eine gute Führungsmannschaft und eine gute Mitarbeitermannschaft haben bzw. erreichen will, dann kommt man an der Notwendigkeit *zu beurteilen* nicht vorbei. Dieses Beurteilen beginnt schon vor der Neueinstellung bei den Anforderungen des Arbeitsplatzes hinsichtlich der gewünschten Qualifikation und der entsprechenden Vergütungshöhe. Dann werden Zeugnisse beurteilt und anschließend der Bewerber selbst im Gespräch oder Test bzw. AC. Am Ende der Probezeit sollte er wieder beurteilt werden – ebenso wenn er später einen anderen Arbeitsplatz übernimmt. Jährlich sollte eine Leistungsbeurteilung mit Ergebnisgespräch stattfinden. Die letzte Beurteilung wäre fällig für ein qualifiziertes Arbeitszeugnis.

  Immer wird beim Beurteilen ein Soll mit einem Ist verglichen und aus dem Ergebnis werden Entscheidungen abgeleitet. Dieses Messen und Vergleichen sollte methodisch so objektiv wie möglich ablaufen – was auch einen hohen Objektivitätsgrad der Werte selbst bedingt.

Es wurde hier immer wieder von einem *Wandel der Werte* gesprochen – im Führungsdenken wie auch im Mitarbeiterdenken.

Das heißt, die Werthaltungen: Wer ist eigentlich so ein Arbeiter oder Angestellter heute, was muss er können, was muss er leisten, was darf er entscheiden, was soll er verdienen etc. verschieben sich immer schneller nach oben.

Und das Verhalten eines Beherrscher-Vorgesetzten wird immer offener kritisiert und sein Status fällt. Denn immer weniger haben wir den Mitarbeiter, der lediglich ein Erfüllungsgehilfe des „alleine denkenden Vorgesetzten" ist. Immer mehr benötigen wir den fähigen „autonomen Wissensarbeiter", der von einem fähigen Vorgesetzten *betreut* wird. „Betreut" bedeutet, dass der Führungseinfluss- und -zeitanteil in dem Maße weniger erforderlich ist, in dem die Mitarbeiterqualifikation und -eigenverantwortung zunimmt. Das müssen manche Chefs erst akzeptieren.

Das ist ein vielfältig beobachtbarer und grundsätzlich gültiger Entwicklungsprozess, der sich eher noch beschleunigt. Viele Mitarbeiter wachsen da offensichtlich schneller mit als viele der Vorgesetzten, die noch in alten Statusmustern gefangen sind. Diese Entwicklung vom angepassten Mitarbeiter zum erfolgreichen Mitdenker, Mitentscheider, Mitverantwortlichen, der mehr und mehr im Team arbeitet und auch die Entwicklung vom *führungs*mäßig überforderten Einzelkämpferchef zum Coach-Trainer-Impresario, läuft immer schneller und deutlicher erkennbar. Viele Chefs tun sich hier schwer, aber das ist der notwendige unaufhaltsame Wandel der Werte und des Verhaltens.

Der Wert des Produktionsfaktors *Arbeit* steigt immer schneller und der „ausführende" Teilfaktor wächst immer mehr schon in „dispositive" Funktionen hinein. Damit steigt auch der Wert der Personalarbeit in höhere Anforderungsgrade und generell ist auch eine Verschiebung der innerbetrieblichen Machtstrukturen unübersehbar. Die Unternehmen können die Herausforderungen der Zukunft annehmen und sie mit modernen Personalmanagementmethoden lösen, oder sie bleiben auf der Strecke.

Es sei noch einmal klar herausgestellt:

Sorgfältige Personalauswahl, -pflege, -förderung, -entwicklung, -einsatzoptimierung ist die allerwichtigste Managementaufgabe. Die Personal- und *Leistungsbeurteilung* – einschließlich *Zielvereinbarungen* – ist dabei eines der wichtigsten Hilfsmittel.

Diesen Wertewandel muss die Unternehmensleitung als Paradigmenwechsel vollziehen und die entsprechend erforderlichen Maßnahmen einleiten – ab der Stunde Null.

Da können Grundsätze eingeführt werden, wie:

- Keine Stellen*aus*schreibung *ohne* effektives Anforderungsprofil und effektive Stellenbeschreibung.
- Keine Auswahlentscheidung *ohne* AC oder wenigstens effektive anforderungsorientierte Fragen an die Bewerber (im Mehraugenprinzip) sowie einige aussagefähige Persönlichkeitstests.
- Keine Probezeitentscheidung *ohne* schriftliche Beurteilung (Vorgesetzter + Mitarbeiter/Kollege beurteilen).
- *Jährliche* Leistungsbeurteilung auf Basis: Stellenbeschreibung, Anforderungsprofil, vorjährige Zielvereinbarungen – für alle im Unternehmen.
- Keine Führungsaufgabe/-position *ohne* (jährliche) Beurteilung durch die eigenen Mitarbeiter.
- Kein innerbetrieblicher Aufstieg *ohne* Anforderungsprofil, Stellenbeschreibung, Potentialbeurteilung (evtl. 180°) im Mehraugenprinzip, neue Probezeit.

Um die Leistungsbeurteilung von anderen Personalbeurteilungen klarer zu unterscheiden, soll nachfolgend eine Begriffsabgrenzung vorgenommen werden.

5.2. Begriffsabgrenzung innerhalb verschiedener Beurteilungsanlässe und -formen

Es gibt viele verschiedene Begriffe, die mit dem Wort *Beurteilung* verknüpft werden; sie werden oft nicht eindeutig richtig unterschieden, sondern synonym[44] verwendet.

Zur *Leistungsbeurteilung* zählen wir die Beurteilung des Leistungs- bzw. Arbeitsergebnisses wie auch *-verhaltens*. Zur *Persönlichkeitsbeurteilung* zählen wir alles, was Eigenschaften und Persönlichkeitselemente enthält. Die folgende Übersicht hilft, die Begriffe klarer zu unterscheiden.

	Sammelbegriff	Leistungs- und Arbeitsergebnis	Leistungs- und Arbeitsverhalten	Eigenschaften und Persönlichkeitselemente
- Personalbeurteilung	x	x	x	x
- Mitarbeiterbeurteilung	x	x	x	x
• - Leistungsbeurteilung		x	x	(x)
- Persönlichkeitsbeurteilung			(x)	x
- persönliche Beurteilung		(x)	x	x
- Leistungs- und Verhaltensbewertung		x	x	
- Verwendungsbeurteilung			x	x
- Eignungsbeurteilung		(x)	x	x
- Potentialbeurteilung			x	x
- Befähigungsbeurteilung		(x)	(x)	x
- Probezeitbeurteilung		x	x	(x)
- Zeugnisbeurteilung u. a. m.		x	x	x

Abbildung 7: Übersicht über verschiedene Beurteilungsbegriffe bzw. -arten

Im Folgenden wird insbesondere auf Leistungsbeurteilungen näher eingegangen. Trotzdem ist die Potentialbeurteilung auch noch besonders interessant.

---

[44] Crisand, Ekkehard/Stephan, Pamela: Personalbeurteilungssysteme, S. 12

5.2.1 Leistung – Was ist das?

Der Begriff „Leistung“ wird unterschiedlich definiert; hier bezieht er sich auf objekt- und subjektbezogene dispositive wie manuelle menschliche Leistungen in Organisationen.

Laut Physik wird *Arbeit geleistet*[45], wenn ein Körper unter Kraftaufwand bewegt wird; andererseits wird die *Leistung P* als das Verhältnis der verrichteten Arbeit *W* zu der benötigten Zeit *t* $P = W : t$ definiert[46]. Es geht also in der Physik bei *Leistung* darum, unter Kraftaufwand etwas zu bewegen/zu verrichten, um etwas hervorzubringen. In anderen Definitionen wird *Leistung* als „erzielter Wertschöpfungsbeitrag“ oder als „Gegenbegriff zu *Kosten*“ bezeichnet[47].

Im allgemeinen Sprachgebrauch bezeichnen wir als *Leistung* sowohl das objektiv messbare Leistungs*ergebnis* (Output) pro Zeiteinheit, wie auch das entsprechend vorausgegangene Leistungs*verhalten* (Input). Das Leistungsverhalten kann intensiv, ausdauernd, effizient aber auch gering-schwach, wenig ausdauernd, ineffizient etc. sein; es ist die jeweilige *Ergebniskombination* von Leistungs*fähigkeit* (Eignung, Ausbildung, Wissen, Erfahrung) und Leistungs*bereitschaft*. Letzteres wird oft als „Motivation“ beschrieben[48].

Wofür ist nun jemand leistungsmotiviert? Es zeigen sich verschiedene Grundbegabungs- und Grundinteressenrichtungen – auch Motivstrukturen genannt. Der Gehirnstrukturtest[49] (Struktogramm) z. B. unterscheidet hier zwischen sehr unterschiedlichen Ausprägungen:

a) Stammhirndominanz: Beziehungs- und kommunikationsorientiert, intuitiv-emotional motiviert.
b) Zwischenhirndominanz: Durchsetzungs- und improvisationsorientiert, spontan-erfolgsorientiert.
c) Großhirndominanz: Struktur- und systematikorientiert, sach- und verstandesorientiert.

Nachdem jeder Arbeitsplatz in einer spezifischen Anforderungsmischung von a, b und c ausgeprägt ist, zeigt der Struktogrammtest, inwieweit der jeweilige Stelleninhaber oder Bewerber diesen Platz X mit seiner persönlichen Anlagenmischung a, b und c abdeckt oder nicht und andere Anforderungen viel besser erfüllen könnte. Ist jemand dem Gehirnstrukturtest entsprechend vorrangig in *seinem* verstärkt ausgeprägten Bereich (a, b und c) eingesetzt, so ergibt sich in der Regel eine gehobene Leistungsbereitschaft und letztendlich eine gute Gesamtleistung. Natürlich werden auch verschiedene organisatorisch/technische, soziale, familiäre, finanzielle Bedingungen – insbesondere die Personalführung und die Leistungsfähigkeit – einen wesentlichen Einfluss auf das Gesamtverhalten haben (siehe Triandiskurve und Dieter Frey).

---

[45] Freitag, Hugo: Physiklehrbuch, 1938, S. 47

[46] Höfling, Oskar: Lehrbuch der Physik, 1962, S. 144

[47] Becker, Fred: Grundlagen betrieblicher Leistungsbeurteilungen, 1998, S. 54

[48] Unter 1.1. sowie unter 2.2. wurde hierzu bereits näheres ausgeführt.

[49] Wagner, Hardy: Struktogrammanalyse, 1987, S. 8

Die Leistungs*fähigkeit* kann bei Bewerbungen etwas leichter herausgefunden werden; die Leistungs*bereitschaft* am Arbeitsplatz ist dagegen bei Bewerbern schwerer zu ermitteln und sie ist auch der Teil von beiden, an dem es später am ehesten mangelt. Personalfachleute machen oft die Erfahrung, dass die Beitrittsmotivation[50] deutlich höher ist, als die spätere (Leistungs-)Beitragsmotivation.

Hier gehe ich davon aus, dass man die Leistungsfähigkeit im Betrieb grundsätzlich voll einsetzen können sollte und es noch viel mehr im Vordergrund der Führungskunst stehen sollte, die Leistungsbereitschaft der Mitarbeiter zu gewinnen.

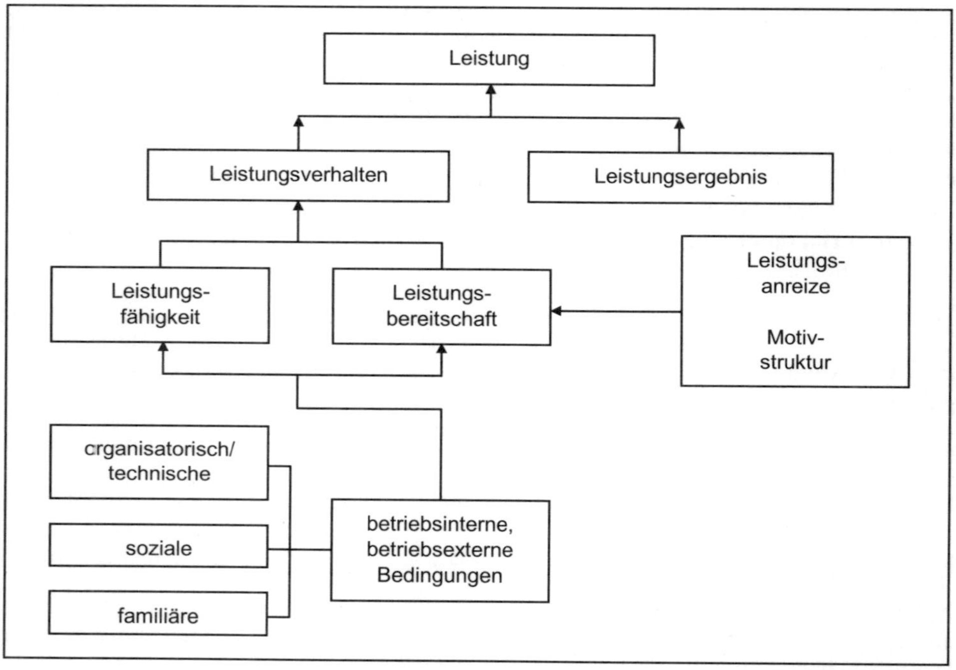

Abbildung 8: Determinanten des Leistungsverhaltens und des Leistungsergebnisses[51]

Leistungsfähigkeit und -bereitschaft haben aufeinander starken wechselseitigen Einfluss. Kann z. B. die Leistungsfähigkeit in der Aufgabe gut eingesetzt werden, so werden schnell Erfolge da sein, die neu anspornen und die Leistungsbereitschaft steigern. Und macht andererseits die Arbeit Spaß, z. B. weil man Entscheidungsfreiheit und Verantwortung hat, so ist man geneigt, noch weitere Grenzen seiner Leistungsfähigkeit und Belastbarkeit zu testen: Erfolg bringt neuen Erfolg.

[50] Einsatzaufwand, um als Bewerber in die Firma hineinzukommen.
[51] Crisand, Ekkehard/Stephan, Pamela: Personalbeurteilungssysteme,1994, S. 15/16

So werden in den Beurteilungen verschiedener Arten sowohl Fähigkeiten (-vermögen) wie auch Motivation (-bereitschaft) in Einzelkriterien aufgeteilt, formuliert und in Stufen bewertet – andererseits aber ebenso das konkrete Leistungsergebnis in Menge und Qualität pro Zeit. Das heißt Leistungsverhalten und -ergebnis einer vergangenen Zeitperiode werden festgestellt und mit den für diese Zeit vorgegebenen Anforderungen und Zielen verglichen – die *Leistung wird gemessen!* Das gefundene Resultat kann gleich hoch mit dem Plan/Ziel sein, aber auch darüber wie darunter liegen.

5.2.2. Zeitliche Zuordnung von Personalbeurteilungen

Die *zeitliche* Dimension von Personalbeurteilungen zeigt sich in der Orientierung an der Vergangenheit, Gegenwart oder Zukunft.

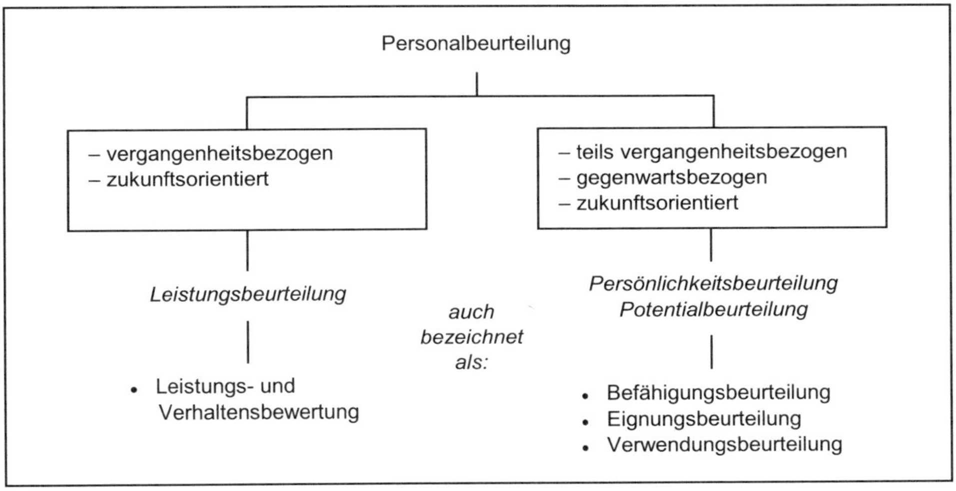

Abbildung 9: Zeitliche Dimension von Personalbeurteilungen

Leistungs- und Potentialbeurteilung:

- Die *Leistungsbeurteilung* bewertet Leistungsverhalten und -ergebnis der Vergangenheit als Ist-Soll-Vergleich bzw. Soll-Ist-Vergleich.
- Im Mittelpunkt der *Potentialbeurteilung* steht hingegen nicht der Soll/Ist-Vergleich wie bei der mehr vergangenheitsbezogenen Leistungsbeurteilung, sondern die Zukunftsprognose über Eignung und Befähigung zu künftiger individueller Leistungserbringung. Mit der Potentialbeurteilung werden hauptsächlich verhaltensrelevante Merkmale der *Persönlichkeit* erfasst (z. B. AC).

  Dazu zählen z. B.:
  – Neigungen und Tendenzen,
  – Begabungen und Fähigkeiten,
  – Charaktereigenschaften,
  – Temperament.

In der Praxis findet man überwiegend *Mischsysteme* aus Leistungs- und Potentialbeurteilung. Sie setzen sich aus Einzelkomponenten oder -kriterien dieser beiden Systemrichtungen zusammen.

Zeugnisbeurteilung, Probezeitbeurteilung, Persönliche Beurteilung gehören auch zu diesen Mischsystemen. Hierin werden Vergangenheitsleistung und -verhalten beurteilt sowie eine (mehr oder weniger ausführliche) Prognose für zukünftiges Verhalten – bezogen auf Charaktereigenschaften abgegeben. Es handelt sich um halbstandardisierte Vorgehensweisen.

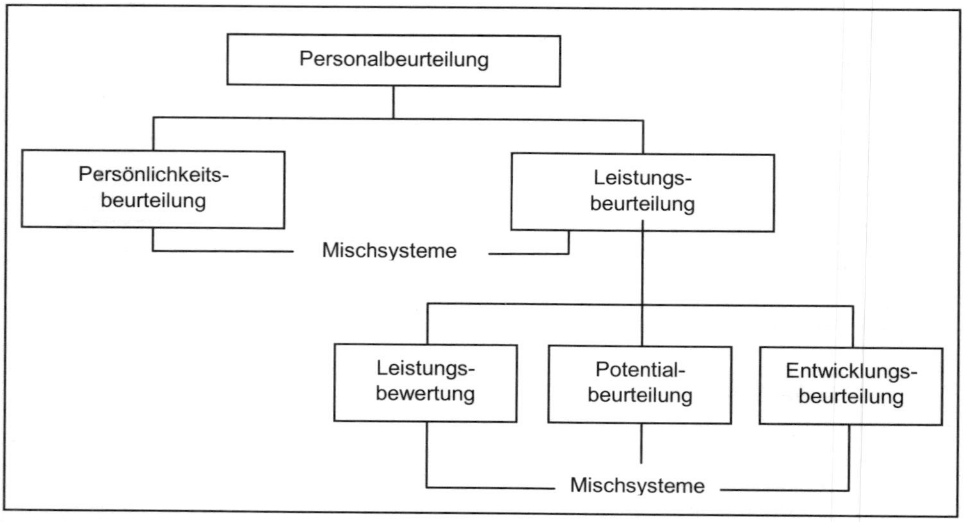

Abbildung 10: Schematische Gliederung der Personalbeurteilung, Quelle: Hentze, Joachim: Arbeitsbewertung und Personalbeurteilung, 1980, S. 7

5.2.3. Organisatorische Einordnung der Leistungsbeurteilung

Wie bereits beschrieben, ist die Leistungsbeurteilung ein Ist-Soll-Vergleich. Deshalb bedarf sie einer objektiven Soll-Basis als Beurteilungsgrundlage. Methodisch soll die Leistungsbeurteilung in die anderen betrieblichen Verfahren reibungslos integriert sein, wie z. B. Arbeitsanalyse, Stellenbeschreibung, Anforderungsprofile, Arbeitsbewertung, Arbeitsziele (MbO) usw.

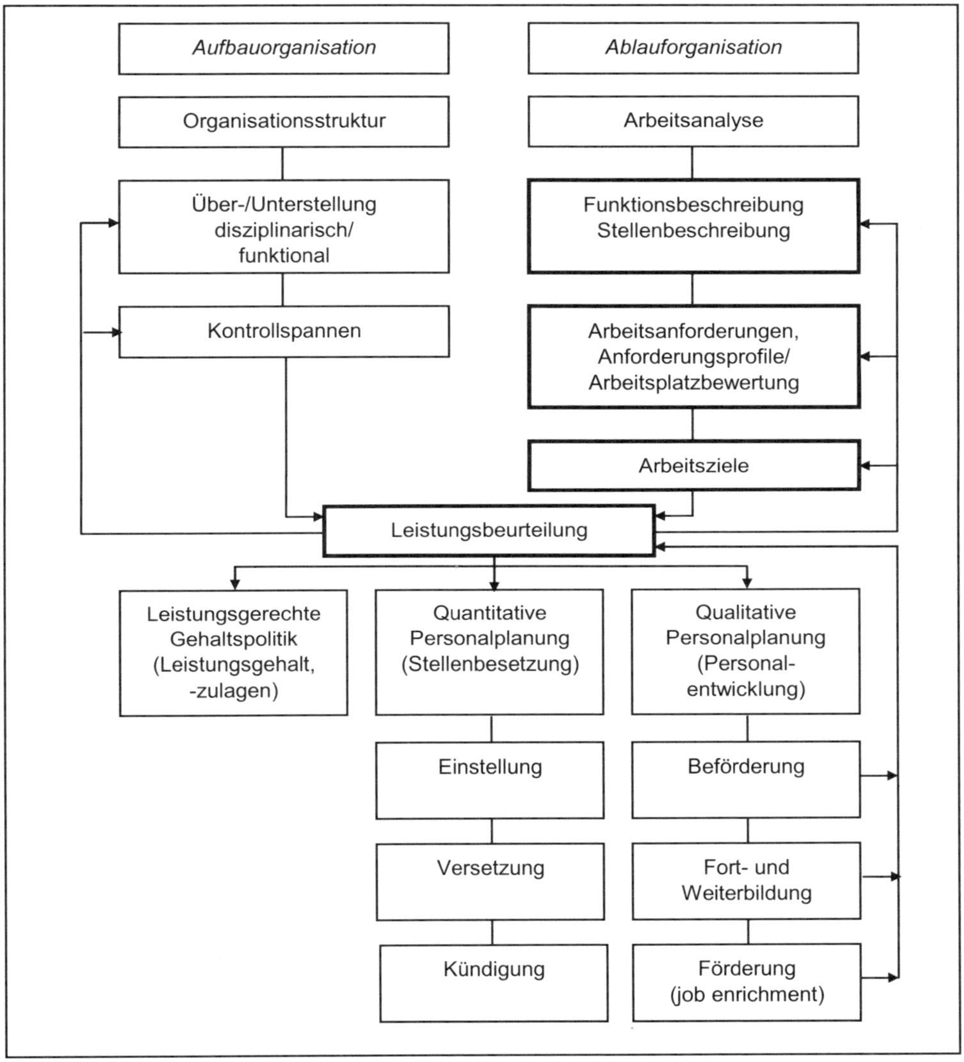

Abbildung 11: Organisatorische Voraussetzungen der Leistungsbeurteilung, Quelle: Zander, Ernst/Knebel, Heinz: Taschenbuch für Leistungsbeurteilung, 1982, S. 91

Die Arbeitsbewertung der Stelle (mehr im gewerblichen Tätigkeitsfeld eingesetzt), Stellen- bzw. Funktionsbeschreibung sowie ein Anforderungsprofil der Stelle und die klaren Arbeitsziele stellen die wichtigsten Soll-Teile für die (Ist-)Bewertung der Stelle dar.

Bezugsleistungen als Soll-Basisteil für Beurteilungen:

Sowohl bei der Arbeitsbewertung als auch der Leistungsbeurteilung[52] geht man von sogenannten *Bezugsleistungen* aus, die eine Grundlage für die Bestimmung der Anforderungshöhe und die zu beurteilende individuelle Leistung sind. Diese Bezugsleistungen sind an die jeweilige Aufgabe gekoppelt. Auch wenn sie nicht schriftlich fixiert sind, so sind sie doch zumindest dem Bewerter bzw. dem Beurteiler bewusst.

Der *Begriff der Bezugsleistung* spielt in der Arbeitswissenschaft im Zusammenhang mit den Vorgabezeiten für menschliche Arbeit eine bedeutende Rolle. REFA unterscheidet drei Möglichkeiten zur Bestimmung von Bezugsleistungen: Die *Durchschnittsleistung, die Standardleistung* und die *REFA-Normalleistung.*

In der Praxis wird häufig die *REFA-Normalleistung*[53] verwendet, die im Allgemeinen als eine Leistung verstanden wird, die von jedem geeigneten, geübten und eingearbeiteten Mitarbeiter auf die Dauer nach fachmännischer Beurteilung erbracht werden kann. Sie liegt bei der Anwendung von Leistungslohnsystemen gewöhnlich *unter* der Durchschnittsleistung. Diese Bezugsleistung (Normalleistung) entspricht dem Leistungsgrad von 100 %, d. h. die tatsächliche Durchschnittsleistung liegt in der Regel *über* der Bezugsleistung.

Damit gilt:

$$\text{tatsächlicher Leistungsgrad} = \frac{\text{beobachtete Ist-Leistung}}{\text{vorgestellte Bezugsleistung}} \cdot 100\ [\%]$$

Bei der Leistungsbeurteilung liegt ebenfalls eine Bezugsleistung zugrunde, an der sich die Beurteilung des Leistungsergebnisses und des Leistungsverhaltens orientiert. Dabei kann diese Größe von der in der Arbeitsbewertung fixierten abweichen. Die Gründe können darin liegen, dass einerseits aufgrund einer Konvention (Abkommen) eine andere Leistung (z. B. höhere) angenommen wird, oder dass andererseits die individuellen-subjektiven Wertvorstellungen des Beurteilers eine Abweichung verursachen. Der zweite Fall kann insbesondere dann eintreten, wenn die Leistungsnormen nicht vorher schriftlich festgelegt werden.

52 Hentze, Joachim: Arbeitsbewertung und Personalbeurteilung, 1980, S. 13-15

53 Hentze, Joachim: Arbeitsbewertung und Personalbeurteilung, 1980, S. 13-15

Den schematischen Zusammenhang zwischen Bezugsleistung, Arbeitsbewertung und Leistungsbeurteilung zeigt Abbildung 12:

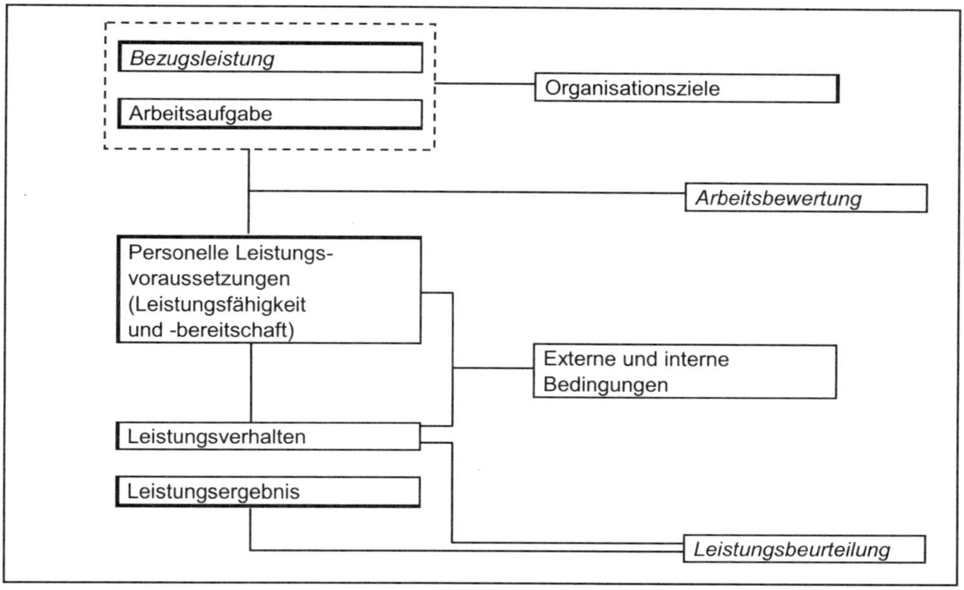

Abbildung 12: Die Beziehung zwischen Bezugsleistung, Arbeitsbewertung und Leistungsbeurteilung,
Quelle: Hentze, Joachim: Arbeitsbewertung und Personalbeurteilung, 1980, S. 13-15

Als Hauptaufgabe der *Arbeitsbewertung* gilt die erforderliche Differenzierung des Grundlohns bzw. Grundgehalts. Aus den individuellen Arbeitsanforderungen der Arbeitsplätze werden entsprechende Arbeitswertsummen errechnet, die dann Lohn- bzw. Gehalts*stufen* zugeordnet werden.

Die Hauptaufgabe der *Leistungsbeurteilung* besteht darin, festzustellen, in welchem Maße (Intensität) der einzelne Mitarbeiter die Anforderungen seines Arbeitsplatzes tatsächlich erfüllt hat (Leistungsgrad).

Beim Beurteilungsvorgang[54] wird die individuelle Leistung mit ihrer Bezugsnorm (Bezugsleistung) verglichen und hierzu die eventuellen Abweichungen festgestellt. Die Leistungsbeurteilung umfasst somit sowohl den Vorgang:

1. der Festlegung der Bezugsnorm (Soll),
2. der Erfassung der tatsächlichen Leistung (Ist) und
3. deren beurteilender Vergleich (Soll:Ist).

---

[54] Hentze, Joachim: Arbeitsbewertung und Personalbeurteilung, 1980, S. 6/22

Erst die Fixierung einer Bezugsnorm für die zu erbringende Leistung (Soll-Leistung) ermöglicht die Beurteilung der vollzogenen Ist-Leistung.

Ausgangspunkt für die Leistungsbeurteilung sind Stellenbeschreibungen, welche die Tätigkeitselemente und Anforderungen sowie vielfach auch Leistungsstandards enthalten (vgl. Abbildungen 11 + 12). Somit besteht zwischen Arbeitsbewertung und Leistungsbeurteilung eine enge Beziehung, *wenn beide* zur Entgeltdifferenzierung kombiniert werden. Diesen Zusammenhang verdeutlicht Abbildung 13:

Lohn-/Gehaltsbestandteile	Methode	Einflussfaktoren
Ortszuschlag	generelle Regelungen (Tarife, Betriebsvereinbarungen)	Ort des Arbeitsplatzes
Dienstalterzulage		Diensttreue, Erfahrung
Erschwerniszulage		Erschwerende Arbeitsbedingungen, z. B. Schichtarbeit
Leistungszulage	Leistungsbeurteilung	Intensität der Aufgabenerfüllung
Grundgehalt	Arbeitsbewertung	Schwierigkeitsgrade der Aufgaben

Abbildung 13: Lohn- bzw. Gehaltsbestandteile
Quelle: Hentze, Joachim: Arbeitsbewertung und Personalbeurteilung, 1980, S. 6/22

5.3. Methoden der Personalbeurteilung

5.3.1. Summarische und analytische Methoden und Verfahren

- In der *Personalbeurteilung* werden meist systematische Methoden bzw. Verfahren angewendet, durch die mittels Informationsgewinnung und -verarbeitung geprüft und festgelegt wird:

  a) inwieweit ein zu Beurteilender (z. B. Bewerber) für bestimmte Anforderungen geeignet erscheint, oder
  b) wieweit ein Mitarbeiter die Anforderungen seines derzeitigen Arbeitsplatzes erfüllt – mit allen Folgerungen daraus für Entgelt, Weiterbildung, Umsetzung etc., oder
  c) inwieweit ein Mitarbeiter für höherwertige Aufgaben geeignet scheint.

- Bei der *Arbeitsbewertung* werden – ähnlich wie in der Leistungsbeurteilung – vor allem *analytische* und *summarische* Methoden unterschieden:

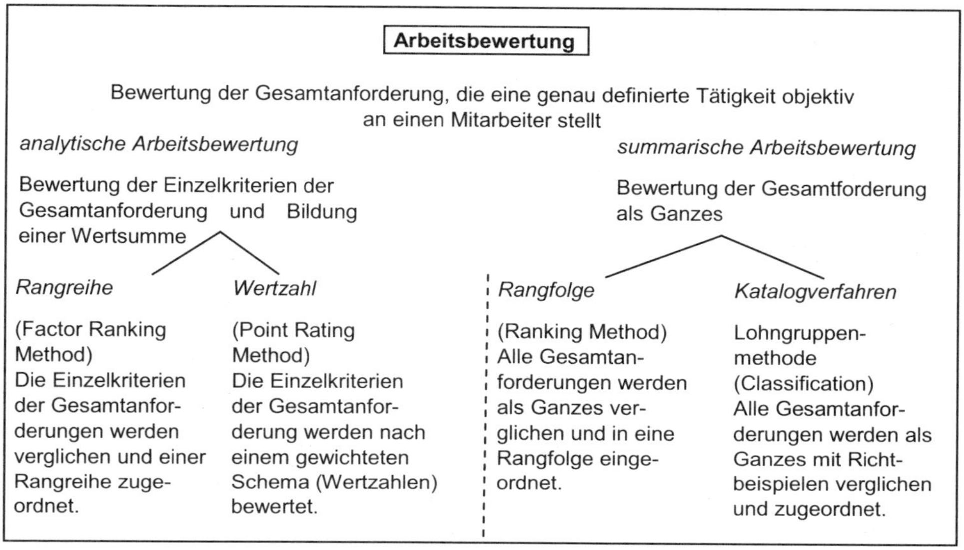

Abbildung 14: Systematik der Arbeitsbewertungsverfahren
Quelle: Zander, Ernst/Knebel, Heinz: Taschenbuch für Arbeitsbewertung, 1978, S. 23

Die *summarische* Methode vergleicht die einzelnen Arbeitsplätze durch eine *Gesamt*einschätzung ihrer Schwierigkeiten. Es wird dabei auf eine systematische Analyse der einzelnen Anforderungsarten verzichtet. Das typische summarische Verfahren der Reihung ist das Rangfolgeverfahren (ranking method). Darunter wird das Aneinanderreihen von Arbeitsplätzen nach ihrem Schwierigkeitsgrad verstanden. Diese Rangfolge entspricht einer Wertungsskala.

Auch in der *Leistungsbeurteilung* wird zwischen analytischen und summarischen Methoden/Verfahren unterschieden – wobei es bei der Leistungsbeurteilung aber nicht um die grundsätzliche Arbeitswertigkeit eines Arbeitsplatzes geht, sondern um den Grad der tatsächlichen Leistungserbringung am jeweiligen Arbeitsplatz. Die Arbeitswertigkeit sollte schon *vor* der Leistungsbeurteilung festgelegt sein.

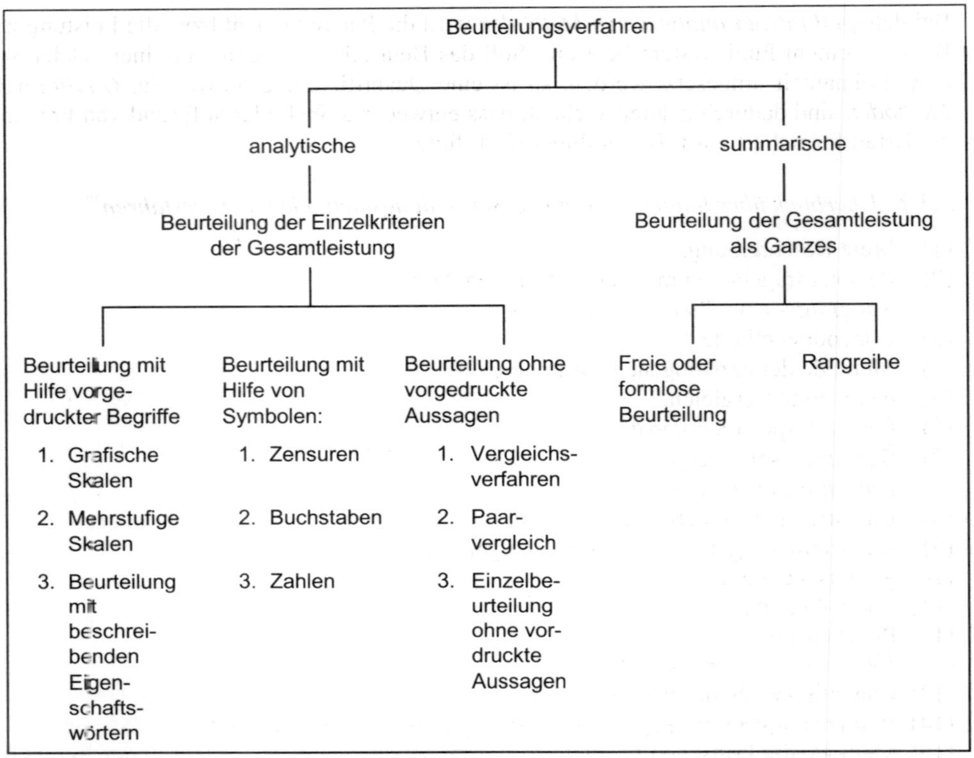

Abbildung 15: Verfahren zur Leistungsbeurteilung
Quelle: Zander, Ernst/Knebel, Heinz: Taschenbuch für Arbeitsbewertung, 1978, S. 25

Von *summarischen Methoden*[55] wird gesprochen, wenn der Mitarbeiter als Ganzes pauschal beurteilt wird, ohne dass bewusst auf einzelne Beurteilungsmerkmale abgestellt wird. Bei den *analytischen Methoden* orientiert sich der Beurteiler an vorher festgelegten Beurteilungs*merkmalen*.

Auch bei der Personalbeurteilung gibt es *Mischformen aus analytischen und summarischen Methoden,* die dadurch gekennzeichnet sind, *dass* gewisse Bereiche in ihrer Gesamtheit und andere zerlegt nach Merkmalen beurteilt werden.

Die Beurteilungsergebnisse können quantitativ und qualitativ ausgedrückt werden, so dass je nach der Formulierung der Ergebnisse:
– quantitative und
– qualitative Methoden
unterschieden werden können.

---

[55] Hentze, Joachim: Taschenbuch für Arbeitsbewertung Personalbeurteilung, 1980, S. 146/147

Bei den *qualitativen-analytischen Methoden* wird die Persönlichkeit bzw. die Leistung z. B. nach einem Punktsystem beurteilt. Soll das Beurteilungsergebnis in einem Gehalts- bzw. Lohnanteil umgesetzt werden, so ist eine Quantifizierung notwendig. *Qualitative Methoden* sind dadurch gekennzeichnet, dass entweder global oder aufgrund von Fragen ein Urteil formuliert wird (Beurteilung/Einstufung).

5.3.2 Überblick über häufig verwendete Beurteilungsmethoden und -verfahren[56]

(1) Freie Beschreibung,
(2) Personalfragebogen mit freiformulierten Antworten,
– *Rangfolge- bzw. Rangreihenmethoden*
(3) Concoursmethode,
(4) Methode der erzwungenen Verteilung,
(5) paarweiser Vergleich,
(6) Person-to-person comparison,
(7) Soziometrische Tests,
– *Einstufungsmethoden*
(8) Einstufung nach Verhaltensmustern,
(9) Eingruppierung in vorgegebene Kategorien,
(10) graphische Skalen,
(11) Likert-Skalen,
(12) Polaritätsprofil,
– *Kennzeichnungsmethoden*
(13) Checklist-Methode (Prüfliste),
(14) Wahlzwang-Methode (gruppierte Aussagenliste mit Wahlzwang),
(15) Methode der kritischen Ereignisse,
– *weitere Methoden*
(16) Field-review-Methode,
(17) ganzheitliche Qualifikation,
(18) Leistungsstandards,
(19) Management by Objektives und
(20) Assessment Center.

Abbildung 16 zeigt (in Ergänzung), welche Methoden für bestimmte Zwecke und Zielgruppen geeignet erscheinen:

[56] Hentze, Joachim: Arbeitsbewertung und Personalbeurteilung, 1980, S. 147-167

	Methode	Auswahl-entscheidungen	Entgelt-regelungen	Personal-entwicklung	Zielgruppen		Methoden-zuordnung		Vergleichbarkeit mit anderen Beurteilten		
					Führungskräfte	Mitarbeiter	analytisch	summarisch	+	0	-
1.	Freie Beschreibung	X		X	X	X		X			X
2.	Personalfragebogen	X		X	X	X	(X)		X		
3.	Concoursmethode	X	X			X		X	X		
4.	Erzwungene Verteilung	X	X			X		X	X		
5.	Paarweiser Vergleich	X	X		X	X		X	X		
6.	Person-to-Person Comparison	X			X	X		X	(X)	X	
7.	Soziometrische Tests	X				X	(X)	X	X		
8.	Verhaltsmuster	X	X	X	X	X	X		X		
9.	Eingruppierung	X	X	X	X	X	X	(X)	X		
10.	Graphische Skalen	X	X	X	X	X	X		X		
11.	Likert-Skalen	X	X	X	X	X	X		X		
12.	Polaritätsprofil	X		X	X	X	X		X		
13.	Checklist	X	X	X	X	X	(X)	(X)	(X)	X	
14.	Wahlzwang	X			X	X	X		X		
15.	Kritisches Ereignis	X		X	X	X	X		(X)		
16.	Field review	X		X		X	X		X		
17.	Ganzheitliche Qualifikation	X	X	X		X	X		X		
18.	Leistungsstandards			(X)	X	X	X	(X)			
19.	MbO			(X)	X	X		(X)		X	
20.	Assessment-Center	X		X	X	(X)	X		X	X	

Abbildung 16: Übersicht über Anwendbarkeit der Methoden der Personalbeurteilung für verschiedene Zwecke und Zielgruppen sowie Zuordnung zur Methode analytisch/summarisch bzw. deren Hilfe zur Vergleichbarkeit von Beurteilten
Quelle: in Anlehnung an: Hentze, Joachim: Arbeitsbewertung und Personalbeurteilung, 1980, S. 148

Nachfolgend werden die Methoden (Abbildung 16) näher beschrieben:[57]

57 Hentze, Joachim: Arbeitsbewertung und Personalbeurteilung, 1980, S. 147-167

1. *Methode der freien Beschreibung* (essay evaluation)
   Hier wird der Beurteiler aufgefordert, einen Bericht über die Stärken und Schwächen des Mitarbeiters frei zu formulieren. Er kann dabei Persönlichkeits- oder Leistungsmerkmale oder vorgegebene Fragen beliebig verwenden. Die Brauchbarkeit der freien Beschreibung wird sehr stark von der sprachlichen Ausdrucksfähigkeit, der Qualifikation, Subjektivität-Objektivität, Effizienz des Beurteilers bestimmt. Ein Vergleich mit anderen Beurteilten ist kaum möglich.

2. *Personalfragebogen*
   Hier werden mittels vorgedruckter Fragen persönliche Daten (Wohnort, Alter, Familienstand etc.), Ausbildungszeiten und -abschlüsse, spezielle fachliche und sprachliche Kenntnisse, berufliche Zeiten, evtl. Hobbies etc. abgefragt und in einer Stammdatei abgespeichert. Für die Einsatzsteuerung bzw. die Personalentwicklung sind diese Daten eine wichtige Informationsquelle.

– *Rangfolge- und Rangreihenmethoden*[58]
  Die Rangfolge- bzw. Rangreihenmethoden sind die ältesten und einfachsten formalen-systemanalytischen Beurteilungsmethoden. Der Beurteiler hat dabei die Aufgabe, die zu beurteilende Person insgesamt/komplett bzw. die Ausprägungen einzelner Merkmale dieser Person – mit denen anderer Personen zu vergleichen und in eine Rangordnung zu bringen. Hierbei wird die relative Stellung eines Beurteilten zu anderen (Kollegen) bezüglich der *Persönlichkeit* und/oder der *Leistung* oder eines einzelnen wichtigen *Merkmals* durch Einstufung auf einer Ordinalskala sichtbar. Bei den (pauschalen) *summarischen* Methoden stellt das Skalenergebnis bereits die endgültige Beurteilten-Rangfolge dar, so dass keine weiteren Beurteilungsschritte erforderlich sind. Bei den *analytischen* Beurteilungen dagegen wird für jedes zu beurteilende Merkmal eine eigene Rangreihe aufgestellt bzw. ermittelt. Durch die Addition der Rangplätze bei den einzelnen Beurteilungsmerkmalen (sowie Division durch die Zahl der Merkmale) ergibt sich die Gesamt-Rangreihe der Beurteilten – die der summarischen Rangfolge entspricht. Wenn die einzelnen Merkmale eine unterschiedliche Bedeutung in der Arbeit haben, so gewichtet man die Merkmale (vor der Addition/Division) in sich bzw. zueinander:

3. Bei der *Concoursmethode* (ranking) hat der Beurteiler die Aufgabe, die zu Beurteilenden in ihrer Gesamtheit oder hinsichtlich einzelner Merkmale in eine fortlaufende Rangordnung zu bringen und somit die Mitarbeiter auf einem der Rangplätze zwischen 1 und n zu plazieren. (1. + 20., 2. + 19., 3. + 18. etc.) Es geht auch darum, das schwierig zu differenzierende Mittelfeld besser zuzuordnen.

[58] Hentze, Joachim: Arbeitsbewertung und Personalbeurteilung, 1980, S. 147-167

4. Bei der *Methode der erzwungenen Verteilung* (forced distribution) geht es darum, die bei großen Gruppen besonders schweren Platzierungsprobleme im Mittelbereich zu lösen. Die Zuordnungsentscheidung soll vereinfacht und beschleunigt werden und verschiedene Beurteilertypen (der Nachsichtige, der Kritische, der Vorsichtige) sollen zu vergleichbaren Ergebnissen gelangen. Dabei hat der Beurteiler die Aufgabe, die Mitarbeiter in eine vorher fixierte Verteilung einzuordnen. Hierzu folgendes Beispiel:

Beurteilungs-gruppe	sehr gut	gut	befriedigend	ausreichend	nicht ausreichend
Anzahl der Beurteilten in Prozent	5	25	40	25	5

Abbildung 17: Methode der erzwungenen Verteilung, Quelle: Hentze, Joachim: Arbeitsbewertung und Personalbeurteilung, 1980, S. 152

Auch dieses Verfahren weist im mittleren Bereich Unschärfen auf, da die Differenzierungsmöglichkeiten mit 5 Stufen zu gering sind. Es kann zudem sein, dass in kleineren Gruppen andere Leistungsausprägungen vorhanden sind als in großen Gruppen.

5. Der *paarweise Vergleich* (paired comparison) ermöglicht eine gleichmäßige Unterscheidung aller Bereiche einer Rangskala. Hier vergleicht der Beurteiler *jede Person* summarisch oder bezüglich des jeweils zu beurteilenden Merkmals mit jeder anderen zu beurteilenden Person. Für die somit entstehenden Paare hat der Beurteiler anzugeben, welche der beiden Personen (bzw. deren Merkmalseinstufung) jeweils als besser beurteilt anzusehen ist. Anschließend wird ausgezählt, wie oft jede Person bzw. das Merkmal im Paarvergleich als höherwertig eingestuft wird. Wird beispielsweise der Beurteilte Müller insgesamt viermal vorgezogen, dann wird diesem Mitarbeiter die ordinale Nutzungszahl vier zugeordnet. Aus der Gesamtheit der ordinalen Nutzungszahlen wird schließlich die Rangreihe der Beurteilten erstellt. Ein Vorteil des Paarvergleichs liegt in der Möglichkeit, die Urteilskonsistenz zu überprüfen. Die Durchführung des paarweisen Vergleichs stellt an den Beurteiler hohe Anforderungen, da er alle Personen, die er vergleicht, hinsichtlich der Beurteilungskriterien genau kennen muss.

6. Bei der *Person-to-person-comparison-Methode* wird nicht mehr jeder Mitarbeiter mit jedem anderen der Gruppe, sondern die Person bzw. ihre Leistung (oder auch einzelne Merkmale) wird (werden) mit *einer* oder mehreren Schlüsselpersonen verglichen. Diese Vorgehensweise wird auch bei der Rangreihenmethode in der Arbeitsbewertung angewendet. Für Personalbeurteilungen ist diese Methode nur beschränkt brauchbar, da die Entwicklung der Skalen sehr schwierig ist.

7. Zu den Rangordnungsmethoden zählen auch die *soziometrischen Tests*[59], deren Gegenstand spontane und auf freiwilliger Basis geführte soziale Beziehungen sich gegenseitig bekannter Mitglieder innerhalb von Gruppen sind. Dabei werden Beziehungen der *Zuneigung* und *Abneigung*, *subjektive Interaktionspräferenzen* (Bevor-

59 Hentze, Joachim: Arbeitsbewertung und Personalbeurteilung, 1980, S. 154/155

zugungen) und *faktische Interaktionsbeziehungen* (Arbeitsbeziehungen) unterschieden. Auch das Kriterium *Tüchtigkeit* kann für derartige Präferenzbeziehungen ausgewählt werden. Aufschluss erhält man hierüber durch sogenannte *Wahlfragen*, die den Gruppenmitgliedern zur Beantwortung vorgelegt werden, wie: [60]

- Wer ist Ihnen sympathisch, und wer ist Ihnen unsympathisch?
- Wen hätten Sie gern als engsten Mitarbeiter Ihres Aufgabenkreises?
- Mit wem sprechen Sie gern über fachliche Fragen?
- Von wem werden Sie im Hinblick auf fachliche Fragen angesprochen?
- Mit wem sprechen Sie gern über persönliche Fragen?
- Wen hätten Sie gern als fachlichen Ratgeber?

Nach Hentze[61] werden bei den Fragen nach der subjektiven Interaktionspräferenz (persönliche Bevorzugung) nicht nur Sympathie-Antipathie wirken, sondern auch „Kosten-Nutzen-Erwägungen" im Hinblick auf die Möglichkeit, von der Leistungsfähigkeit des anderen zu profitieren. Wahlfragen nach der subjektiven Interaktionspräferenz (2. + 3., 5. + 6. Frage) zielen also auf die beiden Dimensionen *Sympathie-Antipathie und Leistungsfähigkeit* ab. Im Rahmen der Personalbeurteilung mit dem Zweck von Auswahlentscheidungen muss die Zweidimensionalität der Ergebnisse nicht negativ bewertet zu werden, da Eigenschaften wie Vorgesetztenqualifikation oder Führungsfähigkeit gerade durch die Kombination von fachlichen Fähigkeiten *und* Sympathie bestimmt sind. Sozialpsychologische Ergebnisse, nach denen jemand als Interaktionspartner um so begehrter ist, je mehr Fähigkeiten er besitzt und je größer seine Bereitschaft ist, andere mit seinen Fähigkeiten zu unterstützen, entsprechen dieser Vermutung.[62] Die Ergebnisse der soziometrischen Tests werden graphisch in einem Soziogramm dargestellt (vgl. Abbildung 18).

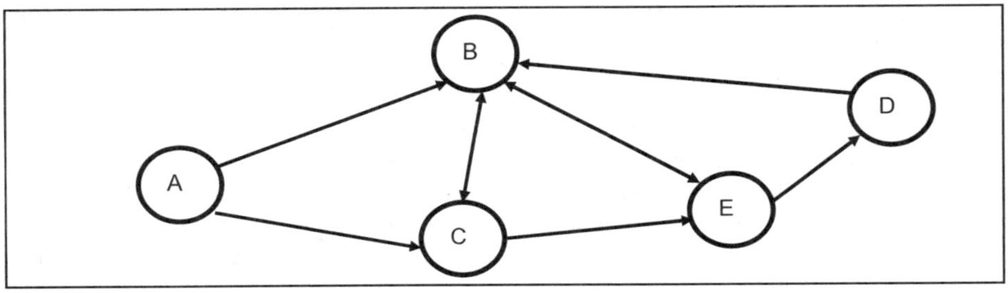

Abbildung 18: Soziogramm[63]

[60] Hentze, Joachim: Arbeitsbewertung und Personalbeurteilung, 1980, S. 154/155
[61] Hentze, Joachim: Arbeitsbewertung und Personalbeurteilung, 1980, S. 154/155
[62] Hentze, Joachim: Arbeitsbewertung und Personalbeurteilung, 1980, S. 148
[63] Hentze, Joachim: Arbeitsbewertung und Personalbeurteilung, 1980, S. 154/155

Die Häufigkeit der auf die Gruppenmitglieder entfallenden Wahlen wird in Tabellenform, der Soziomatrix, festgehalten (vgl. Abbildung 19).

Bekannte / Befragte	A	B	C	D	E
A		●	●		
B			●		●
C		●			●
D		●			
E		●		●	
	0	4	2	1	2

Abbildung 19: Soziomatrix[64]

Nachteilig ist, dass den Gruppenmitgliedern beim soziometrischen Test keine Anonymität zugesichert werden kann. Die Frage nach den ablehnenden Personen kann daher für den Befragten sehr peinlich sein. Hentze[65] schlägt daher vor, den Test durch eine neutrale Person durchführen zu lassen.

– *Einstufungsmethoden*:[66]
Einstufungsmethoden dienen der quantitativen Erfassung qualitativer Merkmale mit Hilfe von verbal oder numerisch definierten Kategorien, die auf einer Skala verschiedene Ausprägungsgrade repräsentieren. Der *erste* Schritt zur Konstruktion einer Einstufungsmethode besteht in der Auswahl und Definition der für die Beurteilung relevanten Merkmale, z. B. *Zusammenarbeit und Anpassung*. Im *zweiten* Schritt werden die Kategorien erstellt, die in geordneter Reihenfolge den Ausprägungsgrad des Merkmals bezeichnen. Die Einstufung kann auf unterschiedlich konstruierten Skalen erfolgen, für die nachfolgend Beispiele gegeben werden:

8. Beurteilungsskala mit *Verhaltensmustern*
1. Schritt: Definition des Merkmals, z. B. *Zusammenarbeit und Anpassung*
Ist der Mitarbeiter unterschiedlichen Anforderungen anderer Mitarbeiter, Funktionen oder Zielsetzungen gerecht geworden, ohne dass dadurch seine selbstständige Arbeitsausführung beeinträchtigt worden ist? War er zur Zusammenarbeit bereit, hat er sie von sich aus angestrebt ...?
2. Schritt: Stufendefinition
1 = Der Mitarbeiter nahm alle Gelegenheiten zur Zusammenarbeit wahr und beteiligte sich erfolgreich am Erfahrungsaustausch und an der Teamarbeit. Er arbeitete selbstständig und wurde dennoch den unterschiedlichsten Anforderungen anderer Mitarbeiter, Funktionen oder Zielsetzungen mühelos gerecht. Kritik verwertete er vorteilhaft.
2 = ...

[64] Hentze, Joachim: Arbeitsbewertung und Personalbeurteilung, 1980, S. 154/155
[65] Hentze, Joachim: Arbeitsbewertung und Personalbeurteilung, 1980, S. 154/155
[66] Hentze, Joachim: Arbeitsbewertung und Personalbeurteilung, 1980, S. 147-167

3 = Der Mitarbeiter erkannte und nutzte die Vorteile des Erfahrungsaustauschs und der Teamarbeit. Er wurde gewöhnlich unterschiedlichen Anforderungen anderer gerecht, ohne seine Selbstständigkeit aufzugeben.
4 = Der Mitarbeiter sah ab und zu entweder die Bedeutsamkeit von Erfahrungsaustausch und Teamarbeit nicht, oder er strebte sie nicht besonders an. Er wurde unterschiedlichen Anforderungen anderer nicht immer ...
5 = ...

Die Verhaltensmuster der Beurteilungsskala müssen auf die Eindeutigkeit ihrer Rangeinordnung überprüft werden, z. B. durch Musterbeurteilungen. Anschließend endgültige Einstufung.

9. *Eingruppierungen in vorgegebene Kategorien* (grading)
Die einfachste Einstufungsmethode ist die Eingruppierung nach vorgegebenen Kategorien (grading). Hentze[67] berichtet von einem System, das lediglich drei Kategorien für die Mitarbeiter aufweist: *hervorragend, zufriedenstellend* und *nicht zufriedenstellend.* Die Leistungen der Mitarbeiter werden mit diesen Stufendefinitionen verglichen und dementsprechend zugeordnet. Die Stufenzahl kann natürlich auch größer sein als drei. Diese Methode basiert auf denselben Grundgedanken wie die Lohngruppenmethode in der Arbeitsbewertung. In dem von Hentze[68] genannten Beispiel wird das „grading“ sowohl für Personen als auch für Arbeitsplätze verwendet.

10. *Graphische Skalen* (graphic rating scales)
Die Methode der graphischen Skalen ist in der Praxis sehr weit verbreitet. Hierbei wird ganz auf Stufendefinition oder Richtbeispiele verzichtet. Der Beurteiler kennzeichnet die Merkmalsausprägung durch Ankreuzen einer Geraden, die numerische, alphabetische oder in Prädikaten ausgedrückte Schwellenwerte aufweist. Verwendet werden häufig auch Formblätter, in denen die vorbereiteten Kästchen die Ausprägungsgrade der Merkmale anzukreuzen sind (vgl. Abbildung 20).[69]

---

[67] Hentze, Joachim: Arbeitsbewertung und Personalbeurteilung, 1980, S. 156/157
[68] Hentze, Joachim: Arbeitsbewertung und Personalbeurteilung, 1980, S. 156/157
[69] Hentze, Joachim: Arbeitsbewertung und Personalbeurteilung, 1980, S. 156/157

Merkmale	Ausprägungsgrad 1	2	3	4
Arbeitsmenge	☐	☐	☐	☐
Arbeitsqualität	☐	☐	☐	☐
Führungsfähigkeiten	☐	☐	☐	☐
Kooperation	☐	☐	☐	☐
Zuverlässigkeit	☐	☐	☐	☐
Initiative	☐	☐	☐	☐

Abbildung 20: Graphische Skala (1 = hervorragend, ..., 5 = nicht zufriedenstellend)

Diese Variante hat damit in der Vorgehensweise eine große Ähnlichkeit mit der Stufenmethode in der Arbeitsbewertung und wird auch häufig in der Personalbeurteilung als Stufenmethode bezeichnet. Sie wird als quantifizierende Methode vor allem in der Leistungsbewertung, aber auch bei anderen Systemen angewandt und hat in der betrieblichen Praxis eine große Bedeutung. Bei dieser Methode wird von den Beurteilern manchmal eine zusätzliche schriftliche Begründung ihrer Einstufung verlangt. Die graphischen Skalen haben den Vorteil, leicht verständlich und einfach handhabbar zu sein. Für den Beurteiler besteht die Schwierigkeit, dass er in jedem Fall alle angegebenen Merkmale beurteilen muss, auch wenn ihm evtl. für einzelne die notwendige Kenntnis fehlt.
Diese Methode kann auch mit einer Gewichtung der Merkmale kombiniert werden (ähnlich ist: Bayer. Metallbeurteilungssystem, siehe Anhang 4.1.).

11. *Likert-Skalen*
Häufig werden Beurteilungsskalen mit beschreibenden Adjektiven verwendet. Die Konstruktion dieser Skalen nach der Likert-Technik erfolgt in drei Schritten:
– Im *ersten Schritt* werden für das zu beurteilende Verhalten relevante Dimensionen (Merkmale) aufgestellt. Zu jeder dieser Dimensionen wird eine Reihe von Statements formuliert, von denen man intuitiv annimmt, dass sie der zu messenden Dimension angehören. Denkbare Statements für das *Merkmal: Zusammenarbeit und Anpassung* wären beispielsweise:

- Der Mitarbeiter ist stets hilfsbereit.
- Der Mitarbeiter sieht, wo er zur Zeit am ehesten gebraucht wird.
- Seine Mitarbeiter bitten ihn um Rat und Unterstützung.
- Er nimmt – wenn nötig – Mehrarbeit in Kauf.
- Bei aller Hilfsbereitschaft behält er seine Aufgaben im Auge.
- Kritik von Mitarbeitern und Kunden verarbeitet er konstruktiv.

Statements sind also Aussagen, meist in Form einer Behauptung, über für das Merkmal typische Verhaltensausschnitte (vgl. dazu Abbildung 21, Checklist-Methode). Die Vorlage für den Beurteiler sollte etwa 20-30 solcher Statements für die jeweils zu messende Dimension enthalten, zwischen denen der Beurteiler frei auswählen kann, welche/wie viele er davon für die Beurteilung verwendet.

- Im *zweiten Schritt* werden aussagekräftige Adjektive ausgewählt, die den Grad des Zutreffens des jeweiligen Statements auf einer fünf- oder siebenstufigen Skala repräsentieren. Diesen Adjektiven werden schließlich Zahlen zugeordnet:

stimme stark zu oder:	stimme zu	unent-schieden	lehne ab	lehne stark ab
sehr oft	meistens	mittel	selten	nie
1	2	3	4	5

Abbildung 21: Likert-Skala, Quelle: Hentze, Joachim: Arbeitsbewertung und Personalbeurteilung, 1980, S. 158

- Im entscheidenden *dritten Schritt* werden die Statements auf Eindimensionalität hin überprüft, d. h. es wird, wie nachfolgend beschrieben, geprüft, ob die vorgegebenen 20-30 Statements in der Vorstellung der Beurteiler überhaupt stimmige Aussagen über die zu messende Dimension 1.-5. (oder 7.) machen. Die Grundannahme der Likert-Technik ist dabei, dass die Mehrzahl der Statements *intuitiv* richtig ausgewählt wurde, im Einzelfall Irrtümer aber nicht auszuschließen sind. Zur Errechnung der für die Personalbeurteilung relevanten Punktzahl werden dann nur die signifikanten Statements addiert und die allgemein nicht ausgewählten fallen weg. Ein wesentlicher Vorteil der Likert-Methode gegenüber der Einstufungsmethode mit Richtbeispielen oder Verhaltensmustern liegt in der Auswahlmöglichkeit der Statements durch die Beurteiler. Bei den abgegebenen Antworten entscheiden letztlich die Beurteiler selbst, welche Statements in die Auswertung aufgenommen werden und welche nicht.

12. *Polaritätsprofil* (semantic differential)

Das Polaritätsprofil dient der quantitativen Erfassung von Eindrücken. Gemessen wird auf dem semantischen Differential zwischen zwei gegensätzlichen Adjektiven (vgl. Abbildung 21).[70]

Der Beurteiler hat dem zu beurteilenden Merkmal (z. B. soziales Verhalten) eine Reihe von Paaren gegensätzlicher Attribute gegenüberzustellen. Die Intensität der Assoziation wird durch Ankreuzen auf dem semantischen Differential vermerkt. Die Gegensatzpaare haben meist nur abbildenden Bezug auf das zu beurteilende Merkmal.

[70] Hentze, Joachim: Arbeitsbewertung und Personalbeurteilung, 1980, S. 160

Verbindet man die Kreuze der Beurteiler durch einen Linienzug, so erhält man das *Polaritätsprofil*. Eine sinnvolle Information ist dem Profil aber erst zu entnehmen, wenn ein Vergleichsprofil vorliegt, das man erhält, indem man von den Beurteilern das ideale Eigenschaftsprofil (Sollprofil) für die festgelegte Position ankreuzen lässt.

Der Vergleich zwischen Ideal- und Beurteilungsprofil kann graphisch erfolgen. Besonders zur Auswahl von Verkaufspersonal oder Außendienstmitarbeitern, deren beruflicher Erfolg wesentlich von dem persönlichen Eindruck, den sie bei den Abnehmern hinterlassen, abhängig ist, erscheint diese Methode geeignet.

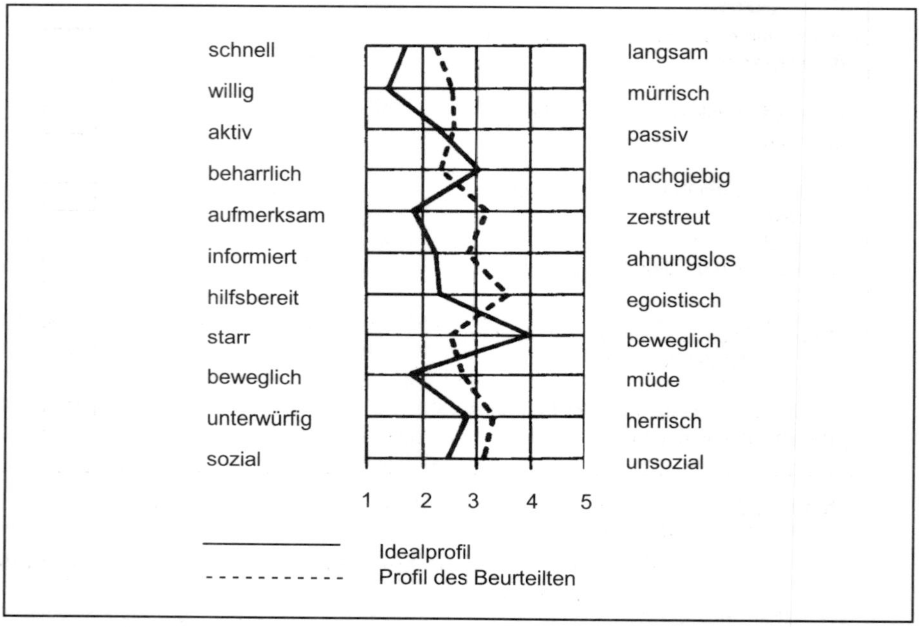

Abbildung 22: Beispiel eines Polaritätsprofils für das Merkmal „Soziales Verhalten“ [71]

– *Kennzeichnungsmethoden*
Bei den Kennzeichnungsmethoden rückt man von der Beurteilung der Person und deren charakterlich-intellektuellen Eigenschaften ab und berücksichtigt als Beurteilungsmaßstab beobachtbare *Kennzeichen des Verhaltens*. Die Leistungsbestimmung wird aufgrund von Verhaltensformen und unter Verzicht auf die Verwendung eines Merkmalsrahmens vorgenommen:

[71] Hentze, Joachim: Arbeitsbewertung und Personalbeurteilung, 1980, S. 160

13. Bei der *Checklist-Methode* (gemischte Aussagenliste nach freier Wahl; Prüfliste) werden den Beurteilern sogenannte Prüflisten vorgegeben, die eine größere Zahl kurzer Verhaltensbeschreibungen enthalten. Es wird also nicht im strengen Sinne beurteilt, sondern nur berichtet, ob eine Aussage für den Mitarbeiter zutrifft oder nicht. Ein Beispiel für ein Checklist-System zeigt Abbildung 23.

Statements	ja	nein
- Hat die Führungskraft im allgemeinen gute Ideen?	☐	☐
- Hat sie ein besonderes Interesse an der Arbeit gezeigt?	☐	☐
- Deckt sie im allgemeinen den Untergebenen den Rücken?	☐	☐
- Zeigt sie gegenüber ihren Vorgesetzten Respekt?	☐	☐
- Bevorzugt sie bestimmte Mitarbeiter?	☐	☐
- Nimmt sie sich Zeit, mit den Mitarbeitern über ihre Sorgen zu sprechen?	☐	☐
- Werden die Anweisungen der Führungskraft im allgemeinen befolgt?	☐	☐

Abbildung 23: Einige Statements einer Checkliste für die Beurteilung von Führungskräften
Quelle: Hentze, Joachim: Arbeitsbewertung und Personalbeurteilung, 1980, S. 161

Die Statements in der Checkliste können auch gewichtet werden. Man spricht dann von der gewichteten Checklist-Methode (weighted checklists). Dabei wird die Aussage nicht mehr nur mit „Ja“ oder „Nein“ oder mit +1 bzw. -1 für zutreffend und Null für nichtzutreffend beurteilt, sondern es werden Skalen mit gleich großen Unterschieden, d. h. gleichwertigen Abständen verwendet. Ein solches Verfahren ist dann den *graphischen Skalen* sehr ähnlich und dient infolgedessen auch den gleichen Zwecken.

Die ausgefüllten Checklisten werden anschließend von der Personalabteilung ausgewertet.

14. Die *Wahlzwang-Methode* (gruppierte Aussagenliste mit Wahlzwang) wirkt der Tendenz zu mittleren und positiven Urteilen entgegen. Sie ist im englischen Sprachraum als forced-choice description entwickelt worden. Bei dieser Methode werden dem Beurteiler mehrere Gruppen von Themenzusammenhängen (Items) von jeweils zwei bzw. vier Statements vorgegeben, die zuvor von Spezialisten erarbeitet werden.

Von diesen Statements sind jeweils ein bzw. zwei Verhaltensbeschreibungen positiv und negativ – der Beurteiler wählt jeweils ein bzw. zwei besonders zutreffende aus.

15. *Die Methode der kritischen Ereignisse* (critical-incident technique) ist eine Weiterentwicklung der *freien Beschreibung* (siehe 1.). Der Beurteiler hat bei dieser Methode Merkmale und Verhaltensweisen schriftlich festzuhalten, die beobachtbar zum Erfolg oder Misserfolg der Arbeit geführt haben. Die Aufzeichnung darf sich nur auf Fakten stützen, Meinungen und Verallgemeinerungen dürfen nicht angenommen werden. Während aber bei der freien Beschreibung die Entscheidung über die Auswahl und die Relevanz der in die Beurteilung zu übernehmenden Merkmale beim Beurteiler liegt, werden hier bei der Methode der kritischen Ereignisse Listen mit Verhaltens- oder Ereignis/Ablaufkriterien (Items) vorgegeben, die sich in Voruntersuchungen als *erfolgs*relevant erwiesen haben. Die kritischen Ereignisse werden mit einem Stichworthinweis und Datumsvermerk täglich oder wöchentlich in ein dafür vorgesehenes Formblatt eingetragen (vgl. Abbildung 24).[72] Auf diese Weise kommt eine Sammlung von Aussagen über nützliche und schädliche Ereignisse zustande, die eine Unterlage für Gespräche über konkrete Maßnahmen der Leistungsverbesserung und der Personalentwicklung sind. Dabei können auch die *meist*genannten positiven und negativen Items zu Skalenwerten verarbeitet werden. Ein Nachteil der critical-incident-Methode liegt darin, dass die Vergleichbarkeit zwischen verschiedenen Arbeitsplätzen kaum möglich ist. Weiterhin ist die Gewichtung der registrierten Ereignisse ein schwieriges Problem. Der Gewinn der Methode liegt weniger in der Beurteilung selbst, als vielmehr im Herausfinden der für den Arbeitsplatz bedeutsamen Beurteilungsaspekte. Außerdem ist diese Methode im Rahmen der Arbeitsanalyse brauchbar, so dass sie zur Verbindung von Arbeitsanalyse und Personalbeurteilung beiträgt. Besonders im später zu beschreibenden Thema *„Zielvereinbarung"* zeigt sich die Methode der kritischen Ereignisse als ganz besonders hilfreich, die Umstände/Wege der Zielerreichung objektiv besprechen und optimieren zu können.

[72] Hentze, Joachim: Arbeitsbewertung und Personalbeurteilung, 1980, S. 163/164

Erkennen von Problemsituationen					
A. Erkennt nicht das Problem.			A. Erkennt das Problem, sobald es auftritt.		
B. Erkennt nicht die Bedeutung des Problems.			B. Erkennt die Bedeutung des Problems.		
C. Erkennt nicht die spezielle Situation.			C. Erkennt die Situation, die zu einem Problem führt.		
Datum	Item	Ereignis	Datum	Item	Ereignis
17.07.	C	Verschleppt einen Eilbrief.	17.07.	C	Ofenproblem
Rot			Blau		
Eine Eilzustellung ging zur gleichen Zeit wie die reguläre Post ein. Anstatt den Eilbrief zuerst vorzulegen, legt er ihn zur normalen Post.			Der Mitarbeiter hat an einem Freitag bis spät gearbeitet. Er entdeckt einen elektrischen Ofen, der versehentlich abgeschaltet war. Er ruft daraufhin seinen Vorgesetzten zu Hause an. Diese Handlung verhindert, dass der Ofen über das Wochenende auskühlt.		

Abbildung 24: Beispiel für vorgegebene kritische Ereignisse[73]

- *Weitere Methoden:*

16. Bei der *Field-review-Methode* führt (als ganz neuer Weg) ein *Außenstehender*, der meistens ein Mitarbeiter der Personalabteilung ist, die Beurteilung durch. Die Bezeichnung *field review* ist darauf zurückzuführen, dass die Informationen vor Ort (into the field) gewonnen werden. Bei dieser Methode fragt der Beurteiler den Vorgesetzten und manchmal auch den Mitarbeiter selbst detailliert nach den Leistungen. Die erhaltenen Angaben fasst er in einem Bericht zusammen, der dem Vorgesetzten zur Überprüfung zugestellt wird. Falls dieser keine Änderungen wünscht, unterzeichnet er den Bericht und gibt somit seine Zustimmung. Diese Methode bedeutet für den Vorgesetzten eine wesentliche Arbeitserleichterung und führt zu einer Standardisierung der Beurteilungen. Durch den Einsatz des unabhängigen Fachmanns werden die Probleme behoben, die auftreten, wenn jeder Beurteiler individuell vorgeht.

17. In der *ganzheitlichen Qualifikationsmethode* (eigentlich: ganzheitliche Beurteilung) hat diese zwei Aufgaben:
    - „... einem Mitmenschen gewisse Eigenschaften zuordnen, um ihn dadurch so darzustellen, wie er ist" (deskriptiver Aspekt).
    - „einem Menschen die zu etwas gehörenden Eigenschaften zu vermitteln, d. h. ihn befähigen, bestimmten Umweltforderungen adäquat zu begegnen" (normativer Aspekt).

[73] Hentze, Joachim: Arbeitsbewertung und Personalbeurteilung, 1980, S. 163/164

Gegenstand der Beurteilung ist die „Ganzheit der Persönlichkeit in ihren individuellen Wechselbeziehungen". Capol[74] versteht die ganzheitliche Qualifikationsmethode nicht nur als Instrument, mit dem das individuelle Leistungsverhalten und Leistungsvermögen eines Mitarbeiters und dessen Bezüge im sozialen Kollektiv des Betriebes deskriptiv erfasst werden, sondern auch als Führungsmittel, mit dem Individuen normativ beeinflusst werden können. Gerade die *subjektive* Einstellung des Vorgesetzten soll hier die positiven Ergebnisse der Qualifikationsmethode gewährleisten. Grundlage für den Bewertungsvorgang ist eine Tätigkeitsliste, in der die gegebenen Tatbestände festgehalten werden. Beurteilt werden das Arbeitsverhalten und das Sozialverhalten. Eine wesentliche Aufgabe dieser Methode besteht nach der Durchführung des Beurteilungsaktes im Festlegen von Maßnahmen – was als die eigentliche Führungsaufgabe verstanden wird. Diese Maßnahmen sind auf die Persönlichkeit des Mitarbeiters (z. B. systematische Anlernung, Kaderschulung für Vorgesetzte) und auf die Gestaltung der Umwelt (z. B. Verbesserung des Arbeitsplatzes, Vorschläge zur Verbesserung des Arbeits- und Sozialverhaltens) abgestellt. Die Ereignisse (Erfolg und Misserfolg) werden kritisch überwacht.

18. Die Verwendung von *Leistungsstandards* (standards of perfomance, work standards) wird auch noch zu den Leistungsbeurteilungsmethoden gezählt. Hier werden von der Organisation „zu erbringende Outputs" (Ziele) vorgegeben als *Soll*. Mitarbeiter können ihren Zielerreichungsgrad durch die vorgegebenen quantifizierten Standards selbst kontrollieren. Allerdings wird die work-standards-Methode nicht als vollwertige Beurteilungsmethode angesehen, weil nur das Arbeitsergebnis in die Beurteilung einbezogen wird und das Arbeitsverhalten und insbesondere die Art, wie das Ergebnis zustande gekommen ist, nicht berücksichtigt werden.

19. Auch die *Management-by-Objektives-Methode* (MbO) wird als Leistungsbeurteilungsmethode genannt. Hier werden die Leistungsziele in der Regel gemeinsam zwischen Vorgesetzten und MA festgelegt – und es sollten auch gemeinsam die Beurteilungsstandards festgelegt werden; mindestens aber müssen sie bekannt und objektiv sowie erreichbar sein.

20. Die *Assessment Center* (AC) gehören ebenfalls zu den Personalbeurteilungen. Im deutschen Sprachraum hat sich für diese Methode noch keine einheitliche Bezeichnung durchgesetzt, so dass Begriffe wie „Mitarbeiterentwicklungsprogramm", „Personalentwicklungsseminar" oder „Ausleseseminar bzw. Auswahlseminar" verwendet werden.

    Assessment Center dienen verschiedenen Zwecken, aber hauptsächlich der Managerauswahl. Es handelt sich insbesondere um eine Methode zur Beurteilung (und Entwicklung) von Führungskräften und soll zur Qualitätsverbesserung bei Personalentscheidungen beitragen. Gegenstand der Beurteilung ist nicht die Feststellung erbrachter Arbeitsleistungen, sondern die Prognostizierung des Leistungs- bzw. Führungspotentials.

[74] Hentze, Joachim: Arbeitsbewertung und Personalbeurteilung, 1980, S. 165

Zu diesem Zweck werden Personen zumeist für mehrere Tage in Gruppen zusammengefasst und vor Aufgaben gestellt, die eine Beurteilung des Leistungspotentials erlauben sollen. Dazu werden die Aufgaben, die ein Bewerber in seiner späteren Position lösen muss, simuliert.

Eine Untersuchung bei 33 Unternehmen hat ergeben, dass folgende drei Simulationsmethoden am meisten verwendet werden: *in-basket exercises, business game* und *leaderless group discussion*.

Ein *in-basket* (Postkorb) z. B. enthält eine Reihe von Arbeitsproben, wie Berichte, Telefonanfragen usw., die der Kandidat in einer bestimmten Zeit erledigen muss. Beurteilt wird u. a. ob er organisieren, planen, kontrollieren und entscheiden kann. Die Ergebnisse werden mit den zukünftigen Anforderungen verglichen. Die Beurteilung wird von Beobachtern (Assessoren) vorgenommen. Die Kriterien, die beurteilt werden, sind den Personen zum Teil bekannt. Jedoch wissen sie nicht, welche Bedeutung diesen zukommt. In den meisten Organisationen sind die Assessment Centers positiv aufgenommen worden.

Sofern die Assessment Center den methodischen Anforderungen gerecht werden, sind sie ein wertvolles Instrument zur Beurteilung von Bewerbern für Führungspositionen. Ein Nachteil, der mit dieser Methode verbunden ist, ist der große Zeitaufwand, insbesondere für den Beurteilerstab, der sich in der Regel aus höheren Führungskräften zusammensetzt. Vielfach werden auch Psychologen zu Rate gezogen, wenn psychologische Tests mit verwendet werden. In der Regel setzen bisher nur größere Organisationen Assessment Center ein. Ihr Einsatz in kleineren Organisationen wird bislang kaum in der Literatur behandelt, wird aber wichtig werden. Assessment Center werden vor allem in Amerika und Europa und zum Teil in Japan in einer Reihe von Betrieben eingesetzt. Die Kosten werden im Vergleich zum Nutzen von Cascio und Silbey[75] als gut angelegt angesehen.

[75] Hentze, Joachim: Arbeitsbewertung und Personalbeurteilung, 1980, S. 168

Zusammenfassung:

– Bewertung von vorgenannten *Rangordnungsverfahren* (ROV) (siehe 3.-7.):

Rangordnungsverfahren: *Sammelbegriff* für Beurteilungsverfahren, bei denen der Beurteiler angewiesen wird, seine Untergebenen untereinander zu vergleichen und ihnen verschiedene Rangplätze zuzuordnen.

Rangfolgeverfahren: *Summarische* Variante des → *Rangordnungsverfahrens*, bei dem die Mitarbeiter als Ganzes untereinander verglichen werden.

Rangreihenverfahren: *Analytische* Variante des → *Rangordnungsverfahrens*, das die Untergebenen hinsichtlich bestimmter Leistungsmerkmale (Sorgfalt, Initiative) jeweils in eine Rangreihe bringt.

\+ Sie können sehr zuverlässige Ergebnisse liefern, wenn sie in kleinen homogenen Gruppen eingesetzt werden.

./. Sie blockieren aber eher den Teamgeist und die Zusammenarbeit in der Gruppe wegen der indirekt geförderten Hackordnung.

./. Die Ergebnisse können kaum für klare Personalentwicklungsentscheidungen eingesetzt werden, da das Leistungsniveau zwischen Gruppen variiert.

Σ Sie werden neben der freien Beschreibung eher zur Unterstützung/Ergänzung der nachfolgend genannten Einstufungsverfahren eingesetzt.

– Bewertung der *Einstufungsverfahren*: (siehe 8.-12.):

Einstufungsverfahren: *Sammelbegriff* für Leistungsbeurteilungsverfahren, bei denen Verhaltensbeobachtungen sowie Merkmals- und Leistungseinschätzungen einer mehrstufigen Skala zugeordnet werden, um damit vor allem die interindividuelle Vergleichbarkeit der Beurteilungen zu gewährleisten. Die Beurteilungsstufen werden überwiegend durch graphische Skalen mit numerischen oder alphanumerischen Bezeichnungen dargestellt, während verhaltensverankerte Skalierungsformen bisher nur in den USA weiter verbreitet sind.

\+ Sie sind überwiegend analytische Methoden und bestehen in der Regel aus einer vorgegebenen Zahl von Beurteilungskriterien.

\+ Die Leistungsausprägung wird übersichtlich auf einer Skala festgehalten.

+ 100 von 102 von Gaugler[76] untersuchte Beurteilungssysteme waren Einstufungsverfahren. Andere Autoren kommen zu ähnlichen Ergebnissen.

+ Sie sind leicht zu standardisieren.

+ Sie können leichter als die o. g. ROV mit Zielvereinbarungen gekoppelt werden.

./. Sie sind dann mangelhaft, wenn die ausgewählten Beurteilungsmerkmale (-kriterien) die entsprechenden Anforderungen des Arbeitsplatzes nicht treffen.

./. Beurteiler-Fehler können den Beurteilten schaden.

./. Sie können evtl. durch zu wenige Beurteilungsstufen (-skalen) in der Aussagequalität zu gering differenziert sein.

./. Sie werden bezüglich ihrer Anwendung evtl. zu wenig geschult.

∑ Sie geben insgesamt, wenn sie ausgereift eingesetzt werden, wichtige Informationen für die beurteilten Mitarbeiter sowie deren Vorgesetzte ab.

– Bewertung der sogenannten *Kennzeichnungsmethoden,* speziell: *„kritische Ereignisse“* (siehe 15.)

Kennzeichnungsverfahren:	*Sammelbegriff* für Leistungsbeurteilungsverfahren, bei denen dem Beurteiler eine größere Anzahl von Verhaltensbeschreibungen vorgegebenen wird, die dieser danach beurteilen muss, ob sie für den Beurteilten zutreffen oder nicht.
Verfahren der kritischen Ereignisse:	Verhaltensorientiertes → *Kennzeichnungsverfahren*: bei dem jeweils für die zu beurteilende Stelle zunächst erfolgswirksame Arbeitsinhalte festzulegen sind. Die Leistungs*beurteilung* durch den Vorgesetzten bezieht sich ausschließlich auf derartige im Arbeitsalltag beobachtete „kritische Ereignisse“, die für das spätere Beurteilungs- und Förderungsgespräch protokolliert werden.

sowie *„weitere Methoden“,* speziell: *Leistungsstandards und MbOs* (siehe 18. + 19.):

[76] Crisand, Ekkehard/Stephan, Pamela: Personalbeurteilungssysteme, 1994, S. 54/56

Management by Objektives (MbO): *Umfassendes Führungskonzept,* das folgende Grundgedanken vereinigt: Ableitung von Zielen für die Mitarbeiter aus den Unternehmenszielen, Zielorientierung statt Verfahrensorientierung, Partizipation der Untergebenen bei der Zielvereinbarung, Leistungs*kontrolle* und *-beurteilung* anhand von Soll-Ist-Vergleichen, regelmäßige Zielüberprüfung und -anpassung. MbO bezieht sich auf das → *Informationssystem,* wenn für Zielbildung und -kontrolle Informationen aus dem internen Rechnungswesen verwendet werden.

\+ Sie sind sehr hilfreich für die Zielvereinbarungen und Zielerreichungskontrollen, die immer mehr in Firmen und Institutionen eingeführt werden.

./. Sie erfordern aber gleichzeitig einen hohen Zeitaufwand.

∑ Die Richtung, auf der diese drei Methoden eingesetzt werden, ist zukunftsweisend.

Leistungsstandards werden beim Thema Zielvereinbarungen detailliert behandelt.

– Bewertung der *Assessment-Center-Verfahren* (20.):

Assessment-Center (AC): Anforderungs- und tätigkeitsbezogenes Verfahren der → *Potentialbeurteilung*, das auf der Kombination mehrerer Übungen (z. B. Gruppendiskussion, Rollenspiel, Fallstudie, Arbeitsproben) beruht. In Laborsituationen, die künftigen Stellenanforderungen entsprechen sollen, werden Probanden von mehreren Beobachtern (in der Regel höhere Vorgesetzte) hinsichtlich mehrerer Beurteilungsdimensionen (z. B. Flexibilität, Durchsetzungsvermögen) beurteilt. Das AC-Verfahren gilt wegen seiner Konstruktionskennzeichen (Anforderungsbezogenheit, Verhaltensorientierung, Methodenvielfalt und Mehrfachbeurteilung) als Instrument mit hoher prognostischer → *Validität.*

./. Sie sind sehr zeit- und kostenaufwendig.

\+ Sie sind die notwendige und erfolgreichste Potentialanalyse-Methode und müssen noch ausgeweitet werden in Breite und Tiefe des Einsatzes sowie in der Praktikabilität.

∑ Wenn sie gut vorbereitet und objektiv durchgeführt werden, dann sind die AC (trotz Zeit und Kosten) das derzeit effizienteste Personalauswahlinstrument.

5.4. Beurteilungskriterien bzw. -merkmale

- Die Festlegung der *Bezugsnorm* als Beurteilungs*basis* steht am Anfang jeder Beurteilung (siehe 5.2.3.1. Bezugsleistung). Diese Norm ist die *Normalleistung* – sie liegt in der Regel etwas unter der Durchschnittsleistung. Stellenbeschreibung, eventuelle Arbeitswerteinstufung, Arbeitsplatzanforderungsprofil, Ziele der Stelle geben maßgebliche Hinweise für die Bezugsnorm der Stelle, die man auch als *Soll*-Basis bezeichnet.

In Kapitel 5.3.1. wurde zwischen *summarischen* und *analytischen* Beurteilungs- und Bewertungsmethoden unterschieden.

- Bei der *summarischen Beurteilung* wird das Leistungsergebnis als Ganzes pauschal einer Rangstufe zugeordnet. Dazu wird insbesondere noch unter dem sogenannten *„Zielorientierten Leistungsverfahren"* Stellung genommen. Es ist in Zusammenhang mit MbO eine neuere Entwicklung, welche – aus den USA kommend – zunehmend auch bei uns verwendet wird, aber zu ihrer vollen Effizienz doch noch „analytischer Hilfe" bedarf.
- Die sogenannte *„merkmalsorientierte Leistungsbeurteilung"* arbeitet mit einzelnen Beurteilungskriterien (Merkmalen) und ist daher ein *analytisches Beurteilungsverfahren;* methodisch ist es ein Einstufungsverfahren. Diese analytische Art der Leistungsbeurteilung wird zur Zeit überwiegend eingesetzt, deshalb wird sie nachfolgend ausführlicher beschrieben.

5.4.1. Merkmalsauswahl

Das Kernproblem[77] merkmalsorientierter Einstufungsverfahren liegt in der Auswahl der „geeigneten" Beurteilungsmerkmale. Mit Hilfe der *Merkmale* soll ein möglichst breites Spektrum der erforderlichen *Leistung* der Mitarbeiter und deren erforderliches *Verhalten am Arbeitsplatz* analytisch abgebildet werden.

Also nicht nur die Leistungsergebnisse sind wichtig, sondern z. B. auch das *Verhalten gegenüber Kollegen, Vorgesetzten oder Kunden* bzw. Mitarbeitern. Unkollegiales Verhalten wirkt sich negativ auf das Arbeitsklima und somit auf die Arbeit aus. Daher muss das Verhalten am Arbeitsplatz, welches zum Leistungsergebnis führt, in die Beurteilung einfließen.

Die Merkmale müssten eigentlich auf die Tätigkeiten bzw. Anforderungen eines jeden einzelnen Arbeitsplatzes ausgerichtet sein, denn die Anforderungen an einen Mitarbeiter z. B. im Außendienst, in der Produktion oder in der Verwaltung sind sicherlich vollkommen verschieden. Allerdings gibt es *generelle* Anforderungen, die an *jedem* Arbeitsplatz zu erfüllen sind und grundsätzliche Anforderungen, die in den genannten Betriebsbereichen allgemein verwendbar sind.

---

[77] Crisand, Ekkehard/Stephan, Pamela: Personalbeurteilungssysteme, 1994, S. 58-60

Damit die richtigen Beurteilungsmerkmale ausgewählt werden können, ist es unumgänglich zu wissen, welche Anforderungen der einzelne Arbeitsplatz im Detail stellt.

Folgende Elemente[78] bilden die wichtigste Grundlage für die Auswahl der Beurteilungsmerkmale:

a) *Arbeitsanalyse bzw. Stellenbeschreibung.* Sie bilden die Basis für die Merkmalsauswahl. Effektive Stellenbeschreibungen müssen vorhanden sein oder geschaffen werden.

b) *Kritische Arbeitsinhalte – critical incidents.* Als kritische Arbeitsinhalte bezeichnet man diejenigen, die für den Erfolg oder Misserfolg der Tätigkeit in einer Stelle verantwortlich sind.

c) *Leistungsmaßstäbe – standards of performance.* Das sind die für eine erfolgreiche Aufgabenerfüllung notwendigen (End-)Zustände.

d) *Zielorientierung.* Als Grundlage der Leistungsbeurteilung kann auch die zielorientierte Mitarbeiterführung dienen. Hier werden Ziele der Stelle – insbesondere das Ausmaß der Zielerreichung – zum Maßstab der Beurteilung.

In der Praxis wird die Unterscheidung von Merkmalen nach einzelnen Arbeitsplätzen meist nicht vorgenommen, da der damit verbundene Aufwand als zu groß angesehen wird. Deshalb findet man in der Praxis häufig *generelle Merkmalskataloge,* die nicht hundertprozentig an die Aufgabenstellungen eines bestimmten Arbeitsplatzes gebunden sind.

Man erstellt also meist nur *gruppenspezifische Merkmalskataloge,* die einen Mittelweg zwischen dem individuellen Merkmalskatalog pro Arbeitsplatz und dem totalen Verzicht auf Merkmalskataloge darstellen.

So entsteht der folgende Zielkonflikt:

- Beurteilungsmerkmale sollen zwar für den einzelnen Arbeitsplatz hundertprozentig ergebnis- und verhaltensorientiert sein. Dies bedingt jedoch den Verzicht auf generelle Merkmalskataloge.
- Je individueller, je arbeitsplatzbezogener die Merkmale gefasst werden, desto mehr Einzel-Kataloge müssten erstellt werden. Die Vergleichbarkeit der einzelnen Beurteilungen würde dadurch zu stark reduziert.

⇓

Daher: Mittelweg = Gruppenspezifische Merkmalskataloge. Sie enthalten:

- funktionsspezifische
  und
- allgemeine

} Merkmale.

[78] Crisand, Ekkehard/Stephan, Pamela: Personalbeurteilungssysteme, 1994, S. 58-60

Grundsätzlich kann man festhalten, dass es in der Praxis viel zu selten vorkommt, dass die Merkmale, die für ein Einstufungsverfahren notwendig sind, an den einzelnen Arbeitsplätzen ausgerichtet werden. Dieses Vorgehen wäre zwar wegen der Aussageeffizienz notwendig, ist aber kosten- und zeitaufwandmäßig nicht vertretbar. Das ist noch Zukunftsmusik.

In jedem Fall müssen wir an die Auswahl der Beurteilungskriterien bestimmte Anforderungen stellen:

a) Nur solche Kriterien dürfen verwendet werden, die tatsächlich für die erfolgreiche Bewältigung der verschiedenen Aufgaben der jeweiligen Stelle ausschlaggebend bzw. einschlägig sind.

b) Die Kriterien sollen sich nicht überschneiden, d. h. es darf keine starke Korrelation zwischen den Kriterien auftreten, sie müssen weitgehend unabhängig voneinander sein.

c) Die Kriterien müssen so klar beschrieben werden, dass verschiedene Beurteiler innerhalb einer geringen Toleranz bei der Beurteilung der Leistungen oder des Verhaltens einer Person zum gleichen Urteil gelangen (würden): Deshalb bedarf es *operational* definierter, d. h. beobachtbarer und beschreibbarer Kriterien.

Beurteilungsmerkmale bzw. -kriterien werden vielfach auch *Anforderungskriterien* genannt, d. h. es geht um diejenigen Anforderungen, welche der Arbeitsplatz (als Bezugsnorm = *Soll*) an den Stelleninhaber stellt.

Aber jeder weiß, wie schwer es ist, die Anforderungen optimal zutreffend zu formulieren. Trotz aller Bemühungen kämpfen wir immer noch mit diesem Dilemma. Es scheint aber, dass der wichtigere Teil in Bezug auf das Anforderungsprofil der ist, dass die Beurteiler über den *Inhalt* und über die *Bedeutung* der einzelnen Begriffe geschult werden. Jeder Beurteiler muss den *Maßstab* kennen, den Maßstab akzeptieren und unter demselben Begriff dasselbe verstehen.

5.4.2. Merkmalsinhalt

Dass die zur Beurteilung benutzten Kriterien vielfältig sind, zeigt die empirische Untersuchung Gauglers von 1978[79]. In dieser Untersuchung wurden 618 verschiedene Kriterien gezählt, wobei durchschnittlich 12 Kriterien je Beurteilungssystem verwendet wurden. Eine Einteilung der verschiedenen Beurteilungskriterien in Gruppen aufgrund ihrer Vielzahl ist daher notwendig.

In der Literatur finden sich die aufgrund von empirischen Untersuchungen entstandenen folgenden Merkmalsgruppierungen:

---

[79] Crisand, Ekkehard/Stephan, Pamela: Personalbeurteilungssysteme, 1994, S. 61-65

Gaugler[80]:

Leistungsergebnismerkmale
Arbeitsgüte
Arbeitstempo
Arbeitsmenge
Arbeitsqualität
Arbeitssorgfalt
Arbeitsquantität
Qualität der Arbeitsleistung

Führungsmerkmale
Delegation
Förderung der Mitarbeiter
Führungsverhalten
Verhalten zu Mitarbeitern
Kontrolle
Beurteilung und Förderung

Verhaltensmerkmale
Zusammenarbeit
Belastbarkeit
Zuverlässigkeit
Arbeitseinsatz
Selbstständigkeit
Verantwortungsbereitschaft
Anwendung der Kenntnisse
Ausdauer und Belastbarkeit
Verhalten zu Vorgesetzten
Arbeitsplanung
Planung und Organisation
Einsatzbereitschaft
Verhandlungsgeschick
Auftreten
Verhalten zu Vorgesetzten und Mitarbeitern
Bereitschaft zur Zusammenarbeit
Arbeitseinteilung
Entscheidungsverhalten
Arbeitsbereitschaft
Kommunikation
Arbeitsverhalten in unterschiedlichen Arbeitssituationen

---

80 Crisand, Ekkehard/Stephan, Pamela: Personalbeurteilungssysteme, 1994, S. 61-65

Merkmale der angewandten Qualifikation
Fachkenntnisse
Fachwissen
Fachkönnen, bezogen auf Tätigkeit
Fachkönnen, allgemein

Potentialmerkmale
Urteilsfähigkeit
Durchsetzungsvermögen
Dispositionsfähigkeit

Persönlichkeitsmerkmale
Initiative
Auffassungsgabe
Kontaktfähigkeit
Äußere Erscheinung
Denk- und Urteilsvermögen
Kreativität
Gedächtnis
Entschlusskraft

Liebel/(Walter) fanden in 80 Beurteilungssystemen folgende Merkmalsbereiche angesprochen:[81/82]

Leistungsergebnis
Arbeitsgüte
Leistungsgüte
Arbeitssorgfalt
Leistungsmenge

Leistungsverhalten
Arbeitsbereitschaft
Fachwissen
Arbeitsplanung
Arbeitstempo
Anwendung des Fachwissens
wirtschaftliches Denken
Fortbildungsinteressen
Arbeitssicherheit

Sozialverhalten
Bereitschaft zur Zusammenarbeit
Verhalten gegenüber Mitarbeitern, Vorgesetzten, Kunden
Kontaktfähigkeit
Verhandlungsfähigkeit

---

81 Crisand, Ekkehard/Stephan, Pamela: Personalbeurteilungssysteme, 1994, S. 61-65
82 bzw. Liebel, Hermann J./Oechsler, Walter A.: Personalbeurteilung, 1992, S. 144

Führungsverhalten
Pädagogisches Geschick
Bereitschaft zur Information
Delegationsfähigkeit
Planung der Arbeit anderer
Setzen gemeinsamer Ziele
Förderung der Mitarbeiter
Fachaufsicht
Fähigkeit zur Mitarbeiterbeurteilung und zum Mitarbeitereinsatz
Motivierung der Mitarbeiter
Verständnis und Eintreten für unterstellte Mitarbeiter

Fähigkeiten und Persönlichkeitseigenschaften
Urteilsfähigkeit
Geistige Beweglichkeit
Verantwortungsbereitschaft
Belastbarkeit
Denkvermögen
Ausdrucksfähigkeit
Initiative
Durchsetzungsfähigkeit
Lernfähigkeit
Pünktlichkeit
Kreativität
Ordnungssinn
Überzeugungskraft
Gedächtnis
Äußere Erscheinung

Der Einsatz von Leistungs-Beurteilungskriterien, die auf die *Persönlichkeit* des Mitarbeiters abzielen, werden in der Literatur weitgehend abgelehnt, denn persönlichkeitsbezogene Merkmale können nicht unmittelbar beobachtet werden. Sie setzen immer eine *Deutung* voraus, die psychologische Kenntnisse erfordern würde. Diese können jedoch von einem Vorgesetzten normalerweise nicht erwartet werden.

Eine Beurteilung, die auch nur halbwegs unstrittig bleiben soll, darf nur beobachtbare Verhaltensweisen enthalten.

Auch Liebel und Oechsler[83] verweisen darauf, dass die Leistungsbeurteilung aufgaben- und verhaltensorientiert sein soll, und nicht persönlichkeitsorientiert. Dennoch wird die Auffassung vertreten, dass bei der Leistungsbeurteilung von Mitarbeitern *höherer* Hierarchieebenen die Berücksichtigung von Persönlichkeitsmerkmalen wichtig ist.

[83] Crisand, Ekkehard/Stephan, Pamela: Personalbeurteilungssysteme, 1994, S. 61-65

Diese können am besten durch standardisierte Testverfahren, wie z. B. eines *Assessment-Centers,* erfasst werden. Berufspsychologen müssen dadurch im Beurteilungswesen verstärkt zum Einsatz kommen.

Hierzu beispielhaft Bewertungsdimensionen eines *Assessment-Centers für Führungskräfte*:[84]

- Organisations- und Planungsfestigkeit,
- Mündliche und schriftliche Kontaktfähigkeit,
- Flexibilität,
- Führungsfähigkeit,
- Stressresistenz,
- Innere Arbeitsstandards,
- Risikobereitschaft,
- Motivation/Leistungsmotivation,
- Unabhängigkeit,
- Originalität/Innovationsfähigkeit,
- Human Relations-Kompetenz,
- Energie/Wirksamkeit,
- Initiative,
- Verantwortlichkeit,
- Entscheidungsfähigkeit,
- Entwicklungsfähigkeit,
- Analytische Fähigkeiten,
- Beurteilungsfähigkeit,
- Kooperationsbereitschaft.

Die in Beurteilungsverfahren verwendeten Kriterien lassen sich lt. Breisig[85] in folgende Gruppen einteilen:

- auf *Leistung bzw. Arbeitsergebnisse* bezogene Kriterien (z. B. Arbeitsmenge, -leistung, -ergebnisse, Grad der Zielerreichung; Arbeitsgüte, -qualität, -ausführung);
- auf die *Qualifikation* bezogene Kriterien (z. B. berufliche Kenntnisse, Fachwissen, Fähigkeiten, Fertigkeiten);
- auf das *Arbeitsverhalten* bezogene Kriterien (z. B. Kooperation, Verhalten gegenüber Vorgesetzten, Einsatzbereitschaft, Verantwortungsbereitschaft, Anwendung der Kenntnisse, Organisation, Anpassungsbereitschaft bei Neuerungen, Fortbildungsbereitschaft, Verhalten gegenüber Kunden);
- auf das *Führungsverhalten* (der Mitarbeiter/innen mit Personalverantwortung) bezogene Kriterien (z. B. Menschenführung, Mitarbeiterorientierung, Delegation, Förderung, Motivationsfähigkeit, Zielsetzung);

---

[84] Crisand, Ekkehard/Stephan, Pamela: Personalbeurteilungssysteme, 1994, S. 61-65

[85] Breisig, Thomas: Personalbeurteilung, Mitarbeitergespräch, Zielvereinbarungen, 1998, S. 65/66

- Kriterien, die auf *in der Person liegende* (die Persönlichkeit betreffende) *Sachverhalte* abstellen (z. B. Initiative, Belastbarkeit, Auffassungsgabe, Ausdrucksvermögen, Entschlusskraft, Zuverlässigkeit, Auftreten, geistiges Format) sowie
- Kriterien, die sich auf *künftige Entwicklungs- und Einsatzmöglichkeiten* der Mitarbeiter beziehen (Potential-, Befähigungs-, Eignungsbeurteilung), wie z. B. weitere Verwendbarkeit, Eignung für höhere Positionen, Entwicklungsfähigkeit.

Bisweilen ist die Zuordnung realer Merkmale zu einer dieser Gruppen nicht einfach. Insbesondere gibt es Abgrenzungsprobleme zwischen *verhaltens-* und *persönlichkeits*bezogenen Kriterien. Hilfreich ist dann die Tatsache, ob es sich um einen tief „eingeprägten", kaum willentlich oder mit entsprechenden Anstrengungen veränderbaren Sachverhalt handelt, während verhaltensbezogene Merkmale eher einer willentlichen Beeinflussung zugänglich sind.

Eine wichtige Voraussetzung für das Funktionieren *merkmalsorientierter Einstufungsverfahren* ist, dass die verschiedenen Beurteilenden hinter den zum Teil doch sehr vagen und unbestimmten Kriterien einen zumindest annähernd einheitlichen Sachverhalt erkennen. Merkmale wie „Zuverlässigkeit", „Auffassungsgabe", „Initiative" oder „Umgang mit Betriebsmitteln" sprechen eben nur begrenzt für sich. Daher wird in den meisten Beurteilungsverfahren der Versuch unternommen, die einzelnen Kriterien zu operationalisieren. Das geschieht entweder durch relativ feste *Definitionen* oder durch Vorgabe von *Items*, die den Sachverhalt umreißen sollen:

... durch Definition	... durch Items
1 ☐ 2 ☐ 3 ☐ 4 ☐ 5 ☐ 6 ☐	1 ☐ 2 ☐ 3 ☐ 4 ☐ 5 ☐ 6 ☐
Denk- und Urteilsvermögen Fähigkeit, Einzelheiten und Zusammenhänge eines Sachverhaltes eigenständig und folgerichtig zu durchdenken, zutreffend zu beurteilen und Auswirkungen zu überblicken.	Denk- und Urteilsvermögen – Wie ausgeprägt ist die Fähigkeit, Sachverhalte und Probleme zu analysieren? – Kann sich der Mitarbeiter problemlos ein selbstständiges Urteil bilden? – Wird Wichtiges vom Unwichtigen unterschieden? – Bestehen klare Zielvorstellungen?

Abbildung 25: Operationalisierung von Kriterien
Quelle: Breisig, Thomas: Personalbeurteilung, Mitarbeitergespräch, Zielvereinbarungen, 1998, S. 65/66

- Wie sieht das Anforderungsprofil für einen Nestle-Manager aus?
  Helmut Maucher[86] (ehemaliger Vorstandsvorsitzender von Nestle) sieht hier vor allem: Mut, Stressstabilität (Nerven), Gelassenheit, Bereitschaft zum Dazulernen, Sensibilität für Neues, Einfühlungsvermögen, Kommunikationsfähigkeit, Motivationsfähigkeit, Innovationsklima schaffen können, Denken in größeren Zusammenhängen, Neugierde gegenüber allem, Wille zum Wechsel, Glaubwürdigkeit, realistische Selbsteinschätzung, flexibel gegenüber Veränderungen, Fehler zugeben und korrigieren können, profunde Kenntnisse in Betriebswirtschaft, Volkswirtschaft, Marketing.

- DaimlerCrysler-Chef Jürgen Schrempp sagte dem Münchner Merkur/OVB vom 25./26.03.2000, im Zusammenhang mit dem Rover-Verkauf von BMW: „ Rover zu kaufen sei richtig gewesen, Land Rover zu verkaufen sei falsch gewesen. *Als Manager müsse man diejenigen Maßnahmen auch brutal durchsetzen, die man für richtig halte.* Dann habe man zwar vorübergehend eine schlechte Presse, aber am Ende stehe man umso besser da." Ich kommentiere das nicht.

- Laut Jörg Menno Harms (Vorsitzender der Geschäftsleitung von HP), fordert für die „HP-Kultur": Pioniergeist, Flexibilität, Mobilität, intensive Kundenorientierung, Vertrauen in die Mitarbeiter, Offenheit, Leistungsorientierung, Fähigkeit zur Selbstkritik und Infragestellung der Dinge von gestern, Risikobereitschaft, Wettbewerbsmentalität, Wirtschaftliches Denken ...

- In der Sonderbeilage „Hochschule & Beruf" SoSe 1999 der Süddeutschen Zeitung heißt es, es würden sich nur 7 % der jungen Akademiker selbstständig machen, weil ihnen Unternehmertugend-Vorbilder, wie Eigeninitiative, Mut, Gestaltungswille ... durch ihre Professoren im sicheren Elfenbeinturm nicht vermittelt würden.

- US-General Norman Schwarzkopf sprach im März 1992[87] in der Schweiz über sieben Regeln der Menschenführung. Er formulierte hier u. a.: *Setze klare Ziele* (Nr. 2); dies erfordert von der Vorgesetztenseite Entscheidungsfreude, Menschenkenntnis, Motivationsfähigkeit, Kommunikationsfähigkeit, Mut, u. a. m. Sowie: *Entscheide dich immer für die Lösung, die deine innere Stimme für richtig hält* (Nr. 7); dies erfordert Gespür und Selbstvertrauen, Mut, u. a. m.. Schwarzkopf betonte ergänzend, es sei problematisch, dass bei der Besetzung von Führungspositionen sehr oft nur nach der fachlichen Kompetenz des Bewerbers entschieden werde, *„Charakter"* sei viel wichtiger.

- In der letzten Zeit wird ohnehin oft von der *„emotionalen Intelligenz"* als wesentlichem Führungsanforderungskriterium gesprochen und geschrieben. Sie ist eine Form der Alltagsintelligenz, in der die richtigen *Gefühle* (das richtige Gespür) zur optimalen Problemlösung beitragen, die falschen sie aber behindern.

---

[86] Maucher, Helmut: io-management ETH Zürich, Nr. 6/2000, S. 12
[87] Vertrauliche Nachrichten aus Politik und Wirtschaft, Miesbach, 31.3.1992, S. 2

– Kriterien bei der Einstellung von Jungingenieuren laut Aushang (Günter Lössl, Fachhochschule Rosenheim, 1999):

Personenbezogene Einstellungskriterien nach Angaben von 69 Unternehmen (Mehrfachnennungen möglich)

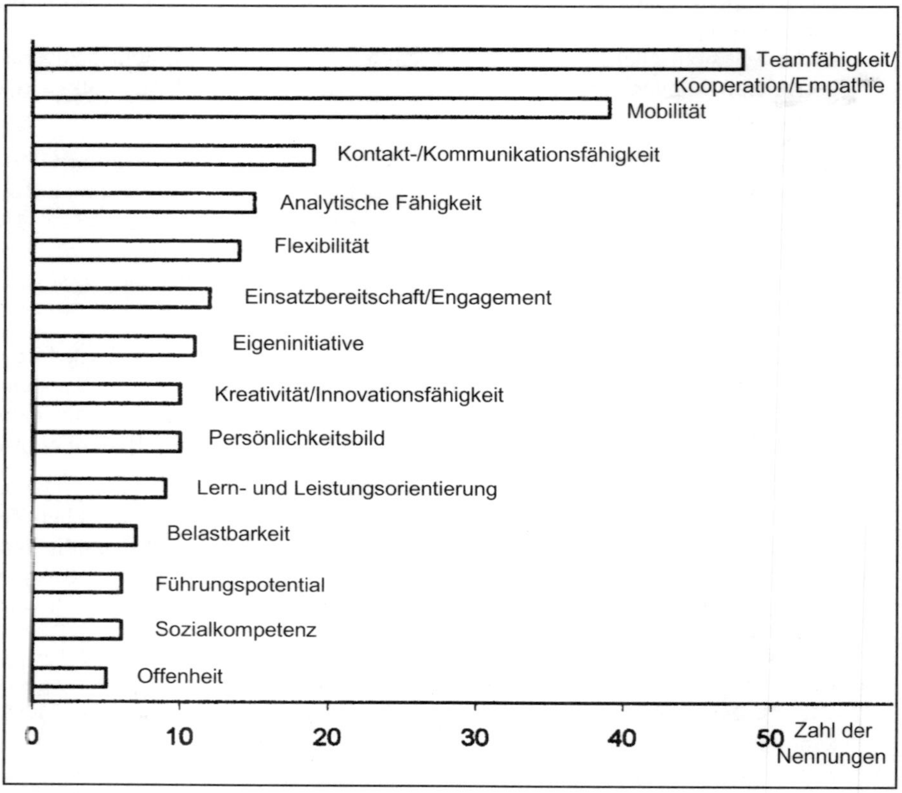

Abbildung 26: Staufenbiel-Studien 1997 und 1998

– *Zusammenfassung der wichtigsten Anforderungs- bzw. Beurteilungskriterienblöcke für:*

a) Bewältigung von allgemeinen *Führungs*aufgaben:

1. Echtes Selbstvertrauen, Urvertrauen, Entschlusskraft, Mut, Stressstabilität, Belastbarkeit, Gelassenheit, Selbstsicherheit/innere Kraft,

2. Glaubwürdigkeit, (innere) Unabhängigkeit, Integrität/Vertrauenswürdigkeit, Verantwortungsbewusstsein, Offenheit, Ehrlichkeit, Disziplin,

3. Entscheidungsfreude, Durchsetzungsvermögen in alle Richtungen,

4. Gerechtigkeitssinn, realistische Selbsteinschätzung, Fehler zugeben und korrigieren können, Fähigkeit zur Selbstkritik bzw. Objektivität, Urteilsfähigkeit/-vermögen, analytische Fähigkeit, innere Werteorientierung, geistiges Format,
5. Emotionale Intelligenz, Gespür, Einfühlungsvermögen, Menschenkenntnis,
6. Kontaktfähigkeit/Empathie, gutes Ausdrucksvermögen (prägnant), pädagogisches Geschick, Zuhören können und wollen, Teamfähigkeit/Kooperationsbereitschaft, Sozialkompetenz, Bereitschaft zu informieren, Überzeugungskraft,
7. Organisations- und Improvisationsvermögen, Planungs- und Disponierungsfähigkeit, geistige Beweglichkeit, Zeitmanagement, effektive Arbeitsmethodik/-technik,
8. Pioniergeist, Visionsfähigkeit/Vorstellungskraft, Risikobereitschaft, Innovationsbereitschaft, Fähigkeit in größeren Zusammenhängen zu denken, Sensibilität für Entwicklungen/Neues, konzeptionelles (Voraus-)Denken, Trends erspüren,
9. Bereitschaft zum Dazulernen, das Gute von gestern bewahren und das Bessere von morgen übernehmen (propagieren) können, bereit für Optimierungen, Entwicklungsfähigkeit, Auffassungsgabe,
10. Initiative, Einsatzbereitschaft, Leistungsmotivation/-orientierung, Wettbewerbsmentalität, Wirksamkeit/Effizienz, Erfolgsorientierung,
11. Zielorientierung, ganzheitlich-vorausschauendes wirtschaftliches Denken, Kostenbewusstsein, Kundenorientierung (und Mitarbeiterorientierung), Generalist,
12. Delegationsvermögen/-bereitschaft, Fähigkeit zu motivieren, Vertrauen in die Mitarbeiter, Bereitschaft zum Fördern und Entwickeln von Mitarbeitern, Ziele vermitteln/vereinbaren können.

Diese Aufstellung fordert praktisch hundertprozentig effektive, reife, fähige Führungspersönlichkeiten. Natürlich sind sie in dieser Mischung bzw. Ausstattung kaum zu finden – das wären ja charismatische Vorgesetzte! Genau sie fehlen uns zunehmend ...

Wenn wir aber Abstriche in den Anforderungen machen, dann *müssten* wir gleichzeitig Abstriche in der Effektivität der Wirkungen machen. Deshalb sollten wir diese Anforderungen lieber doch als *Ziel-Optimum* ansetzen.

b) Bewältigung von allgemeinen *Mitarbeiteraufgaben* (ohne Führungsfunktion): Verschiedene der vorgenannten Führungsanforderungen sind im Grundansatz auf Mitarbeiteraufgaben anwendbar, weil es hier in der Zusammenarbeit mit Kollegen bzw. dem Vorgesetzten ebenfalls um „Menschen bzw. zwischenmenschliches Verhalten“ geht.

Die wichtigsten allgemeinen Anforderungen auf *Mitarbeiter*ebenen seien hier dargestellt:

1. Einsatzbereitschaft, Initiative, Arbeitsbereitschaft, Belastbarkeit, Ausdauer, Arbeitstempo, Arbeitseinsatz, Leistungsmenge, Leistungsorientierung, Stressstabilität,
2. Arbeitssorgfalt, Genauigkeit/Leistungsgüte, Arbeitsgüte, Arbeitssicherheit, Zuverlässigkeit, Verantwortungsbewusstsein (-gefühl/-bereitschaft),
3. Zielorientierung, wirtschaftliches Denken, Kundenorientierung, Selbstständigkeit,
4. Teamorientierung, Kooperationsbereitschaft – vertikal und horizontal, Ausgeglichenheit, Kontaktfähigkeit, Offenheit, Ausdrucksfähigkeit, Verhalten gegenüber Kunden,
5. Selbstorganisation, Arbeitseinteilung, Arbeitsplanung, Zeitmanagement, Einsatz des Fachwissens, Denkvermögen, Problemverständnis,
6. Lernfähigkeit, Kreativität, Flexibilität, Fortbildungsbereitschaft, Auffassungsgabe, Anpassungsbereitschaft bei Neuerungen (fachlich und teambezogen).

Für die Leistungsbewertung von *Arbeitern* werden vom Institut für angewandte Arbeitswissenschaft e.V.[88] (IAW) folgende Merkmale empfohlen:

- Arbeitsmenge,
- Arbeitsgüte,
- Behandlung von Betriebsmitteln,
- Stoffnutzung,
- persönliches Verhalten gegenüber anderen,
- Beachten von Vorschriften und Anforderungen,
- interessierte Mitarbeit,
- Ordnung und Sauberkeit des Arbeitsplatzes,
- vielseitiger Einsatz.

Jeder Betrieb soll (laut IAW) hier je nach Bedarf und Zielsetzung seine Merkmale auswählen. In der Chemischen Industrie[89] werden für *Zeitlöhner* folgende Kriterien am häufigsten genannt:

- Qualität der Ausführung,
- Quantität des Arbeitsergebnisses,
- vielseitige Verwendbarkeit,
- betriebsgerichtetes Verhalten.

---

[88] Hentze, Joachim: Arbeitsbewertung und Personalbeurteilung, 1980, 170/173/174

[89] Hentze, Joachim: Arbeitsbewertung und Personalbeurteilung, 1980, 170/173/174

– Was die *Anzahl* der Beurteilungsmerkmale/-kriterien betrifft, so sollten sie umso mehr sein, umso höher die Beurteilungsstufe ist, denn die Anforderungsmenge und -differenziertheit wächst nach oben mit. Allerdings darf das Beurteilungsblatt nicht unübersichtlich werden und dessen Ausfüllen/Besprechen nicht zu zeitaufwendig sein. Deshalb plädiere ich dafür:

  · 3-5 individuelle arbeitsplatzspezifische *fachliche* Anforderungskriterien –
  · 7-12 aufgaben-, *persönlichkeits-* bzw. *verhaltens*bezogene Anforderungskriterien –
  · 5-7 *führungs*verhaltensbezogene Anforderungskriterien (nur bei Vorgesetzten) –

  zu verwenden.

  Ich schließe mich den Meinungen *nicht* an, die sich aufgrund des „großen jährlichen Aufwands" für viel weniger Kriterien aussprechen. Denn wenn schon nur 1 Mal pro Jahr beurteilt wird, dann doch bitte differenziert und so objektiv wie möglich. Mit der Zahl der Kriterien steigt (in der Regel) auch der Objektivitätsgrad, denn bei wenig Kriterien (z. B. 3-5) könnte manches pauschal-Negative subsummiert werden und überstrahlen; das dient nicht dem Sinn der Beurteilung.

  Zwischen den B-Kriterien kann auch noch unterschiedlich gewichtet werden, wie z. B. im Metallsystem in Bayern.

  Ergänzende Ausführungen zur Merkmalsauswahl, -anzahl und -gewichtung folgen bei den Praxisbeispielen.

5.5. Beurteilungsstufen und -gewichtung

Hier verhält es sich ähnlich, wie bei der Zahl der Beurteilungsmerkmale. Am meisten verbreitet sind 5-stufige Beurteilungen, die mit 1-5 oder A - D oder anders definiert sind.

Bei der Methode der erzwungenen Verteilung (5.3.2.), den Verhaltensmustern, den graphischen Skalen sowie der Likert-Skala haben wir es jeweils mit fünf Stufen zu tun. In allen diesen Fällen haben wir dort in mittleren Stufen eine Unschärfe wegen großer Häufung. Beurteiler mit wenig Selbstbewusstsein wählen überwiegend mittlere Stufen (oder hohe) – die sogenannte Tendenz zur Mitte oder Nivellierung über die Mitte. Ein großer Teil der im Mitte-Bereich eingestuften Beurteilten ist bei 5-er-Skalen mit Recht nicht zufrieden. Daher plädiere ich dafür, die mittlere Stufe auf 3 Stufen auszuweiten (es wären dann insgesamt 7 Stufen statt 5). Noch besser ist es, auch noch die 2. und 4. von 5 Stufen auf jeweils 2 Stufen zu duplizieren – was dann insgesamt weitere 2 Stufen und somit 9 Stufen ergibt, das Optimum! Mehr als 9 Stufen sollten es meines Erachtens nicht sein.

Es sind mit 7 bzw. 9 Stufen auch die persönlichen Entwicklungen von Mitarbeitern im Laufe von Jahren besser zu dokumentieren und zu würdigen als bei 5 Stufen.

Beurteilungsgruppe	sehr gut	gut	befriedigend	ausreichend	nicht ausreichend
Anzahl der Beurteilten in Prozent	5	25	40	25	5

Beurteilungsskalen

entspricht nicht immer den Mindestanforderungen		entspricht im Großen und Ganzen den Anforderungen, jedoch einige Schwächen		gut; entspricht voll und ganz den Anforderungen		sehr gut; übertrifft deutlich die Anforderungen		außergewöhnlich gut; übertrifft in außergewöhnlichem Maße die Anforderungen
1	**2**	**3**	**4**	**5**	**6**	**7**	**8**	**9**

Leistungsstufenskala

9	Spitzenleistung
8	hervorragend
7	sehr gut
6	besser als gut
5	gut
4	im Ganzen gut
3	entspr. teilweise den Anforderungen
2	entspr. kaum noch den Anforderungen
1	entspr. in keiner Weise den Anforderungen

Abbildung 27: Beispiele für Beurteilungsstufen und deren Definition
Quelle: Crisand, Ekkehard/Stephan, Pamela: Personalbeurteilungssysteme, 1994, S. 18/55

5.6. Beurteilung in anderen Ländern

Oft wird festgestellt, die USA seien den Europäern in verschiedenen Entwicklungen um 3-5 Jahre voraus. Das mag im Guten wie Schlechten vielfach so sein. In Managementmustern ist es sicher so. Lange vor den deutschen Unternehmen führten viele US-Firmen merkmalsorientierte Leistungsbeurteilungen durch, dann ACs in Unternehmen, dann MbO-Systeme, dann zielorientierte Leistungsbeurteilungen und neuerdings verbreitet sich dort das 360°-Feedback-System. Einzelne und jeweils zunehmend mehr deutsche Unternehmen vollzogen alle diese Entwicklungsschritte im „time lag" nach. Trotzdem gibt es auch noch andere Bilder.

In einer Befragung zur Leistungsbeurteilung in USA, Japan und Deutschland zeigen sich folgende Ergebnisse:

Mitarbeiterwünsche:	USA	Japan	Deutschland
1. möglichst keine Leistungsvergleiche	11 %	32 %	12 %
2. Leistungsvergleiche, aber keine Eröffnung der Ergebnisse	5 %	17 %	3 %
3. Eröffnung nur der positiven Ergebnisse	6 %	12 %	1 %
4. Persönliche Unterrichtung jedes Einzelnen über seine Stärken und Schwächen	78 %	39 %	84 %

Abbildung 28: Befragung zur Leistungsbeurteilung
Quelle: Zander, Ernst/Knebel, Heinz: Taschenbuch für Leistungsbeurteilung, 1982, S. 17

Die USA und Deutschland liegen im globalen Vergleich mit Japan unter 1.+4. bei ziemlich ähnlichen Ergebnissen, weichen aber bei 2.+3. relativ deutlich voneinander ab. Der deutsche Manager in den USA, Peter Witerzens (Vice-President in einem Pharmaunternehmen) kam 1999 zu folgenden Erfahrungsstatements:

- US-Mitarbeiter führen in der Regel nicht gerne ein Beurteilungsgespräch. Sie haben Angst und Magendruck vor dem Termin.
- US-Mitarbeiter bedürfen viel mehr der direktiven Führung als deutsche Mitarbeiter.
- Deutsche Mitarbeiter arbeiten viel eigenständiger – in den USA wird verordnet! In den USA gibt es hunderte von Vorschriften und Regularien – der Mitarbeiter muss ständig irgendwo unterschreiben, dass er dies und jenes wirklich ausgeführt hat.
- US-Firmen haben eine starke Führung ganz oben und darunter bis ganz unten eine eher schwache Führung (Präsidialsystem).
- In den USA wird mittels MbO-System viel genauer beschrieben, was der Einzelne zu tun hat – messbare Zahlen werden stärker vorgegeben. In der BRD werden z. B. 4-6 MbO-Ziele festgesetzt, in den USA 12-15 – bis ins kleinste Detail. Das Vertrauen in die Mitarbeiter ist in den USA nicht so vorhanden wie in der BRD. Eine Mitarbeiter-Mitdenkerkultur ist in den USA nicht so entwickelt wie in der BRD. Deshalb wird in USA stärker festgeschrieben und kontrolliert.

- Etwa 5 % der Gesamtmitarbeiter bewegen das Geschäft einer Firma in den USA. Sie pushen, schieben, planen, organisieren – die anderen 95 % laufen mit oder werden „gepusht".

- Eine große Masse der US-Mitarbeiter will reguliert werden – aus Angst vor Schuld/Versagen/Sanktionen. Das Schuld-Angst-Denken ist stark verbreitet in den USA. Deshalb versucht sich ein US-Mitarbeiter im Beurteilungsgespräch soweit wie möglich von jeder Schuld/Verantwortung freizusprechen ... Da wird einem als Chef erzählt, „dass man doch so hart gearbeitet hätte ..." und man bekommt hundert Entschuldigungen, warum etwas nicht geklappt hätte ... Kritik kann dort nur in sehr verschlüsselter Form ausgesprochen werden, denn man will „great" sein!

  Soweit Auszüge aus dem Peter Witerzens-Interview über seine US-Erfahrungen seit 1998.

Offensichtlich gibt es große Unterschiede zwischen den US-Firmen selbst. Zum Beispiel haben General Motors den Vorstandschefposten bei Opel in Rüsselsheim in den letzten Jahren mehrfach kurzfristig umbesetzt – jeweils mit Amerikanern. Der Umsatz ging erheblich zurück, der Gewinn stimmt nicht mehr. Mehrere gravierende Fehlentscheidungen waren in Rüsselsheim nacheinander getroffen worden ... (wider besseren Wissens der deutschen Fachleute ...). Andererseits haben wir US-Firmen in Deutschland (wie HP) die sehr gut geführt werden und sehr gut verdienen.

Nun zu Japan: In der ZDF-Sendung vom 19.8.1999: *„Japan, Versagen verboten – Kinder ohne Kindheit"*, sagte der japanische Direktor Oschiro: „Ich glaube, wir Japaner leben in der ständigen Angst, Beziehungen durch all zu große Offenheit zu zerstören." Dies bestätigt Abbildung 28.

Sie zeigt, dass man damals (1982) in Japan zu insgesamt 61 % entweder keine Leistungsvergleiche oder keine Information über (negative) Ergebnisse haben wollte. Die deutsche Vergleichszahl lag bei 16 %. Die USA lagen mit 22 % noch etwas näher bei Japan.

In Japan war und ist man auf senioritätsbezogene Entlohnungssteigerung und langfristige Beschäftigungsgarantien angelegt. Leistung wird wenig individuell honoriert, sondern teamorientierte Arbeits- und Lohnstrukturen prägen die Unternehmenskulturen der Menschen.

Durch die nachhaltige Rezession ist ein Kosten- und Leistungsdruck entstanden, der mit den bisher gültigen Führungsmethoden und Vergütungsprinzipien nicht mehr gemeistert werden kann. Individuelle Leistungsbeurteilung oder Assessment-Verfahren wie in den USA und Europa gibt es praktisch nicht – es wird intensiv über Problemlösungen auch in dieser Richtung diskutiert. Eine sogenannte „Aufwärtsbeurteilung" ist nach dem senioritätsprinzipiellen Patriarchatsdenken derzeit völlig unvorstellbar.

Japan steht hier vor einem, das ganze bisherige Arbeitsdenken komplett umfassenden Umbruch, welcher Japan lange lähmen wird. Vielleicht wird man sich wieder Anregungen (wie in den 50er Jahren) aus den USA holen. Damals zum Thema Qualität – jetzt zum Thema individuelle Mitarbeiterbeurteilung und -förderung (z. B. 360°-Feedback).

Ein Beispiel: Masao Miyamoto[90] arbeitete 12 Jahre als Psychiater und Dozent in den USA und kehrte dann nach Japan zurück. Er schreibt über die sog. „japanische Zwangsjackengesellschaft." Rückhaltlos entlarvt er das japanische Lächeln, die japanische Höflichkeit. Er überschreitet alle Grenzen traditionellen Verhaltens und berichtet offen über den auferlegten Gruppismus, die Unterdrückung von Individualismus, Initiative und Kreativität. „Die japanische Gesellschaft funktioniert wie ein totalitärer Staat", schreibt Miyamoto, „denn die bürokratische Macht ist nahezu absolut." Gewaltenteilung existiert nur auf dem Papier, die Macht der Bürokratie über die Politik ist allgegenwärtig, und eine nachhaltige Deregulierung ist nicht abzusehen, da die Interessen der Bürokratie dem entgegenstehen. *Wirtschaft und Gesellschaft haben lt. Miyamoto auf dieser Basis keine Chance, konkurrenzfähig zu bleiben.* Mittels unterhaltsamer Anekdoten über seine eigenen Erlebnisse zeigt er, warum Japans Bürokratie – und infolgedessen die gesamte japanische Gesellschaft – sich einem tiefgreifenden Wandlungsprozess unterziehen müssen, wenn das Land der aufgehenden Sonne keinen verfrühten Sonnenuntergang erleben will. Miyamoto ist oft auf Vorträgen in Europa und sagt: „Die Menschen sind immer schockiert, wenn ich ihnen erzähle, wie es wirklich ist. In Japan ist es fast undenkbar, offen über sich zu sprechen. Die Menschen fühlen sich einfach wohler, wenn sie ritualisierte Höflichkeiten austauschen und dabei sorgfältig darauf achten, alles zu vermeiden, was den anderen beunruhigen oder schockieren könnte. Es besteht eine stillschweigende Übereinkunft, dass man auf keinen Fall seine wirklichen Gefühle oder seine reale Situation offenlegt ...".

Miyamoto war – nach seiner Rückkehr aus den USA – zuerst höherer Beamter im japanischen Ministerium für Gesundheit und Wohlfahrt. Nachdem er 1993 dieses o. g. Buch[91] veröffentlicht hatte, wurde er strafversetzt und zum Direktor der Quarantäne im Hafen von Tokio ernannt. Als die Diskussion um das Buch lauter wurde – vor allem im Ausland, wurde er immer weiter weg von Tokio in immer kleinere Häfen versetzt, jeweils als Direktor der Quarantäne. Er hat dort eigentlich keine Arbeit, sitzt nur am Schreibtisch ... Er schreibt auch, „dass man, wenn man in Japan die Dinge beim Namen nennt, von der engstirnigen Beamtenschaft sofort zur Unperson, zum Ketzer, zum Abtrünnigen gestempelt wird." *Wie sollte es da individuelle Leistungsbeurteilungsgespräche geben?*

---

[90] Miyamoto, Masao: Die Zwangsjackengesellschaft – ein Insiderbericht über die Japan AG, 1996

[91] Miyamoto, Masao: Die Zwangsjackengesellschaft – ein Insiderbericht über die Japan AG, 1996

6. Aufgabe der Leistungsbeurteilung im betrieblichen Gesamtsystem

6.1. Ziele der Leistungsbeurteilung

Eigentümer, Gesellschafter, Teilhaber, Aktionäre von Unternehmen wollen erfolgswirtschaftlich tätig sein, d. h., ihr Kapital soll eine Rendite – einen Gewinn abwerfen. Also müssen Produkte oder Dienstleistungen hergestellt und verkauft werden. Zwischen dem Verkaufserlös und den gesamten Selbstkosten liegt dieser Gewinn. Der soll möglichst hoch sein – so langfristig wie möglich. Dazu ist aber eine optimale Kombination aller Leistungserstellungs- und Distributionsfaktoren erforderlich; betriebswirtschaftlich zählen dazu: *Arbeit – Betriebsmittel – Werkstoffe*. Da vom *Faktor Arbeit* (Humankapital) die beiden anderen Faktoren gesteuert werden, geschieht die Optimierung dieser beiden Inputs über den Faktor *Arbeit*. Das heißt, wenn der Faktor Arbeit optimal „funktioniert", dann funktioniert eigentlich alles gut im Unternehmen. Damit sind wir wieder bei der eingangs gestellten Frage: Personalökonomie als Ziel? Dieses Ökonomieoptimum/eine gute Führung/Mannschaft zu haben, gipfelt in dem magischen Fünfeck der Personalwirtschaft:

Den richtigen *Mitarbeiter*
in der richtigen *Qualifikation*
zur richtigen *Zeit*
am richtigen *Ort*
rational einsetzen!

Um dieses magische Fünfeck so optimal wie möglich im Gleichgewicht zu haben, bedarf es mehrerer Hilfsmittel und Methoden sowie entsprechendes Bewusstsein der Betroffenen – insbesondere bei den Entscheidungsträgern des Produktionsfaktors Arbeit.

Nachdem die effektive Personal*auswahl* und *-einarbeitung* als erste und eigentliche größte Unternehmenspflicht die generelle Basisvoraussetzung für das Fünfeck ist, geht es bei der Leistungsbeurteilung darum, die eingestellten/vorhandenen Mitarbeiter aller Ebenen rationell einzusetzen. Dazu müssen sie in der richtigen Qualifikation gehalten (Personalförderung/-entwicklung) und entsprechend informiert bzw. einbezogen werden. Die Personaleinsatzsteuerung benötigt Daten – sowohl über die Anforderungen der Arbeitsplätze als auch über die Qualifikationsstände von Mitarbeitern, um beide(s) entsprechend zueinander zu optimieren. Als Ergebnis des Einsatzes sollen wiederum ganz *objektive Infodaten* über die Effektivität der Mitarbeitereinsätze an den bewussten „Orten" gewonnen und registriert werden. Sie sind entscheidungsmaßgeblich für den weiteren Einsatz und die eventuelle Förderung der Mitarbeiter und sollten zwischen den einsatzsteuernden Vorgesetzten und deren betroffenen Mitarbeitern regelmäßig besprochen werden. Hiermit sind wir beim Kern – *den Zielen der Leistungsbeurteilung:*

– Sie soll Informationen *sammeln* (Wer, wo, wie gut geeignet ist?).

- Sie soll diese Informationen entscheidungsvorbereitend *verdichten* (Was zeigt sich daraus?).
- Sie soll Informationen *weiterleiten* (So gut bist du – So kann es weitergehen.).

Das ist eine Prozesskette, die sich fortlaufend wiederholt. Somit ist die Leistungsbeurteilung eine sehr wichtige *Dienstleistungsfunktion* für die Personaleinsatzoptimierung, Personalentwicklung, Entgeltdifferenzierung und für die Effizienz der Personalführung/Zusammenarbeit Vorgesetzter + Mitarbeiter. Mitarbeiter und Arbeitsplätze sollen kontinuierlich immer wieder neu *optimiert* werden. Potentiale sollen erkannt, gefördert und optimal neu eingesetzt werden – mit Hilfe der Leistungsbeurteilung. In den Unternehmen, die Frey befragte, ist das sicher nicht geschehen.

Zusammengefasst und ergänzt, sehe ich die (Aufgaben und) *Ziele* von Leistungsbeurteilungen wie folgt:

- Optimierung des Personaleinsatzes und der Mitarbeiterqualifikation,
- Objektivierung der Personalarbeit (einschl. Personalführung),
- Basisdaten für Personalentwicklungsentscheidungen liefern,
- Basis für anforderungs- und leistungsgerechte Entlohnung schaffen,
- Mitarbeiterführung und Zusammenarbeit optimieren,
- Intensivierung der Kommunikation zwischen Vorgesetzten + Mitarbeitern,
- Motivation und Identifikation der Mitarbeiter steigern,
- Erfolgskontrollmöglichkeit für Personal(entwicklungs)maßnahmen schaffen bzw. optimieren.

Die *Ziele* von Leistungsbeurteilungen korrelieren eng mit deren *Vorteilen*. Dazu Näheres im folgenden Kapitel.

6.2. Vor- und Nachteile von Leistungsbeurteilungen für Unternehmen, Vorgesetzte und Mitarbeiter

Wie in Kapitel 4 dargestellt wurde, hat der deutsche Bundestag umfassende Schutz- und Informationsrechte für Arbeitnehmer sowie Anhörungs- und Mitwirkungs- und sogar Mitbestimmungsrechte der Betriebsräte (zum Wohl der Arbeitnehmer) im Betriebsverfassungsgesetz von 1972 festgeschrieben. Der größte Teil dieser Vorschriften kann am ehesten vom Arbeitgeber flächendeckend (über alle Vorgesetzten und Mitarbeiter im Unternehmen) erfüllt werden mit einem Leistungsbeurteilungs- und Personalentwicklungssystem, welches mit dem Betriebsrat abgestimmt ist. Das ist ein sehr wichtiger Vorteil des Leistungsbeurteilungssystems.

Die Praxis in den Verwaltungen und Unternehmen hat gezeigt, dass eine systematische Leistungsbeurteilung mehr Vorteile bringt, als keine Beurteilung zu haben oder der Rückgriff auf individuelle, von der Situation, den Wünschen der Führungskräfte oder der Mitarbeiter abhängige Beurteilungskriterien.

Was verstehen wir unter *systematischer* Leistungsbeurteilung? Eine Beurteilung:

- zum gleichen Zeitpunkt,
- nach gleichen Spielregeln,
- zum gleichen Zweck,
- mit gleichen Kriterien,
- mit gleicher Skalierung,
- nach möglichst gleichen Maßstäben,
- mit gleichem Wissens- und Übungsstand der Beurteiler.

Gegenüber den allgemein verbreiteten Pauschalurteilen vieler Vorgesetzter zwingt eine systematische Beurteilung die Vorgesetzten zu einer sachlicheren und gewissenhafteren Beurteilung der Fähigkeiten und Leistungen der Mitarbeiter.

Die *Gleichbehandlung* der Mitarbeiter sollte im Mittelpunkt aller personalpolitischen Entscheidungen stehen. Unterschiedliche Beurteilungskriterien, Beurteilungszeitpunkte und -maßstäbe würden dieses Ziel erschweren. In der Praxis hat es sich sehr bewährt, einheitliche Beurteilungsverfahren für alle Mitarbeiter oder Mitarbeitergruppen durchzuführen. Dadurch können die Beurteilungsergebnisse besser miteinander verglichen werden. Denn Mitarbeiter in unterschiedlichen Bereichen und mit unterschiedlichen Aufgabenstellungen erhalten *gleiche Chancen* durch die Anwendung ähnlicher Maßstäbe und gleicher Spielregeln. Darauf kommt es an.

Natürlich verlangt die Ziel*erreichung* ein gleiches Wissen und Wollen der Führungskräfte, wozu intensives Schulen, Üben und vorbildliches Verhalten beiträgt. Insofern ist auch ein Verzicht auf willkürlichen Machteinsatz durch Vorgesetzte gefordert. Damit sind wir mit einem effektiven Leistungsbeurteilungs- und Personalentwicklungssystem auf dem Weg zu diesem eingangs genannten *Paradigmenwechsel* vom Beherrscher zum Kultivator.

Bezogen auf die einzelnen Betriebspartner lassen sich folgende *Vorteile*[92] eines Leistungsbeurteilungssystems aufführen:

1. *Für das gesamte Unternehmen*
   - Effiziente Personalführung wird möglich (Entwicklung der Vorgesetzten).
   - Optimierung des Personaleinsatzes:
     Das Ziel, „jeder am richtigen Platz", rückt immer näher.
   - Die Lohngestaltung erhält eine objektivierte Entscheidungsgrundlage.
   - Potentiale können frühzeitig und systematisch erkannt und gefördert werden.
   - Innere Kündigung und Desidentifikation kann vermieden bzw. wieder aufgefangen werden.
   - Fluktuation kann insgesamt verringert/in Einzelfällen vermieden werden.
   - Aus den Beurteilungen lässt sich auch die Eignung der Vorgesetzten als Beurteiler ableiten.

[92] z. T. Crisand, Ekkehard/Stephan, Pamela: Personalbeurteilungssysteme, 1992, S. 24

2. *Für die Vorgesetzten*
   - Die Beurteilung gibt den Anstoß, sich mit dem Mitarbeiter intensiv/objektiv zu beschäftigen und das gewonnene Bild vom Mitarbeiter (selbst-)kritisch zu überprüfen.
   - Sie können mit diesem Instrument frühzeitig personelle und auch organisatorische Schwachstellen erkennen und optimal beheben.
   - Die Beurteilung dient als Entscheidungsgrundlage:
     – für den Einsatz von Mitarbeitern – auch bezüglich Potentialförderung,
     – für Weiterbildungsmaßnahmen und deren Erfolgskontrolle.
   - Mit diesem Instrument hat der Vorgesetzte die Möglichkeit, durch den Meinungsaustausch Konflikte zu vermeiden bzw. aus dem Weg zu räumen.

3. *Für die Mitarbeiter*
   - Sie erhalten ein Feedback über ihre Leistung und die Erwartungen ihres Vorgesetzten.
   - Sie erhalten Gelegenheit zu einem persönlichen Gespräch, d. h. Mitarbeiter können ihrerseits Probleme klären und Wünsche aussprechen.
   - Das Bedürfnis nach Information und Anerkennung wird befriedigt.
   - Hilfe zur Selbstentwicklung
     – Information und konstruktive Kritik verhelfen dem Mitarbeiter zu einer realistischen Selbsteinschätzung.
     – Anreiz, das verbesserungsbedürftige Verhalten zu korrigieren und Weiterentwicklungen anzustreben.

Vorteile	Nachteile (eventuelle)
· Gerechtere Entlohnung nach Leistung. · Größere Arbeitsproduktivität durch Mehrleistung. · Tüchtige Mitarbeiter werden belohnt. · Offenlegung der Leistungsunterschiede. · Leistungsschwache Mitarbeiter erfahren, wie sie ihre Leistungen steigern können. · Über- und Unterforderungen werden transparent. · Mitarbeiter kann die Höhe seines Leistungsgehaltes beeinflussen. · Es wird zwischen dem Wert des Arbeitsplatzes und der einzelnen Leistung am jeweiligen Arbeitsplatz unterschieden. Dadurch erhalten auch tüchtige Mitarbeiter unterer Tarifgruppen größere Anerkennung und Leistungszulagen.	· Zusätzlicher Arbeitsaufwand für Führungskräfte. · Schematisches Vorgehen empfinden manche als Zwang. · Höhere Ausbildungskosten durch erforderliche Schulung der Führungskräfte. · Falsche Beurteilungen können Schaden anrichten (Beurteiler z. T. überfordert). · Zwischen Mitarbeitern und Vorgesetzten (Beurteilern) kann eine Spannung aufgrund der Beurteilung entstehen. · Beurteilungsverfahren haben Mängel. · Höherer Personalaufwand durch Leistungszulagenberechnung. · Leistungsdruck führt bei denjenigen zur Unzufriedenheit (Druck), die mit ausreichenden Leistungen zufrieden sind.

↓ ↓

Abbildung 29: Vor- und Nachteile eines Leistungsbeurteilungsverfahrens
Quelle: in Anlehnung an: Zander, Ernst/Knebel, Heinz: Taschenbuch für Leistungsbeurteilung, 1982, S. 158/159

↑ ↑

Vorteile	Nachteile (eventuelle)
· Beim analytischen Betrachten der Leistung werden einzelne Leistungsschwächen oder -stärken relativiert bzw. objektiviert. · Bessere Voraussetzungen dafür, dass „der richtige Mitarbeiter am richtigen Arbeitsplatz“ ist. · Ansporn zur Mehrleistung und Weiterbildung. · Neue oder jüngere Mitarbeiter erhalten frühzeitig ein ihrer Leistung entsprechendes Gehalt. · Anerkennungsbedürfnis bei vielen wird befriedigt. · Dem Wunsch zur Differenzierung nach Leistung wird Rechnung getragen. · Zielorientiertes Handeln wird gefördert. · Förderungspotential wird sichtbar. · Vorgesetzte erhalten wirkungsvolles Führungsinstrument. · Führungskräfte werden gezwungen, sich mit den Leistungen ihrer Mitarbeiter auseinanderzusetzen. · Mitarbeitergespräche werden ermöglicht und verbessert/objektiviert.	· Arbeitskollegen machen sich möglicherweise nicht gegenseitig auf Fehler aufmerksam (Konkurrenz). · Teamarbeit kann evtl. durch Leistungskonkurrenz geschädigt werden. · Eigene Rangvorstellungen, innerhalb derer man sich wohlfühlt, werden durch Offenlegung der tatsächlichen Leistungen korrigiert. · Versetzungen auf der gleichen Ebene werden erschwert, wenn Mitarbeiter hohe Leistungszulagen haben und diese in neuen Arbeitsgruppen verteidigen müssen. · Ältere Mitarbeiter haben evtl. Angst davor, dass Ihnen jüngere leistungsfähigere Mitarbeiter die Leistungszulagen „wegschnappen“. · Unqualifizierte Einführung eines Leistungsbeurteilungssystems.

Abbildung 30: Vor- und Nachteile eines Leistungsbeurteilungsverfahrens
Quelle: in Anlehnung an: Zander, Ernst/Knebel, Heinz: Taschenbuch für Leistungsbeurteilung, 1982, S. 158/159

Verschiedene, der von Zander/Knebel aufgeführten Nachteile sehe ich nicht als solche, weil die gleichen Umstände auch ohne ein Leistungsbeurteilungssystem täglich vorzufinden sind. Die anderen relativen Nachteile müssen den übergroßen Hauptvorteilen untergeordnet werden, sind gewissermaßen deren Preis. *Hauptvorteile* sind meines Erachtens:

- größere *Objektivität* in allem (Führung, Entlohnung, Einsatz, Förderung-Entwicklung, ...),
- größere *Transparenz* aller (Personal-)Entscheidungen
- größere *Gerechtigkeit* und *Zufriedenheit* insgesamt (Einsatz, Entlohnung, Beförderung, Führung),
- höhere *Produktivität* und größere *Wirtschaftlichkeit* insgesamt,
- bessere *Mitarbeiterführungskultur* (wenn auch z. T. erzwungen),
- bessere *Kommunikation*,
- höheres *Informationsniveau* auf allen Ebenen,
- bessere *Motivation*, *Identifikation* und *Zusammenarbeit*,
- größerer *Persönlichkeitsentwicklungs-* und *-reifungszwang* für Vorgesetzte selbst,
- bessere *Unternehmenskultur* und besseres *Betriebsklima*,
- höhere *Humankapitaleffizienz* und größere *Zielorientierung* insgesamt,
- höheres *Reife-* und *Effizienzniveau* des Gesamtunternehmens in allem.

6.3. Das Messen menschlicher Leistung und deren Grenzen

In der Systemtheorie wird der Mensch als „lebendes System" betrachtet, denn er besteht aus mehr als/ist mehr als die Summe seiner Teile, nämlich ein autopoietisches Subjekt. Er kann also in gleicher Situation anders reagieren als vorher – ist in seinen inneren Wirkungszusammenhängen (einschließlich Psyche, Genetik etc.) nie ganz erfassbar, beurteilbar, beeinflussbar.

Weil der Mensch in verschiedenen *Rollen* lebt, auch in einer Mitarbeiter*rolle,* z. B. wird er in Beurteilungen eigentlich *nicht* als *Mensch* in seiner Ganzheit, sondern nur in seinen rollenorientierten Verhaltensweisen und Einstellungen als *Person* wahrgenommen und eingestuft. Dieses Einstufen (ein „sich Entscheiden") basiert auf einer Wahrnehmung oder sogar Beobachtung und/oder einer (daraus resultierenden) Annahme, Unterstellung oder Suggestion des Beurteilenden. Die Beziehung zwischen Beurteiler und Beurteiltem bzw. die +/-Einstellung des Beurteilers und seine Charakterreife hinsichtlich Objektivität und Gerechtigkeit wird sein *Urteil* beeinflussen. Täglich haben wir auf der Erde mit dem Problem der Unreife und Subjektivität von Beurteilern zu kämpfen – seien sie Lehrer, Chefs, Eltern etc.

Daher ist also selten volle Objektivität vorzufinden – eher das Gegenteil: subjektive Willkür. Bei den sogenannten „Beurteilungsfehlern" wird noch darauf Bezug genommen.

Ein weiterer Punkt ist die unter 5.2.1. angesprochene Frage, ob der jeweils arbeitende Mensch seinen Anlage*stärken* entsprechend eingesetzt ist. Vielfach ist es nicht der Fall – besonders in unteren Lohn- und Gehaltsstufen. Wenn z. B. ein Mitarbeiter mit hohen Kommunikations- und Gestalteranlagen (grün-rot-Typ nach Struktogramm) den ganzen Tag als CNC-Fräser eingesetzt ist und beurteilt wird, dann wird er nicht zufrieden sein. Er bräuchte an diesem Arbeitsplatz hohe blau-Anteile (Systematiker) die er zuwenig hat. Beurteilt, eingestuft, bezahlt, „geachtet", ... wird er für das faktische Ergebnis an diesem Arbeitsplatz, den er wohl nur mit erhöhter täglicher Kraftanstrengung und geringer Identifikation zu max. 70 % ausfüllen kann. Das, was er (als gesamter Mensch) besser könnte und lieber tun würde – z. B. organisieren, mit Kunden Kontakt haben, Kollegen etwas mitteilen etc. – das darf er nicht. Also wird jeder Mensch in der Regel nicht ganzheitlich, sondern nur als *Person* in seiner Rolle beurteilt. Objektive Leistungsbeurteilungssysteme sollten das berücksichtigen und mithelfen, sowohl die Subjektivität von Vorgesetzten einzugrenzen wie auch optimalere Zuordnungen von Menschen und Arbeitsplätzen zu erreichen.

Ergänzend hierzu noch Erkenntnisse aus der psychologischen Forschung:[93]
Woran liegt es, dass Menschen Urteile, die andere über sie abgeben, ganz oder zu großen Teilen intensiv ablehnen oder rational für falsch halten?

---

93 Liebel, Hermann J./Oechsler, Walter A.: Personalbeurteilung, 1992, S. 105/106

Die psychologische Forschung weiß von einer Eigentümlichkeit menschlichen Beurteilungsverhaltens zu berichten, die etwas Licht in diese Tatsache bringt. Jones und Nisbett[94] formulierten die Hypothese, dass sich Handelnde und Beobachter, Beurteilte und Beurteiler in der Wahrnehmung von Verhaltensursachen unterscheiden: Der Beurteilte neigt dazu, seine Handlungen in Umständen der Situation begründet zu sehen, während der Beurteiler dazu tendiert, die gleichen Handlungen in für stabil gehaltenen Persönlichkeitsmerkmalen der handelnden Person begründet zu sehen! Die Autoren führen dies darauf zurück, dass dem Handelnden und dem Beurteiler unterschiedliche Informationen zur Verfügung stehen, um zu Schlussfolgerungen über Verhaltensursachen zu gelangen; darüber hinaus unterscheiden sich beide in der Verarbeitung von Informationen, insbesondere von solchen, die sich auf die Umstände des zu beurteilenden Verhaltens beziehen. Zunächst hat der Handelnde mehr Informationen, er kennt vieles, was einem konkreten Verhalten, z. B. dem Erbringen einer fachlichen Leistung vorausgegangen ist, während der Beurteiler oft nur die einem Verhalten *un*mittelbar vorherlaufenden Bedingungen kennt. Der Handelnde sieht sein Verhalten in einem größeren Zeitkontinuum, gleichsam als Punkt in seiner Lebensgeschichte, und orientiert sich an seinen subjektiven Erfahrungen und damit an Daten, die dem Beurteiler nur in begrenztem Ausmaß zur Verfügung stehen.

Dagegen vergleicht der Beurteiler ein Verhalten mit anderen Personen, die sich in einer ähnlichen Situation befinden. Jones und Nisbett[95] erklären das so, dass wir für diese Selbstbeobachtung und damit für die Selbstbeurteilung ein anderes Bezugssystem benutzen als für die Fremdbeurteilung: Als Handelnde vergleichen wir unser augenblickliches Verhalten mit früherem Verhalten in ähnlichen oder andersartigen Situationen; stellen wir Verhaltensunterschiede fest, begründen wir sie mit den Besonderheiten der Situation (ipsativ-idiographisch)[96]. Als Beobachter und Beurteiler anderer vergleichen wir den Handelnden mit anderen Handelnden, stellen Unterschiede zwischen verschiedenen Personen fest und sind geneigt, gefundene Unterschiede mit Eigenschaften dieser Person zu begründen (normativ-nomothetisch)[97]. Als Handelnde erleben wir unser Verhalten in starkem Maße abhängig von Umgebungscharakteristika, z. B. attraktiven Gegenständen oder Personen, einschränkenden Bedingungen, Sachzwängen usw.; als Beobachter sehen wir im Verhalten anderer Hinweise auf bestimmte Eigenschaftsqualitäten der Handelnden. Diese Hypothese ist in mehreren Untersuchungen bestätigt worden. Es liegt also auf der Hand, dass Beurteiler oftmals geradezu zwangsläufig zu anderen Schlussfolgerungen und Bewertungen kommen müssen als die Beurteilten.

---

94 Liebel, Hermann J./Oechsler, Walter A.: Personalbeurteilung, 1992, S. 105/106
95 Liebel, Hermann J./Oechsler, Walter A.: Personalbeurteilung, 1992, S. 105/106
96 Liebel, Hermann J./Oechsler, Walter A.: Personalbeurteilung, 1992, S. 105/106
97 Liebel, Hermann J./Oechsler, Walter A.: Personalbeurteilung, 1992, S. 105/106

6.4. Einführung von Leistungsbeurteilungen in Unternehmen

6.4.1. Voraussetzungen

Die größten Schwierigkeiten bei der Einführung von Leistungsbeurteilungssystemen sind im Bereich der Methode/des Systems an sich sowie dessen praktischer Implementierung vorzufinden. Denn es wird ja *in* ein bestehendes-funktionierendes, also „lebendes System" von Menschenbeziehungen, ein künftig neu zu verwendetes Verfahren gewissermaßen *implantiert.* Alles „Neue" wird in der Regel als Bedrohung empfunden und erst einmal abgewehrt. Ob das „System Unternehmen" dieses neue Teil (Leistungsbeurteilungssystem) doch annimmt, integriert und es damit sogar besser läuft als vorher – oder abstößt und es noch schlechter läuft als vorher, das hängt von der *Einführung* und der *Akzeptanz* des Modells ab. Vieles muss dabei abgewogen und es muss vor allem von den Empfindungen der Betroffenen her gedacht werden – denn die Steigerung der Gesamteffizienz des Unternehmens einschließlich einem deutlich besseren Betriebs- und Kommunikationsklima sollte das Implementierungsziel sein.

Es wäre das Schlimmstmögliche, ein unzureichendes, fehlerhaftes, nicht akzeptiertes Modell über führungsschwache und nichtgeschulte Vorgesetzte von oben nach unten durchzudrücken. Ein südwestdeutsches Unternehmen arbeitet derzeit mit einem Leistungsbeurteilungs-/Prämienmodell, bei dem nur 25 % der Mitarbeiter (aufgrund ihrer „herausragenden Leistungen") jährlich eine Prämie von ca. € 1 300,-- bekommen. Die anderen 75 % bekommen nichts. Im Metallsystem, mit vergleichsweise bis zu max. 100 Punkten pro Person bekommen ca. 95 % des Personals geldwerte Punkte, die einen wenig, die anderen mittlere, die Dritten relativ hohe Leistungsprämien. Das heißt die gleiche Prämiensumme, die im vorgenannten 25 %-System ausgeschüttet wird, könnte ganz anders und vor allem motivationsorientiert verteilt werden, ohne dass unglaublich viel Unmut, Unzufriedenheit, Frustration, Demotivation, Geheimniskrämerei (wer bekommt es – wer nicht), Schuldgefühle (warum hat's der andere nicht bekommen, der ist doch genauso gut wie ich), Neid, Spannung im Team, Zorn auf Vorgesetzte, Rachegefühle, Unsicherheit bei Vorgesetzten etc. provoziert werden. Demotivation äußert sich in passivem Widerstand und innerer Kündigung. Verschiedene ratlose Vorgesetzte umgehen insgeheim die Vorschriften des Modells in verschiedenen Varianten – aus Gerechtigkeitsempfinden oder aus Angst vor unzufriedenen Mitarbeitern. So soll es also nicht sein, denn es geht nicht darum „an jeden Vierten eine Prämie auszuschütten, damit sich die anderen drei auch mehr anstrengen". Dann lieber gar nichts! Hiermit fällt man den Vorgesetzten ungewollt, aber nicht unwissend in den Rücken, statt sie zu unterstützen.

In Kapitel 4.3. wurden mögliche Vor- und Nachteile von Leistungsbeurteilungssystemen beschrieben. Damit der einzelne Betroffene ein Leistungsbeurteilungssystem innerlich akzeptiert, müssen für ihn objektiv (und evtl. subjektiv) die Vorteile gegenüber der Altsituation deutlich überwiegen – sonst geht und bleibt er auf Widerstand. Schließlich soll er sich auf etwas Neues einlassen und hat eventuell auch noch Mehraufwand an Zeit einzubringen.

Es muss sich also rentieren – für den Mitarbeiter (Beurteilten), wie für den Vorgesetzten (Beurteiler).

Grundsätzlich muss ein Modell so sein, dass es:
– objektiv (gerecht, begründet, begründbar, offen, ehrlich, durchschaubar),
– praktikabel (gut verständlich, leicht handhabbar, zeitlich vertretbar) und deshalb
– akzeptabel (annehmbar, eine Hilfe, ein Fortschritt, eine Verbesserung) ist.

Damit ein Vorgesetzter die Arbeitsergebnisse seiner Mitarbeiter objektiv beurteilen kann, benötigt er eine *Soll*-Basis, eine Bezugsgrundlage.

Als *Bezugsgrundlage*[98] für die Leistungsbeurteilung sollten deshalb vorhanden sein:

1. Eine Funktions- oder Stellenbeschreibung zur Regelung der Zuständigkeiten.
2. Die Einstufung der Funktion (Arbeitswertermittlung) in ein Lohn- bzw. Gehaltsgefüge.
3. Das Anforderungsprofil des Arbeitsplatzes.
4. Leistungsziele oder Leistungsstandards für die Beurteilungsperiode.

Es ist von großer Bedeutung für die Qualität der Beurteilungsergebnisse, dass die individuelle Leistungsbeurteilung an den Funktionen und Anforderungen der Stelle gemessen wird, die beispielsweise in der Stellenbeschreibung festgehalten sind.

Gemeinsamer Nenner all dieser *Stellenbeschreibungen* ist der Versuch,

· die funktionale und disziplinarische Stellung des Mitarbeiters in der betrieblichen Organisation zu definieren,
· seine konkreten Aufgaben zu beschreiben,
· seine Kompetenzen abzustecken und die Vollmachten festzulegen.

Viele Leistungsbeurteilungsergebnisse leiden auch bei vorhandenen Stellenbeschreibungen darunter, dass sich der Beurteiler bei dem Beurteilungsvorgang zu wenig an den *Anforderungen* der Stelle orientiert. Deshalb muss in Schulungen und Übungen mit den Beurteilern immer wieder auf diesen besonderen kritischen Punkt hingewiesen werden.

Deshalb ist auch zu empfehlen, eine direkte Verbindung zwischen Stellenbeschreibung, Zuständigkeiten und verabredeten Aufgaben als Grundlage für die Leistungsbeurteilung im Beurteilungs*formular* direkt zu verankern. So ist eine *spezielle* Rubrik im Beurteilungsbogen vorzusehen, in die der Vorgesetzte zuerst die Funktionen oder die wichtigsten Hauptaufgaben der Beurteilungsperiode eintragen muss, bevor er die Leistungsbeurteilung vornimmt. Dieses Vorgehen ist vernünftig, weil der Beurteiler so immer wieder zu einer Rückkopplung gezwungen wird und die Stellenbeschreibungen ohnehin oft nicht aktuell fortgeschrieben sind.

---

98 Zander, Ernst/Knebel, Heinz: Taschenbuch für Leistungsbeurteilung, Heidelberg 1982, S. 89/90

Sehr plastisch hat Strametz die organisatorischen Voraussetzungen der Leistungsbeurteilung in Abbildung 11 dargestellt: Klare und transparente Aufbau- und Ablauforganisationen als Grundlagen einer gut funktionierenden Leistungsbeurteilung.

Stellenbeschreibungen stellen die Zuständigkeiten meist in qualitativer Form für den einzelnen Arbeitsplatz dar. Leistungsbeurteilung bedeutet das Quantifizieren von Arbeitsergebnissen. Um festzustellen, in welchem Umfang die Erwartungen sowohl in qualitativer als auch in quantitativer Hinsicht erfüllt worden sind, *müssen* Vorstellungen über das „Soll" existieren; dieses *Soll* sind dann die Ziele (Arbeitsziele, Zielsetzungen, Zielvereinbarungen, Objectives). *Zielvereinbarungen* tragen erfahrungsgemäß sehr zur Versachlichung und Objektivierung des Beurteilungsvorganges bei und erfreuen sich auch deshalb in den Unternehmen zunehmender Beliebtheit. Neue Leistungsbeurteilungsverfahren für qualifizierte Mitarbeiter werden künftig ohne die Integration eines Zielvereinbarungssystem kaum noch Akzeptanz finden. Diesen Verfahren gehört die Zukunft.

6.4.2. Ablaufplan der Einführung

Die folgende schematische Darstellung der sechs entscheidenden Schritte auf dem Weg zu einer Mitarbeiterbeurteilung bietet einen guten Überblick und dient dazu, zu prüfen, ob keiner der Schritte bei der Planung vergessen wurde.[99]

1. Vorbereitung:
   - Unternehmensziele definieren,
   - Anforderungen an das Beurteilungsverfahren bestimmen,
   - Projektverantwortung benennen,
   - Zielgruppen, die beurteilt werden sollen, definieren.

2. Entwicklungsphase:
   - Auswahl des Grundmodells (merkmals- oder zielorientiert),
   - gegebenenfalls Merkmalskatalog erstellen oder Prozedere für Zieldefinition festlegen,
   - Skalierungsform festlegen, Skalenstufen definieren,
   - Informationsmaterial für Mitarbeiter erstellen; Formulare für das Beurteilungsverfahren entwickeln,
   - möglichst hier bereits den Betriebsrat einbeziehen/mindestens über Ziele informieren.

3. Diskussionsphase:
   - Informationsveranstaltung für Mitarbeiter und Führungskräfte,
   - abteilungsbezogene Diskussionen über Ziele des Beurteilungsverfahrens,
   - abteilungsbezogene Information und Diskussion über Unternehmensziele und Konsequenzen für die Abteilungen aufzeigen,

[99] z. T. Sommerhoff, Barbara: Mitarbeiterbeurteilung, 1999, S. 120-122

- gegebenenfalls Weiterentwicklung des geplanten Verfahrens zur Mitarbeiterbeurteilung,
- Betriebsrat einbeziehen.

4. Betriebsvereinbarung:
   - mit Betriebsrat verhandeln und einigen,
   - Modell am Verhandlungsergebnis neu ausrichten,
   - Betriebsvereinbarung abschließen,
   - fertiges Modell im Unternehmen ausführlich vorstellen.

5. Implementierungsphase:
   - Führungskräfte schulen,
   - gegebenenfalls Pilotprojekt starten,
   - gegebenenfalls Pilotprojekt auswerten und die Ergebnisse in das Verfahren einfließen lassen,
   - Einführung des Verfahrens im gesamten Unternehmen.

6. Auswertung:
   - Mitarbeiter und Führungskräfte werden zu ihren Erfahrungen im Umgang mit den Beurteilungsverfahren befragt,
   - auf Basis der Ergebnisse wird das Verfahren gegebenenfalls angepasst/optimiert.

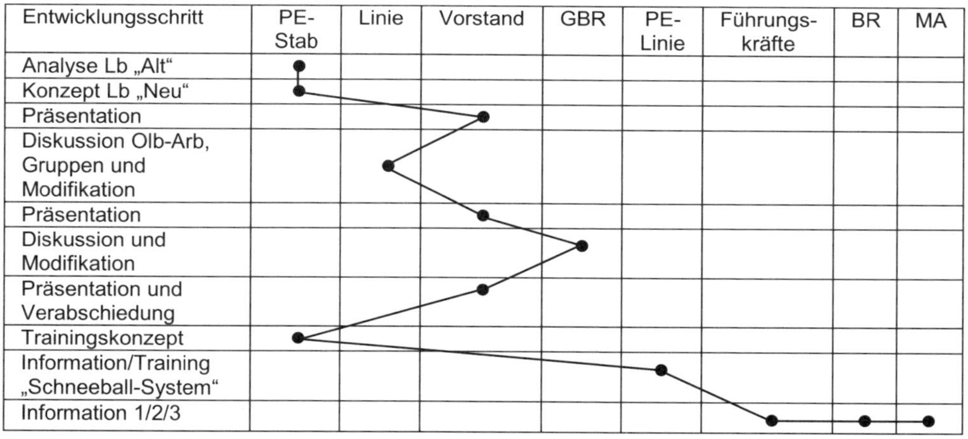

Abbildung 31: SEL-Vorgehensweise bei Entwicklung und Einführung eines neuen Beurteilungssystems[100]
(PE = Personalentwicklung, GBR = Gesamtbetriebsrat, BR = örtlicher Betriebsrat, Lb = Leistungsbeurteilung, Olb = oberer Leistungsbereich, Arb. = Arbeiter, Schneeballsystem = von oben nach unten ausweitend, Linie = Führungspersonen)

[100] Zander, Ernst/Knebel, Heinz: Taschenbuch für Leistungsbeurteilung, 1982, S. 94

Die *Soll*-Kriterien für Leistungsbeurteilungssysteme überschneiden sich unmittelbar mit den bisher genannten Voraussetzungen. Unabhängig davon möchte ich diese *Soll*-Kriterien aber doch explizit darstellen.

6.5. Soll-Anforderungen für Leistungsbeurteilungssysteme sowie Mindestinhalte der Systeme

Wiederum geht es um die Ausrichtung am *Ziel* des Vorhabens.

– Grundsätzliche Fragen/Voraussetzungen sind daher:
  (G = grundsätzlich)

  G 1: Leistungsbeurteilungssysteme sollen *keine Sanktionsinstrumente* sein, um Herrschafts- und Machtgefüge in Unternehmen zu untermauern. Sie sollen – im Gegenteil – alte Willkür- und Machtverkrustungen in Richtung Objektivität und Partnerschaft verändern.

  G 2: *Führungs- und Kommunikationsschulungen* sollten der Einführung eines Leistungsbeurteilungssystems vorausgegangen sein, damit bereits eine aufgeklärte Führungskultur besteht. Im anderen Fall wären erhebliche Schwierigkeiten bei der ad-hoc-Einführung zu erwarten.

  G 3: Die intensive *Schulung* der *beurteilenden Vorgesetzten:* Im Kennen, Verstehen, Anwenden des Leistungsbeurteilungssystems sowie im Kennen der eventuellen Anwendungsprobleme (Beurteilungsfehler, Widerstände) einschließlich einem ausführlichen Gesprächsführungstraining (Rollenspiele) ist unabdingbar für den Erfolg.

  G 4: Beurteilen soll immer nur der *direkte Vorgesetzte,* denn er kennt die Mitarbeiter am besten.

  G 5: Die sogenannte *Leitungsspanne* soll eingehalten werden d. h. der direkte Vorgesetzte soll im Prinzip *nicht mehr* als acht bis fünfzehn Mitarbeiter persönlich und unmittelbar vorgesetzt sein und diese beurteilen. Bei Lean Management/Administration wird das oft verwässert. Sind es wesentlich mehr Mitarbeiter pro Vorgesetzten, so schrumpft die persönliche Führungsverteilzeit pro Mitarbeiter/Tag zu sehr und eine objektive Kenntnis und Beurteilung des Mitarbeiters ist nicht mehr möglich.

  G 6: In die *Entwicklung/Erstellung* des jeweiligen firmenspezifischen Leistungsbeurteilungsmodells sollten die *Betroffenen* (Führungskraft, Mitarbeiter, Betriebsrat) wenigstens als Gruppendelegierte umfassend einbezogen werden. Dadurch fließt mehr Wissen zusammen und es entsteht mehr Akzeptanz.

  G 7: Durch die Handhabung des Systems und der Beurteilungsunterlagen sowie die Formulierung der Kriterien bzw. Stufen darf die *Würde* nicht angetastet werden. Der *Datenschutz* soll voll gewährleistet sein (auch bei EDV-Einsatz).

  G 8: Die beurteilten Mitarbeiter sollen eine *Kopie* ihrer Beurteilungsbögen erhalten.

  G 9: Das Beurteilungssystem soll *keine psychologischen Spezialkenntnisse* erfordern.

G 10: *Einspruchsmöglichkeiten* und -wege sollten beschrieben und bekannt gemacht werden.

G 11: Etwa alle fünf Jahre sollte die *Effizienz* des Leistungsbeurteilungssystems neu *überprüft* werden.

– *Soll*-Inhalte der Beurteilungs-, Zielvereinbarungs- und Förder- bzw. Gesprächs*bögen:*
(V = Vordruckinhalte)

V 1: Auf der ersten Seite solle immer eine aktuelle *Kurz-Stellenbeschreibung* (vom Beurteiler) ausgefüllt werden müssen. Damit wird ein wichtiger Bezugsteil aktualisiert und bewusst gemacht.

V 2: Der *Beurteilungszeitraum* sollte genannt werden (müssen).

V 3: Die *verwendeten Kriterien* müssen einen direkten Bezug zur Tätigkeit/zu den Arbeitsplatzanforderungen haben und müssen beobachtbar oder messbar sein.

V 4: Diese Kriterien müssen allgemein *klar verständlich* sein für alle Betroffenen. Gegebenenfalls sollte eine Definition der Kriterien zusätzlich beigegeben werden.

V 5: Die *Zahl der Kriterien* soll eine Palette von Einzelanforderungen repräsentieren, welche sich aber nicht widersprechen und kaum korrelieren dürfen.

V 6: Eine *Gewichtung* der Kriterien untereinander wird nicht empfohlen.

V 7: *Fachkriterien* sollen *nicht* vorgedruckt werden, sondern hier soll der Beurteiler jeweils die Zutreffenden selbst in die vorzusehenden Freispalten eintragen. Als Anzahl werden drei bis fünf Kriterien empfohlen.

V 8: *Verhaltenskriterien* sollten überwiegend – aber nicht ausschließlich – vorgedruckt/vorformuliert werden. Je nach hierarchischer Stufe sollten es insgesamt sieben bis zwölf Kriterien sein, wobei fünf bis zehn vorformuliert und zwei vom Beurteiler individuell eingesetzt werden sollten.

V 9: *Führungskriterien* (mindestens fünf) sollten zwingend vorformuliert werden.

V 10: Die Vorformulierung/Festlegung der o. g. Kriterien ist sowohl für *Praktikabilität* wie für die *Vergleichbarkeit* wichtig.

V 11: Die Zahl der *Beurteilungsstufen* (Skalen) sollte zwischen sieben und neun liegen. Neun werden empfohlen – fünf sind zuwenig.

V 12: Diese Stufen sollten immer auch *verbal definiert* sein.

V 13: Neben den einzelnen Einstufungsrängen bzw. einzelnen Kriterien sollte jeweils ein Freiraum vorgesehen sein, damit dort mittels Kurznotizen *Fakten* für die Rangzuordnung festgehalten werden können; denn die Einstufungen müssen dem Beurteilten *begründet* werden (können).

V 14: In einem Formularteil *Folgerungen für Einsatz und Förderung* soll der künftige Einsatz des Mitarbeiters grundsätzlich eruiert werden und eine eventuelle Förderung festgehalten werden.

V 15: Auf einem weiteren Formular müssen (abgeleitet aus den Beurteilungsergebnissen) für das Gespräch mit dem Mitarbeiter sowohl *positive Rückmeldungen* wie auch *klärungsbedürftige Themen* notiert und dann besprochen werden.

V 16: Auf einem weiteren Formularteil (oder Extrablatt) müssen *klare Ziele für das nächste Jahr vereinbart* und festgeschrieben werden. Diese Ziele sind abgeleitet aus den in der Stellenbeschreibung genannten Rahmenzielen der Stelle und werden nach Jahresfrist auf Erfüllung überprüft.

V 17: Es sollte auf dem Formular Platz für die *Stellungnahme* des Beurteilten vorgesehen werden.

V 18 Der Beurteilte unterschreibt mit: *„zur Kenntnis genommen"*. Der übernächste Vorgesetzte unterschreibt ebenfalls die Beurteilung – der direkte Vorgesetzte auch.

V 19: Es ist sinnvoll, eine Hinweisspalte für eventuelle *Gehaltsvereinbarungen* vorzusehen, obwohl die Leistungsbeurteilung zeitlich nicht zwingend mit der Gehaltsfestlegung verbunden sein muss.

7. Zielvereinbarungen als zukunftsweisende sachliche Notwendigkeit?

7.1. Zielorientierte Leistungsbeurteilungsverfahren

Wie sich bei den Grenzen der Messung menschlicher Leistung gezeigt hat, kann ein großer Teil der menschlichen Gesamtleistung nirgends zweifelsfrei gemessen oder beurteilt werden (lebendes System). Um dennoch von der weitverbreiteten Subjektivität und Willkür vieler „Chefs" wegzukommen und objektive(re) Personaleinsatz- und Personalentwicklungsentscheidungen treffen zu können, wurden und werden die merkmalsorientierten Personal- und Leistungsbeurteilungssysteme entwickelt und eingesetzt. Das heißt mittels Kriterien soll Leistung und Verhalten beurteilt werden, was weitreichende Folgen für das Entgelt, den weiteren Einsatz- und die eventuelle Förderung der betreffenden Mitarbeiter hat.

Einsatz von Leistungsbeurteilungssystemen in (geschätzt nach Erfahrungen):

– Großunternehmen	(über 12 000 Mitarbeiter):	nahe	100 %
– größeren Unternehmen	(12 000-4 000 Mitarbeiter):	ca.	50 %
– mittelgroßen Unternehmen	(4 000-1 000 Mitarbeiter):	ca.	25-30 %
– kleineren Unternehmen	(1 000-200 Mitarbeiter):	ca.	10 %
– Klein- und Kleinstfirmen	(200-1 Mitarbeiter):	ca.	2-3 %

Weil nur ca. 20-25 % aller Arbeitnehmer (AN) in Unternehmen mit über 4 000 Mitarbeitern arbeiten und 75-80 % in Unternehmen von 1-4 000 Mitarbeitern werden derzeit nur etwa 35 % der Arbeitnehmer mit irgendeinem Leistungsbeurteilungssystem beurteilt.

Nun stellt sich die Frage, wie effektiv und akzeptiert die in Unternehmen und Institutionen verwendeten Leistungsbeurteilungsmodelle sind – bezüglich den 30 genannten Punkten (siehe Kapitel 6.5.). Da gibt es oft gravierende Probleme.

Nachdem viele dieser verwendeten Leistungsbeurteilungssysteme:

1. am sogenannten „grünen Tisch" entwickelt wurden (ohne Betroffene zu beteiligen),
2. oft von „Nichtfachleuten" (in dieser Thematik) erstellt wurden – außer in einigen Großunternehmen –,
3. zu wenige bzw. zu unklar definierte Merkmale aufweisen,
4. oft nur drei bis fünf Beurteilungsstufen (mit nebulöser Definition) beinhalten,
5. nicht oder unzureichend eintrainiert wurden bei den Vorgesetzten und
6. den Mitarbeitern über die Vorgesetzten oft nur kurz mitgeteilt wurden (bezüglich Einführung),
7. nie fortgeschrieben bzw. erneuert wurden,
8. oft keinen Zielvereinbarungsteil enthalten,
9. von nicht wenigen Vorgesetzten stillschweigend gar nicht mehr eingesetzt werden,

ist trotz weiterer offizieller jährlicher Anwendung niemand ist so recht zufrieden damit.

Das heißt die wahren Ursachen für den niedrigen Effektivitätsgrad und die Unzufriedenheit mit vielen Firmenmodellen liegen objektiv gesehen fast ausschließlich bei den verantwortlichen Erstellern und Durchführern in den Firmen und nicht vorrangig in begrenzten Systemmöglichkeiten. Es ist – gemessen an den Möglichkeiten – einfach zuviel falsch gemacht worden „weil man auch so etwas haben wollte, wie andere fortschrittliche Firmen ..." Aufgrund der Folgesymptome, dass da relativ viele Leute mit der Beurteilung nicht so zufrieden sind, wollte man etwas anderes haben und ging den eigentlich eindeutigen „Krankheits*ursachen*" lieber nicht auf den Grund.

In den USA war es sehr ähnlich „mager" abgelaufen mit der Einführung und der Effizienz der Leistungsbeurteilungssysteme; viele Vorgesetzte und Mitarbeiter wehrten sich auch dort gegen diese jährlichen Klimmzuggespräche im Oktober. Weil man dort aber das MbO-System entwickelt hatte und auf der Führungsebene z. T. anwendete, wollte man dieses ausbauen und auch zunehmend auf Mitarbeiterebenen einsetzen. Man nannte es *„zielorientiertes Leistungsbeurteilungsverfahren"*. Mitarbeiter in Beurteilungs*merkmale* einstufen war also jetzt „out" – und *nur* noch das Erreichen von *Zielen* sollte zählen. Diese sollten vereinbart und auf Erfüllung beurteilt werden. Einige deutsche Firmen übernehmen begierig, was aus Amerika kommt, denn das kann ja nur etwas Gutes und Fortschrittliches sein – die können das besser! So gibt es jetzt auch bei uns einen allmählich zunehmenden Trend weg von dem merkmalsorientierten Einstufungsverfahren und hin zu den zielorientierten Leistungsbeurteilungsverfahren.

7.1.1. Charakterisierung und Verbreitung

Im *Mittelpunkt* der zielorientierten Leistungsbeurteilungsverfahren steht *die Bewertung der Mitarbeiter* anhand von Zielen. Diese mit dem Mitarbeiter zu vereinbarenden Ziele sollen an den Zielen des Unternehmens orientiert sein; d. h., aus den Unternehmenszielen sollen konkrete Leistungsziele für die einzelnen Mitarbeiter abgeleitet werden. Diese Ziele sind dann Schwerpunkte der eigentlichen Tätigkeit und zugleich Maßstab der Beurteilung.

Dieser Grundgedanke wurzelt im dem bekannten Führungssystem „Management by Objectives". Bei dieser „Führung durch Zielsetzung" wird die Aufgabenerfüllung durch die vorrangige Ausrichtung auf *Ziele* näher definiert.[101]

Wie bereits im Kapitel 5.3.2. erläutert, dominieren in der deutschen Beurteilungspraxis noch die merkmalsorientierten Einstufungsverfahren. Die zielorientierten Verfahren kommen in Deutschland noch relativ selten, aber zunehmend zum Einsatz.

[101] Crisand, Ekkehard/Stephan, Pamela: Personalbeurteilungssysteme, 1992, S. 74-94

In den USA ist jedoch eine Entwicklung zu beobachten, die einen bereits vermehrten Einsatz von zielorientierten Verfahren zeigt; mehrere empirische Untersuchungen belegen diesen Trend.

Die Ergebnisse[102] dieser empirischen Untersuchungen, die sich hier ausschließlich auf die Entwicklung in den USA beziehen, zeigen Folgendes:

- Es ist eine zunehmende Verbreitung zielorientierter Verfahren in den letzten 15 Jahren zu verzeichnen.
- Es kommen sowohl zielorientierte Beurteilungsverfahren als auch vermehrt Mischsysteme (d. h. eine Kombination aus zielorientierten und merkmalsorientierten Verfahren) zum Einsatz.
- Es kann weiterhin beobachtet werden, dass die zielorientierten Verfahren vorwiegend zur Beurteilung von Führungskräften und Fachspezialisten herangezogen werden.
- Für Nicht-Führungskräfte dominieren nach wie vor die merkmalsorientierten Einstufungsverfahren.
- In diesen Untersuchungen zeigt sich der Trend „weg von Einstufungsverfahren, hin zu zielorientierten Verfahren“; zielorientierte Verfahren lösen somit in verschiedenen Unternehmen die bisher verwendeten Einstufungsverfahren ab.

7.1.2. Bausteine[103]

- Zielbildung durch Zielvereinbarung

  Grundlage aller zielorientierten Leistungsbeurteilungsverfahren ist zunächst die Festlegung der vom Mitarbeiter anzustrebenden Ziele. Durch die *präzise Formulierung* der Ziele soll der Mitarbeiter genau wissen, was von ihm erwartet wird. Er kann somit seinen Einsatz voll auf die Erfüllung der vereinbarten Ziele lenken, die unmittelbar zum *Maßstab der Beurteilung* werden.

  Der Erfolg zielorientierter Leistungsbeurteilungsverfahren hängt damit in besonderem Maße von der *präzisen Beschreibung der Ziele* ab.

  Sollen Ziele produktive und motivierende Wirkung haben, so sollten die folgenden Voraussetzungen erfüllt sein:

  - *Partizipation erhöht die Zielakzeptanz.*
    Ziele werden um so besser von den Mitarbeitern akzeptiert, je mehr sie sich an der Bildung der Ziele beteiligen können.
  - *Ziele müssen realistisch sein.*
    Genau umschriebene und individuell vereinbarte Ziele haben auf die Leistung einen größeren Einfluss als allgemein gehaltene Leistungsanforderungen. Wird z. B. das genau definierte Ziel: „Steigerung des Verkaufsumsatzes um 6 % bis

---

[102] Crisand, Ekkehard/Stephan, Pamela: Personalbeurteilungssysteme, 1992, S. 74-94
[103] Crisand, Ekkehard/Stephan, Pamela: Personalbeurteilungssysteme, 1992, S. 74-94

zum 31.12.2000" vereinbart, so hat der Mitarbeiter klare Angaben, die er zu erfüllen hat. Dieses Ziel ist sicherlich eine produktivere Wirkung als das ungenau definierte Ziel: „Steigerung des Verkaufsumsatzes".

Fordernde, aber dennoch für den jeweiligen Mitarbeiter *realistische* Ziele, bewirken höhere Leistung als einfache, leichte Ziele.

- Es muss eine *kontinuierliche Rückmeldung* (Feedback) über den Zielfortschritt erfolgen.
- Ziele müssen möglichst *genau definiert* sein.

  Es gibt quantitative, qualitative, zeitliche und verhaltensorientierte Ziele.

Spezifische, genau definierte Ziele sind für eine erfolgreiche zielorientierte Leistungsbeurteilung die wichtigste Grundlage.

- Erstellung konkreter Durchführungspläne

Damit die zuvor vereinbarten Ziele auch umgesetzt werden können, ist es wichtig, dass jeder Mitarbeiter über einen individuellen *Leistungsplan* verfügt. Dieser enthält die individuellen Leistungs- und Entwicklungs*ziele* der anstehenden Beurteilungsperiode und bildet die Grundlage der Beurteilung.

Der *Leistungsplan* muss individuell auf die jeweiligen Arbeitsplatzanforderungen abgestimmt sein, d. h. der Inhalt, das Ausmaß und der zeitliche Bezug der vereinbarten Ziele richtet sich nach den jeweiligen Anforderungen der Stelle. Er wird vom Vorgesetzten und Mitarbeiter gemeinsam erarbeitet.

Wie können nun konkret die Leistungspläne ausgestaltet werden?

a) Auflisten der unterschiedlichen Arbeitsaufgaben der Stelle
Sämtliche Aufgaben einer Stelle werden gesammelt und zu einer *Tätigkeitsliste* zusammengestellt. Der Vorgesetze kann diese Arbeitsaufgaben entweder den Stellenbeschreibungen entnehmen oder er entwickelt sie gemeinsam mit dem Mitarbeiter. Die Liste wird anschließend geprüft. Das folgende Beispiel zeigt eine Tätigkeitsliste:

FESTLEGEN VON ABLÄUFEN UND VERWALTUNGSAUFGABEN (Element)
- Herausgabe von Informationen über Organisationen
- Festlegung personalpolitischer Grundsätze
- Umsetzung politischer Grundsätze
- Entwurf von Arbeitsabläufen
- Ausgabe von Arbeitsanweisungen

PLANUNGSAUFGABEN (Element)
- Planung von Arbeitsabläufen
- Festlegung des zeitlichen Arbeitseinsatzes
- Vorgabe von Zielen
- Einsatz von Personal
- Entwurf von Arbeitsabläufen
- Entwicklung von Budgetansätzen

ÜBERWACHUNGSAUFGABEN (Element)
- Analyse von Management-Berichten
- Durchführung von Kontrollen
- Einhaltung von Zeitplänen
- Entscheidung über Überstunden
- Überprüfung von Anwesenheitslisten

BERICHTS- UND ANALYSEAUFGABEN (Element)
- Analyse von Management-Berichten
- Anfertigung monatlicher Arbeitsberichte

AUFGABE DER PERSONALARBEIT UND -VERWALTUNG (Element)
- Einstellung von Personal
- Training von Mitarbeitern am Arbeitsplatz
- Technische Unterstützung des Personals
- Überprüfung von Anwesenheitslisten
- Ausbildung des Personals
- Überprüfung von Stellenbeschreibungen
- Überprüfung des Leistungsverhaltens
- Durchführung von Mitarbeiterbefragungen
- Durchführung von Vorstellungsgesprächen

INFORMATIONSAUFGABEN (Element)
- Kommunikationsbeziehungen zu anderen Abteilungen
- Motivation des Personals
- Herausgabe von Informationen über Organisationen
- Information des Chefs über Geschäftslage
- Information der Mitarbeiter
- Durchführung monatlicher Managementgespräche

Abbildung 32: Beispiel einer Tätigkeitsliste von Arbeitsaufgaben, die während einer Brainstorming-Sitzung für eine Managerstelle entwickelt und anschließend zusammengefasst wurden.
Quelle: Liebel, Hermann J./Oechsler, Walter A.: Personalbeurteilung, 1992, S. 72

b) Festlegung kritischer Arbeitsinhalte

Von besonderer Bedeutung für die Entwicklung eines zielorientierten Leistungsbeurteilungssystems ist die Festlegung der *kritischen Arbeitsinhalte.*

Es gilt also, diejenigen erfolgensentscheidenden Arbeitsinhalte herauszufinden, die vom Stelleninhaber unbedingt und präzise erledigt werden müssen, damit nicht negative Konsequenzen im Unternehmen auftreten.

Kritische Arbeitsinhalte liegen regelmäßig dann vor, wenn Leistungsstörungen oder eine ungenügende Leistung bezüglich dieser Arbeitsinhalte sofortige Maßnahmen von anderer Seite (Vorgesetzten oder Kollegen) erforderlich machen würden, um größere Verluste zu vermeiden.

Bei diesem Schritt geht es darum, aus der Gesamtheit der leistungsrelevanten Arbeitsinhalte diejenigen herauszufinden, bei denen keine Leistungsstörungen auftreten dürfen, weil sonst weitreichende Folgen zu befürchten sind.

Dies bedeutet nicht, dass die restlichen (nicht-kritischen) Arbeitsinhalte für die Leistung in einer Stelle unbedeutend wären. Sie haben nur nicht die gleichen weitreichenden Konsequenzen für die Erfüllung übergeordneter Aufgaben.

Voraussetzung für die Festlegung *kritischer Arbeitsinhalte* ist eine nochmalige Überprüfung, dass alle aufgelisteten leistungsrelevanten Arbeitsinhalte (z. B. Abbildung 32) im Dispositions- und damit im Verantwortungsbereich der betrachteten Stelle liegen.

Wenn dies gewährleistet ist, lässt sich entsprechend der Checkliste (Abbildung 33) in einem trichterförmigen Überprüfungsprozess immer genauer eingrenzen, ob es sich bei dem untersuchten Arbeitsinhalt um einen kritischen Erfolgs- oder Misserfolgsfaktor handelt. Die Kriterien zur Festlegung werden dabei sukzessive enger gezogen.

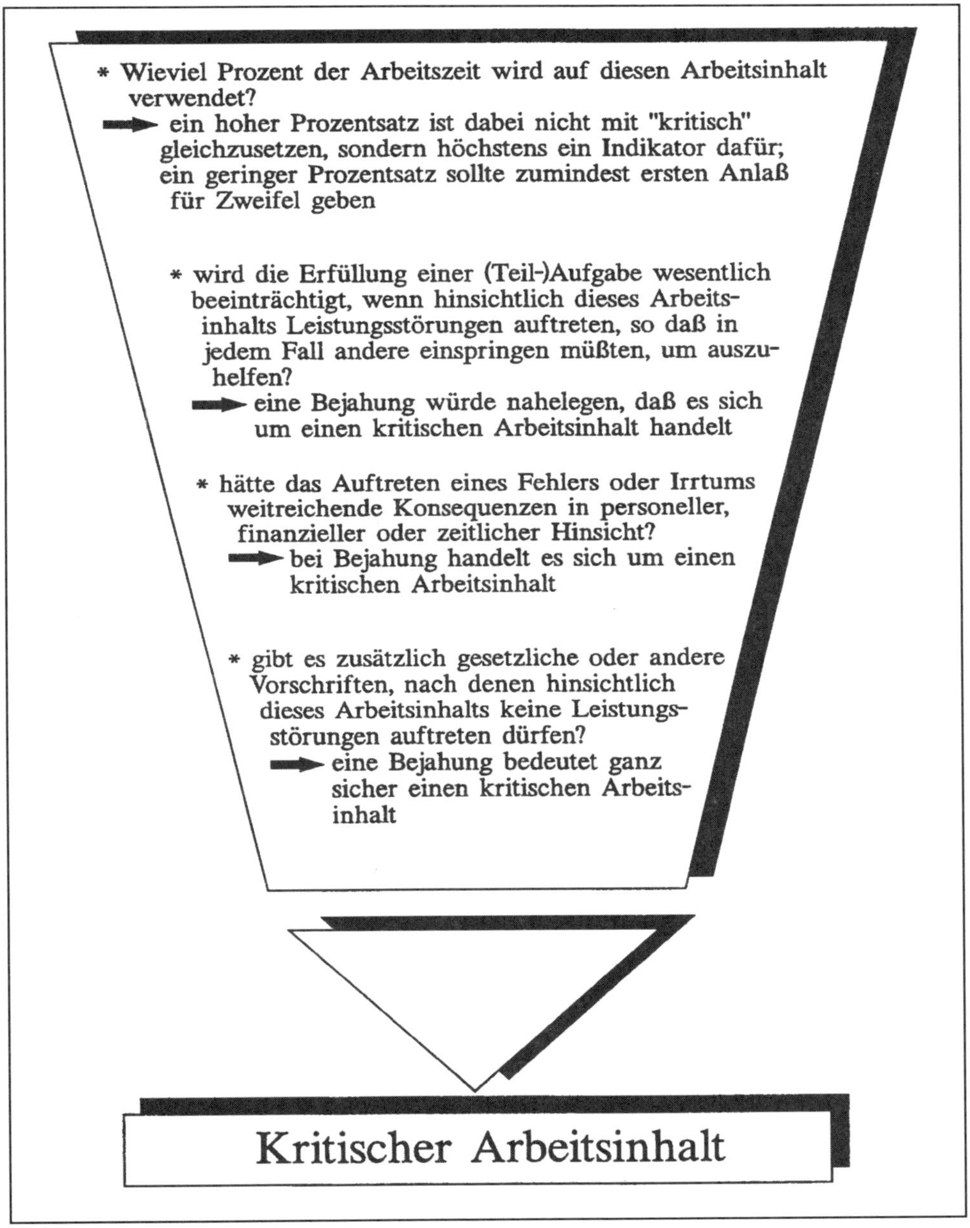

Abbildung 33: Checkliste für kritische Arbeitsinhalte[104]

[104] Liebel, Hermann J./Oechsler, Walter A.: Personalbeurteilung, 1992, S. 74

Im Aufeinanderfolgen dieser Fragen wird jeder Arbeitsinhalt immer deutlicher als kritischer Arbeitsinhalt eingegrenzt oder auch als nicht-kritisch erkannt. *Kritische Arbeitsinhalte* sind typische Beurteilungskriterien für die Leistungsbeurteilung.

Beispiel:
Versäumt der Leiter der Instandhaltung, die Produktionsmaschinen regelmäßig warten zu lassen, können Produktionsfehler oder sogar völliger Stillstand der Maschinen die Folge sein. Dies hätte weit reichende Auswirkungen auf das ganze Unternehmen. Ein kritischer Arbeitsinhalt wäre in diesem Fall die regelmäßige Wartung der Produktionsmaschinen entsprechend den Plänen der vorbeugenden Instandhaltung.

Für jeden Arbeitsplatz sollte *zumindest ein* kritischer Arbeitsinhalt festgelegt werden. Die Grenze nach oben liegt ca. bei acht kritischen Arbeitsinhalten, da bei einer noch größeren Anzahl kein Arbeitsinhalt mehr als *wirklich kritisch* angesehen wird. Die Erfahrungen mit zielorientierten Verfahren haben gezeigt, dass pro Arbeitsplatz zwischen drei und sechs kritische Arbeitsinhalte festgelegt und beurteilt werden sollten.

Ähnlich wie bei merkmalsorientierten Einstufungsverfahren können die zu beurteilenden Ziele bei zielorientierten Verfahren unterschiedlich *stark* gewichtet werden. Durch Zuweisung von Prioritäten (hoch, mittel, niedrig) oder durch Vergabe von Prozentsätzen kann die relative Bedeutung der einzelnen Ziele verdeutlicht bzw. festgelegt werden. Durch diese Gewichtung könnten dann sämtliche Aufgaben (auch die weniger wichtigen) in den Leistungsplan aufgenommen werden – sie müssen es aber nicht (Aufwandsfrage).

In den Leistungsplan sollten jedoch nicht nur die *Leistungsziele* der Mitarbeiter, sondern auch deren persönliche *Entwicklungsziele* aufgenommen werden.

Zielvereinbarungen können somit auch als Instrument zur persönlichen Weiterentwicklung des Mitarbeiters eingesetzt werden für:

- Erwerb zusätzlicher Kenntnisse (z. B. über unterschiedliche Schulungen),
- Sammeln zusätzlicher Erfahrungen (z. B. über job rotation),
- Erweiterung der Verantwortung.

Damit wird der individuelle Leistungsplan zu einer wichtigen Informationsquelle für die Personalentwicklung.

- *Festlegung der Leistungsstandards*

Sind die einzelnen *Arbeitsinhalte* ermittelt und die individuellen *Leistungspläne* erstellt, so werden im nächsten Schritt die unterschiedlichen *Leistungsstandards* festgelegt, an denen sich die Mitarbeiter bei ihrem Arbeitsverhalten orientieren können und in die bei der Beurteilung ihre Leistungen eingestuft werden. Der Leistungsplan enthält die vom Mitarbeiter zu erfüllenden Aufgaben.

Wie gut er diese zu erfüllen hat, wird vom Vorgesetzten und vom Mitarbeiter gemeinsam in den Leistungsstandards explizit festgelegt. Leistungsstandards sind also jene beschriebenen Zustände, die dann bestehen sollten, wenn eine Aufgabe z. B. „gut" erfüllt wäre.

- Leistungsstandards sollen unterschiedliche Leistungsniveaus abbilden können und in messbaren Größen ausgedrückt sein. Mit Hilfe der folgenden Leistungsdimensionen können die unterschiedlichen Ausprägungsgrade der Leistung bzw. der Arbeitsaufgaben festgestellt werden:

  - Qualität: Wie gut?
  - Quantität: In welchem Umfang?
  - Zeit: Wie schnell, wie termintreu?
  - Art und Weise: Wie systematisch?
  - Methoden: Mit welchen angemessenen Methoden?
  - Kosten: Welcher finanzielle und personelle Aufwand?

- *Umsetzen eines Leistungsstandards in einen Ausdruck:*[105]
  Ein Leistungsstandard muss in sprachliche Ausdrücke umgesetzt werden, die von der *Formulierung* her klare messbare Größen darstellen. Um einen Leistungsstandard verbal auszudrücken, ist auf Formulierung in folgenden acht Kategorien zu achten:

  1. *Beobachtbarkeit*:
     Leistungsstandards sollten nur in beobachtbaren Dimensionen formuliert werden, um die Möglichkeit zu haben, eine Leistung sichtbar nachvollziehen zu können.

  2. *Messbarkeit*:
     Mit der Beobachtbarkeit hängt die Messbarkeit zusammen, dass eine Leistung nämlich möglichst auf einer kardinalen, zumindest aber auf einer ordinalen Skala beurteilt werden kann.

  3. *Erreichbarkeit*:
     Ein Leistungsstandard muss sich realistisch auf das in der jeweiligen Stelle erreichbare Leistungsniveau beziehen.

  4. *Kompetenz*:
     Ein Leistungsstandard muss die genaue Angabe der Fachkompetenz des betroffenen Stelleninhabers enthalten, um beispielsweise ersehen zu können, ob er völlig selbstständig oder durch Unterstützung von anderer Seite eine Leistung zu erbringen hat.

  5. *Aufgabenbezug*:
     Leistungsstandards dürfen sich nur auf konkrete Arbeitsinhalte beziehen, müssen also *ergebnisorientiert* sein und dürfen sich nicht auf (als Voraussetzung erforderliche) Persönlichkeitsmerkmale beziehen.

↓

[105] Liebel, Hermann J./Oechsler, Walter A.: Personalbeurteilung, 1992, S. 77/78

6. *Verständlichkeit*:
   Leistungsstandards müssen so eindeutig formuliert sein, dass Zweifel über Interpretationsmöglichkeiten nicht auftreten.

7. *Kostenwirtschaftlichkeit*:
   Es müssen klare Aussagen zu erwarteten Input-Output-Relationen definiert werden.

8. *Berichtswesen*:
   Es sollte festgelegt werden, über welche Berichts- und Überwachungssysteme Kontrollinformationen über Leistungsstandards erhältlich sind.

Unter Berücksichtigung dieser Kategorien bieten sich für Leistungsstandards ganz besonders Daten aus dem Rechnungswesen (u. a. Kennzahlen) an, was insgesamt für eine Integration des Beurteilungssystems mit dem Informationssystem sowie dem Organisations- und Führungssystems bzw. auch Controllingsystem spricht.

Der große Vorteil qualitativer Standards ist, dass der Beurteiler durch die strikte aufgaben-/zielbezogene Beschreibung mehr Anhaltspunkte für seine Bewertung hat als bei merkmalsorientierten Einstufungsverfahren.

Die präzise Beschreibung der Standards verlangt jedoch einen vergleichsweise sehr hohen Aufwand; die Praktikabilität des Beurteilungssystems wird dadurch gemindert. Mit zunehmender Erfahrung der Beurteiler kann dieser hohe zeitliche Aufwand jedoch allmählich reduziert werden.

– Nun werden in der Regel drei bis fünf unterschiedliche Leistungsniveaus festgelegt; für möglichst jedes dieser Niveaus wird eine eigene Leistungsstandardformulierung definiert. Öfter werden auch nur zwei von vier oder drei von fünf Standards ausformuliert. Siehe Abbildung 34 dazu mit zwei ausformulierten Standards einer Vierer-Skala:
  (Die Schwierigkeit bei der Standardbeschreibung besteht darin, eine konsistente Abstufung – drei bis fünf Stufen – der Leistungsstandards zu erreichen und diese auch sprachlich – den genannten Leistungskriterien entsprechend – zu formulieren.)

Leistungs-element	Unge-nügende Leistung	Gerade noch befriedigend	Voll zufriedenstellend	Her-vor-ra-gend
1. Schreiben der Korres-pondenz und anderer Texte		Geschriebene Texte sind ordentlich und in passendem Format angeordnet und korrekturgelesen, bevor sie dem Autor vorgelegt werden. Tippfehler sind sauber korrigiert. Die Arbeit wird innerhalb der verlangten Zeit mit höchstens einem unentdeckten Fehler fertiggestellt. *Gibt eine genaue Anzahl an.*	Geschriebene Texte sind fehlerfrei, ordentlich auf-gesetzt und mit sauber angefügten zusätzlichen Dokumenten versehen. Die fertiggestellte Arbeit wird leicht innerhalb der verlangten Zeit vorgelegt.	
2. Auf-nahme und Nieder-schrift von Diktaten	*Gibt die Art und Weise an.*	Diktate werden mit einigen Unter-brechungen aufge-nommen; es wird Hilfestellung bei Rechtschreibung, Interpunktion oder Grammatik benötigt. Jeder Text wird erst als Konzept geschrieben und dann dem Autor zur Durchsicht vorgelegt, bevor die Endfassung erstellt wird.	Diktate werden aufge-nommen, ohne den Sprechenden zu unter-brechen. Mit Ausnahme von sehr komplexen, technischen Materialien werden alle Texte ohne Konzeptschrift direkt in die Endfassung nieder-geschrieben. Es werden Wörterbücher und Sekretärinnen-Handbücher benutzt, um Fehler bei Rechtschreibung, Inter-punktion und Grammatik zu vermeiden.	
3. Empfang von Telefon-anrufen und Be-suchern	*Be-schreibt die Qualität der ge-wünsch-ten Leis-tung.*	Anfragen werden mit Unterstützung anderer Leute im Büro beant-wortet. Besucher und Telefonanrufe werden ordentlich und höflich empfangen und weitergeleitet. Es wur-den höchstens _be-rechtigte Klagen vor-gebracht und kein Fall von Unhöflichkeit bekannt.	Es wird eine Notizkartei geführt, die solche Daten enthält, die oft zur Beant-wortung von Anfragen benötigt werden; Besucher und Telefonanrufe werden in angemessener Weise, ordentlich und höflich empfangen und weitergeleitet. Fragenden wird freiwillig geholfen, wobei ein passendes Büroprotokoll verwendet wird. Es wurden weder berechtigte Klagen noch Unhöflichkeiten bekannt.	

Abbildung 34: Beispiel für präzise formulierte Leistungsstandards für eine Sekretärin
Quelle: Crisand, Ekkehard/Stephan, Pamela: Personalbeurteilungssysteme, 1994, S. 89

– Soll-Ist-Vergleich

Die Hauptarbeit wurde im vorhergehenden Schritt bei der präzisen Formulierung überprüfbarer Ziele bzw. Standards geleistet. Im nächsten Schritt geht es darum, die tatsächlich *erreichte* Leistung bzw. die *erreichten* Ziele festzuhalten – d. h. einzustufen, in welchem Ausmaß das Ziel erreicht wurde (zielorientierte Verfahren zeichnen sich durch ein hohes Maß an Objektivität bei dieser Leistungsmengenerfassung aus, da sie streng an der Aufgabe orientiert sind).

Das *Soll* der zu erbringenden Leistung ist in Form von vereinbarten Zielen bzw. Standards festgelegt. Die *Ist*-Leistung wird in die vorgegebene drei- bzw. vier- oder fünfstufige Skala der Standards eingeordnet.

Die explizit formulierten Ziele und Leistungsstandards stellen für den Beurteiler einen festen Bezugspunkt in der Bewertung dar; er hat dadurch genügend Anhaltspunkte, um die Leistung des Mitarbeiters möglichst objektiv einzustufen.

– Abweichungsanalyse

Ein weiterer wichtiger Schritt im Beurteilungsprozess ist die Abweichungsanalyse. Mit Hilfe der Abweichungsanalyse sollen die Ursachen dafür festgestellt werden, warum manche Ziele nur mit geringem Erfolg erreicht wurden.

Ob nun ein Mitarbeiter ein Ziel erfüllen bzw. erreichen kann, hängt oftmals nicht nur von ihm allein ab. Deshalb müssen weitere Faktoren berücksichtigt werden, die auf den Zielerreichungsgrad erheblichen Einfluss haben können:

Betriebsinterne Faktoren :
- Ausfall von Mitarbeitern, z. B. durch Krankheit oder Kündigung,
- Fehler in der Planung und Organisation.

Betriebsexterne Faktoren:
- Externe Einflüsse auf das Unternehmen, wie z. B. Konjunkturschwankungen, Absatzschwierigkeiten, höhere Gewalt etc.

– Folgemaßnahmen

Ein wichtiger Schritt im Rahmen des Beurteilungsprozesses ist das Feedback für den beurteilten Mitarbeiter. Jeder Mitarbeiter sollte umfassende Informationen über seine erbrachte Leistung erhalten.

Auch während der Beurteilungsperiode ist es wichtig, dass der Mitarbeiter Feedback erhält. Dies kann durch regelmäßig stattfindende Zielfortschrittsgespräche erfüllt werden.

Ein weiteres hilfreiches Instrument, dem Mitarbeiter Feedback zu vermitteln, ist der Leistungsverbesserungsplan. Diejenigen Mitarbeiter, deren Leistung nicht zufriedenstellend ist, erhalten über den Leistungsverbesserungsplan Vorschläge, wie sie ihre Leistung steigern bzw. verbessern können.

Bleibt die Leistung weiterhin dauerhaft unter dem vereinbarten Leistungsniveau, so können daraus Konsequenzen folgen wie z. B. Versetzung, Zurückstufung oder Entlassung.

7.1.3. Bewertung der zielorientierten Verfahren[106]

- Zielorientierte Verfahren zeichnen sich allein schon durch ihren Aufbau als äußerst individuelle, aufgabenbezogene Systeme aus.
- Maßstab der Beurteilung bei zielorientierten Verfahren sind die mit dem Mitarbeiter individuell vereinbarten Ziele. Diese sind wiederum in den individuellen Leistungsplänen konkret und präzise verankert. Die Individualität des einzelnen Mitarbeiters gewinnt dadurch mehr an Bedeutung. Er hat mehr Freiheitsgrade, weil weniger Einzelanweisungen, aber auch mehr Eigenverantwortung. Dies erfordert bewusstere Selbststeuerung und mehr Disziplin.
- Jeder Mitarbeiter verfügt über einen individuellen Leistungsplan. Dadurch kennt er genau die Anforderungen, die an ihn gestellt werden. Die Aufgaben des Arbeitsplatzes sind dadurch eindeutig definiert.
- Leistungspläne und Leistungsstandards haben einen direkten Aufgabenbezug; sie beziehen sich in ihrem Inhalt konkret auf die zu erfüllenden Aufgaben der betreffenden Stelle. Dadurch sind die Leistungsmaßstäbe leicht verständlich und bilden einen direkten Leistungsanreiz für die Mitarbeiter.
- Aufgrund der Definition der verschiedenen Leistungsstandards weiß der Mitarbeiter genau, welche Leistung als „sehr gut" bzw. als „nicht zufriedenstellend" bewertet wird. Es existieren dadurch eindeutige Maßstäbe, an denen die Erfüllung einer Aufgabe gemessen wird.
- Um so höher eine Funktion hierarchisch angesiedelt ist, um so wichtiger und relativ zahlreicher sind die sog. kritischen Ereignisse. Es kann sein, dass es auf vielen einfachen Funktionen keine kritischen Ereignisse zu finden und zu beurteilen gibt.
- Die Erfahrungen mit der Definition von Leistungsstandards haben in der Praxis gezeigt, dass deren präzise sprachliche Formulierung den Beurteilern einige Probleme bereitet. Die Praktikabilität von zielorientierten Beurteilungssystemen, die mit eindeutig umschriebenen Leistungsstandards arbeiten, ist durch den damit verbundenen hohen Zeitaufwand eingeschränkt. Dieser Nachteil der zielorientierten Verfahren kann bis zu einem gewissen Grad durch Schulungsmaßnahmen gemindert werden. In diesen Schulungen lernen die Beurteiler, Ziele, Leistungsstandards und Leistungspläne zu erstellen bzw. besser zu formulieren.
  Mit zunehmender Erfahrung der Beurteiler reduziert sich dieser hohe Konstruktionsaufwand im Laufe von einigen Beurteilungsperioden automatisch.

---

[106] Vgl. Crisand, Ekkehard/Stephan, Pamela: Personalbeurteilungssysteme, Heidelberg, 1992, S. 74-94

- Eine Gefahr liegt in diesem rein zielorientierten Verfahren besonders darin, dass wenn Leistungen nicht zufriedenstellend gelaufen sind, zumindest inoffiziell doch Beurteilungsmerkmale, wie z. B. Belastbarkeit, Einsatzbereitschaft, Zuverlässigkeit, Verantwortungsgefühl, Entscheidungsfreude, Flexibilität u. a. m. eine entscheidende Rolle spielen!

7.2. Praxisprobleme mit dem Zielbewusstsein

- Management- und Führungsregelkreis

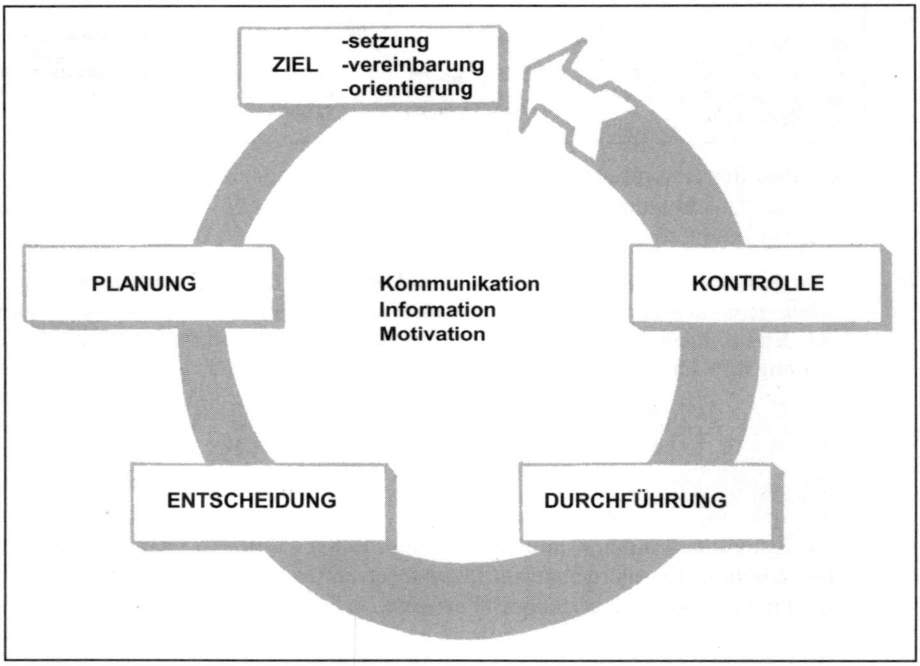

Abbildung 35: Managementregelkreis
Quelle: Fersch, Josef Maria: Skriptum Führungskolleg I, Ramerberg, 1998, S. 28

Der Führungsregelkreis beinhaltet den Managementkreis größtenteils und ergänzt ihn mit dem analogen Teil der hier als mitarbeiter-, kommunikations- bzw. beziehungsorientierter Verhaltsteil beschrieben werden kann. Die wichtigsten, sich wiederholenden Führungsaufgaben sind hierin dargestellt:

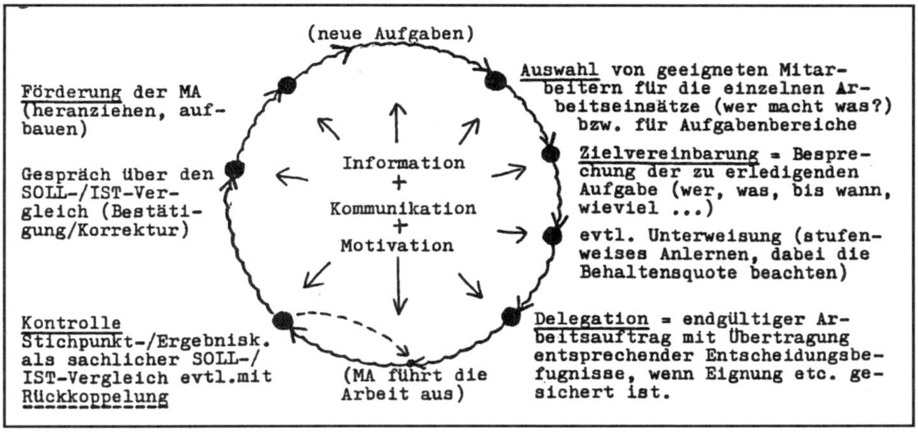

Abbildung 36: Führungsregelkreis
Quelle: Fersch, Josef Maria: Skriptum Führungskolleg I, Ramerberg 1998, S. 28

- Vor einigen Jahren habe ich öfter in Führungsgrundlagenseminaren den o. g. *Managementkreis* auf ein Flipchartblatt gezeichnet, den Teilnehmern je einen Klebepunkt gegeben und gebeten, ihn dorthin zu kleben, wo sie das „relativ wichtigste" der fünf Kriterien vermuten. Nicht alle Punkte landeten bei „*Ziele*", sondern einige wurden bei „Entscheidung" geklebt (weitere bei „Planung", noch mehr bei „Kontrolle"). Das ist ein klares Symptom dafür, welches bei Rückfragen auch bestätigt wurde, dass nämlich *Unternehmensziele* nicht bekannt waren und allgemein *nicht* mit *klaren Zielen* gearbeitet wurde. Das wurde noch dadurch untermauert, dass sich diese Führungskräfte auch sehr schwer darin taten, wenigstens die fünf wichtigsten *Ziele* ihrer Stellen klar und umfassend zu formulieren. Es wurde mir da kaum etwas Brauchbares geliefert. Mehrere Ingenieure und andere Hochschüler waren in der Regel unter den Teilnehmern, die das an der Hochschule auch nicht gelernt hatten. Ebenfalls war viel zäher Widerstand vorhanden, sich mit dem Thema *Ziele* noch näher zu befassen.

- Ergänzende Erfahrungen zeigten sich im sogenannten *Antreibertest*. Hier sind 50 Fragen anzukreuzen (jeweils von 1→5). Daraus ergeben sich fünf Kriterien mit jeweils zehn Frageergebnissen. Diese fünf Kriterien lauten: Sei perfekt, beeile dich/sei schnell, arbeite hart/streng dich an, mach es (anderen) recht, sei stark. Grundsätzlich würden 25 Punkte jeweils schon gut ausreichen, um seine Arbeit mit klarem Kopf effektiv zu machen, d. h. seine Ziele *gut* zu erreichen. Werden diese 25 Punkte deutlich überschritten, dann sieht man die Realität nicht mehr ganzheitlich, sondern fokussiert übertrieben (imperativer *Antreiber* zur Absolutheit). Aber welche Punkte haben sich in den jahrelangen Tests immer wieder ergeben? Eigentlich eine Katastrophe:

Sei perfekt.	ca. 33-38 Punkte	im Durchschnitt
Beeile dich.	ca. 29-32 Punkte	
Streng dich an.	ca. 33-37 Punkte	
Machs recht.	ca. 31-35 Punkte	
Sei stark.	ca. 32-36 Punkte	

Diese Führungskräfte sind programmiert auf:

– Tuns-/Arbeits-	statt	Zielorientierung.
– Misstrauen	statt	Vertrauen (zu Mitarbeitern).
– selber tun	statt	delegieren.
– kontrollieren	statt	informieren.
– Überperfektionismus	statt	klare Zielabwägung.
– streng/kleinlich	statt	großzügig/gerecht.
– unsicher	statt	selbstsicher.
– angepasst	statt	mutig.
– einsam	statt	verbunden.
= Einzelkämpfer	statt	= zielorientierter Manager

Sie haben *zielorientiertes* Führen nie gelernt – es waren *keine* entsprechenden *Vorbilder* da! Nur Kommissdenken, gehorchen, selber tun und durchsetzen, was angeordnet wurde von oben, selber sehr viel wissen und leisten, *nicht* aus der Reihe tanzen und hinterfragen/nicht selber denken und *immer stark sein*, auch bei Magen-, Rücken- bzw. Herz-/Kreislaufproblemen. Die Befragungen von Dieter Frey bestätigen ganz explizit auch meine Ergebnisse. Es wird schwierig sein, hier allmählich *ziel*orientiertes Denken und Verhalten zu entwickeln. Dazu benötigt es wahrscheinlich eine ganze Generation.

– Nachdem die vorgenannte Fehlprogrammierung vieler unserer Führungskräfte bewiesen ist, wundert es nicht, dass deren Beziehungen zu ihren Mitarbeitern oft belastet sind. Das heißt, wenn man den *Führungsregelkreis* betrachtet, sieht man, dass wesentliche Aufgaben der Information/Kommunikation wohl dort nicht effektiv wahrgenommen werden, z. B. das: „Wer, was, wie, wo, wie viel, womit, warum ..." eines Arbeitsauftrages wird oft nicht genügend geklärt. Die Mitarbeiter kennen oft die *Ziele* hinter den Aufgaben nicht. *Refa*-Leute haben herausgefunden, dass ca. 75 % von allen täglich in der Praxis vorkommenden 100 % Arbeits*fehlern* mit Informations*defiziten* zusammenhängen. Vorgesetzte haben („weil völlig überlastet mit *Tuns*orientierung") oft keine Zeit, sich *zielorientiert* mit Aufgaben zu befassen und sie dem Mitarbeiter gründlich zu erklären. Läuft dann etwas schief, ist meist der Mitarbeiter schuld, weil der „was nicht kapiert hat oder zu blöd ist ..."; so treibt man ihn ins Gleichgültigkeitstal der *inneren Kündigung* – und die ist teuer!

– Durch diese Art der Führung (Vorgesetzte sind ja auch Mitarbeiter von höheren Vorgesetzten – ihnen geht es insofern auch nicht besser) werden viele unnötige direkte Kosten und Gemeinkosten verursacht. Entweder sie bleiben hoch und schwächen das Unternehmen oder alle x-Jahre muss eine Gemeinkostensenkungsinitiative (evtl. mit einer Unternehmensberatung) durchgeführt werden. Das wäre ja dann schon ein Riesenfortschritt in Richtung *Zielorientierung* – speziell in Deutschland.

7.3. Die grundsätzliche Aufgabe von Zielen

- Was ist ein Ziel?
  Ist es ein Endpunkt – etwas Erstrebtes – eine Absicht – eine bildhafte Projektion – die Vorwegnahme eines künftigen Zustandes? Ist es positiv – neutral – negativ? Ist es real – irreal – utopisch – illusionär – hoffnungsvoll?
- Viele Menschen haben kaum oder keine bewussten Ziele, sie lassen sich treiben und leben so dahin bis ans Lebensende. Aber Sinn und Ziel liegen auf der gleichen Bedeutungsebene. Weil die Mitarbeiter in der Arbeitswelt oft kein bewussteres Ziel haben, als „etwas zu tun/zu erfüllen – tagein – tagaus ...“, sehen sie auch keinen Sinn in dieser „sinnlosen Tretmühle“ und wandern emotional (innerlich) ab. Sie kennen schon alles dort, sind nicht wirklich gefordert, werden nicht wirklich gefragt – nicht ernst/wichtig genommen (siehe Dieter Frey). So sind sie dann oft abgestumpft und wehren auch das erst einmal ab, was ihnen neuen Sinn geben könnte.
- Welche Funktion haben Ziele eigentlich, welche Möglichkeiten bieten sie?
  Um geistig, psychisch, mental zu wachsen, braucht der Mensch sinnvolle Ziele. Wie die Pflanze zum Licht hin – will eigentlich auch der Mensch wachsen, erkennen, verstehen, selbstständiger, fähiger, wissender, größer werden – sich entfalten. Wird die Pflanze in einen dunklen Raum gestellt, so wächst sie nicht mehr und vegetiert so dahin. Wird der Mensch im Betrieb nicht angemessen gefordert, informiert, einbezogen, anerkannt ... so stumpft er auch ab und „vegetiert mental“ dahin (lebendes System). Natürlich kann man argumentieren, dass das Unternehmen ja Gewinn machen will und sich nicht um den „Sinngehalt der Arbeit“ für die Mitarbeiter kümmern kann – die sollen dort ihre Arbeit tun und fertig! Viele denken (zumindest unbewusst) so und sie erreichen deshalb nicht die Leistungskultur, Qualitätskultur, Wissenskultur, Terminkultur, Zufriedenheit der Mitarbeiter etc. – und bei weitem nicht den Gewinn, den sie haben könnten, wenn sie anders vorgehen würden. Sie behandeln lebende Systeme wie nichtlebende Systeme!
- Wenn der Mensch Ziele hat, die ihn von innen heraus motivieren, dann wird er zum Selbstläufer. (Er darf dabei nur nicht ausgebeutet werden, sonst stoppt er). Daher müssen Ziele so formuliert sein:

  – gerecht und fair,
  – positiv,
  – auf etwas zu/statt von etwas weg,
  – bildhaft vorstellbar/verstehbar,
  – in eigener Verantwortung/Beeinflussbarkeit,
  – realistisch und messbar,
  – spezifisch zuordenbar (wer, was, wo, womit, bis wann, wie viel...),
  – quantifiziert (mindestens, höchstens, spätestens, ...),
  – widerspruchsfrei und annehmbar, etc.

  Haben die betrieblichen Ziele eine hohe Deckung mit den persönlichen Zielen, dann wird sehr viel Lebenskraft dafür hergegeben.

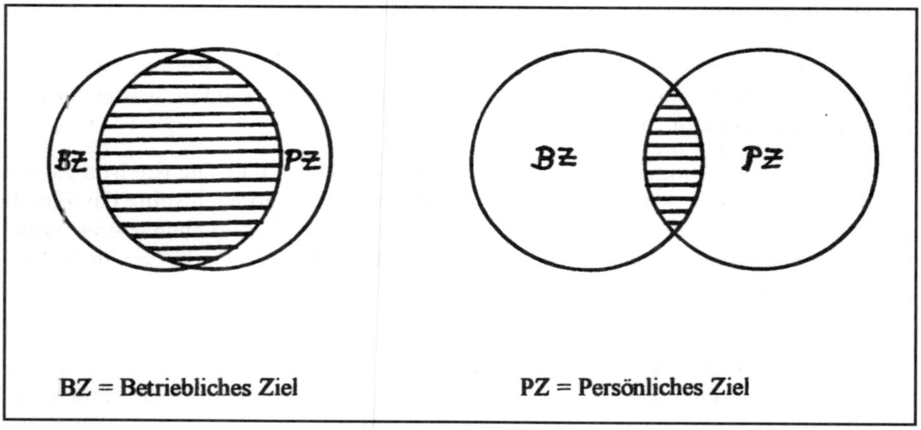

Abbildung 37: Eigenentwurf des Autoren

– Also sollen uns Ziele vor allem mental (intrinsisch) beflügeln/begeistern! Denn wir müssen in den Unternehmen die Paradigmenwechsel vollziehen:

  – Von der Arbeits- und Tunsorientierung zur Zielorientierung.
  – Von der Problemfixierung zur Lösungsorientierung.
  – Vom Leistungsbewusstsein zum Zielbewusstsein (Das ist kein Widerspruch!).

  Das bedeutet primär nicht: weniger arbeiten, sondern anders arbeiten! Denn Arbeitsmethodiker sprechen oft vom „Eimer-voll-Schweiß-Syndrom" oder der „Es kreist der Berg und gebiert ein Mäuslein-Effizienz". Viel Lärm um nichts?

  Wir brauchen nicht mehr den Erfüllungsgehilfen, den Ja-Sager als Mitarbeiter, sondern den Mitdenker, Mitentscheider, Mitverantwortlichen. Dann geht es aufwärts in den Firmen: Kosten runter, Effizienz rauf, Qualität rauf, Kundenzufriedenheit rauf, Mitarbeiterzufriedenheit rauf usw. Für manche Firmen ist das revolutionärer Sprengstoff und kaum vorstellbar – andere kennen und leben das schon!

7.4. Praxisvoraussetzungen für Zieleffizienz

– *Stellenbeschreibungen* sind im Sinne ihrer Aufgaben- und Zuständigkeits*auflistung* eine wichtige Hilfsbasis für Zielformulierungen, Leistungsstandardfestlegungen usw. Natürlich sollten in ihr auch die Rahmenziele der Stelle formuliert sein. In vielen Fällen sind die Stellenbeschreibungen aber so ineffektiv, dass sie nicht mehr als nur Kurzbrainstormingnotizen hergegeben und im Rahmen von Zielvereinbarungen neu erstellt werden müssen.

  Formulierungen wie: Er verwaltet, er hält instand, er organisiert, er ermächtigt, er koordiniert, er informiert, er sorgt für, er ist zuständig für, er betreibt, er strebt an, er verfolgt, er unterstützt, er achtet auf, er stimmt sich ab mit u. ä. beschreiben bestenfalls Tätigkeiten – es lassen sich aber keine klaren *Ziele* und klare *Kompetenzen* und *Verantwortlichkeiten* ableiten.

Derartige Stellenbeschreibungen *ohne* objektive Leistungsmaßstäbe sind Hemmschuhe der Effektivität und können vertuschen, dass manche Führungskräfte in Organisationen gehalten werden, obwohl sie keinen nützlichen Beitrag für die Organisation leisten. Es geht nicht darum, was ein Manager tut, sondern was er für das Unternehmen erreicht.

Stellenbeschreibungen sollten z. B. in Linien-, Stabs- und Dienstleistungsfunktion untergliedert sein – und aus den Einzelaufgabenformulierungen sollte das Ziel dieser jeweiligen Aufgabe (entsprechend den Zielstandards) klar erkennbar sein. Weil dies selten vorzufinden ist, sind viele Manager aufgrund der Definition ihrer Position davon abgehalten, sich auf Effektivität zu konzentrieren.

– Für jede Führungsposition gibt es bestimmte *Leistungsmaßstäbe*. Sie sind immer vorhanden, selbst wenn sie nicht schriftlich festgelegt oder sogar unbekannt sind. An diesen Maßstäben kann man die Leistung einer Führungskraft bezüglich der ihr gestellten Aufgaben messen. Durch die Aufstellung und Heranziehung solcher schriftlich fixierten Maßstäbe hat man zahlreiche Managementübel abschaffen können, da man den eigentlichen Grund für die Existenz einer jeden Teilaufgabe untersucht und erörtert.

Leistungsmaßstäbe führen logischerweise zu einem *Management by Objektives* (Führen durch Ziele setzen). Dies heißt nichts anderes, als *eine Organisation auf den Ertrag der Arbeit ihrer Manager, anstatt auf ihren Arbeitseinsatz auszurichten*. Die Ziele sollten quantifiziert werden, z. B. in Prozentsätzen, in Geld oder in Mitarbeitern. Außerdem sollten Erfüllungstermine gesetzt werden. Geht man so vor, dann werden die Effektivitätsstandards zu Zielen.

Wenn Führungskräfte ihre Leistungsmaßstäbe und Ziele selbst definieren und entwickeln, kann sich vieles daraus ergeben.[107]

Ein Spartenleiter und sieben Abteilungsleiter eines kanadischen Stromversorgungsunternehmens beschlossen, ihre Leistungsmaßstäbe schriftlich zu fixieren und Ziele festzulegen. Es war nicht schwierig, diese Techniker davon zu überzeugen, dass Standards und ihre Messung wichtig sind. Sie sahen schnell, dass die Leistung eines Managers messbar ist, besaßen jedoch keinerlei Bezugsdaten. Daraufhin wurden viele Buchführungs- und Aufzeichnungsverfahren geändert, so dass schließlich alle ein deutlich quantifiziertes und messbares Ertragsziel auf wöchentlicher, monatlicher, vierteljährlicher oder jährlicher Grundlage hatten.

Ihr Interesse an Leistungsmaßstäben führte zu einer grundlegenden Neuordnung eines Teiles des Rechnungswesens in diesem Unternehmen, wobei man sich auf die Ertragsmessung, nicht aber auf die Kontrolle des Einsatzes konzentrierte. Das von diesen Managern aggressiv verfolgte Meßsystem führte zu einem beträchtlichen Rückgang direkter Lohnkosten.

---

[107] Reddin, William J.: Das 3-D-Programm, 1977, S. 19

Leistungsmaßstäbe und *Ziele*[108] stehen in unmittelbarem Zusammenhang. *Leistungsmaßstäbe* sind die für eine Führungsposition gegebenen allgemeinen Leistungsvorgaben, während *Ziele* die spezifischen Leistungsvorgaben beinhalten. Die Leistungsmaßstäbe können jahrelang unverändert bleiben, während die darauf gründenden Ziele meistens jährlich geändert werden. Kurz: Leistungsmaßstäbe definieren die Funktion der Position und Ziele bzw. Zielvorgaben und stellen klar, was eine Führungskraft zu tun hat. Ein Leistungsmaßstab kann folgendermaßen lauten: „Die Rentabilität von Produkt A zu verbessern." Die dazugehörigen Ziele für ein bestimmtes Jahr können folgendermaßen aussehen:

1. Umsatzsteigerung von Produkt A auf x Euro innerhalb von ...,
2. Steigerung des Bruttoertrages von Produkt A auf x % durch Verringerung der Betriebskosten pro Einheit um x Euro innerhalb von ...,
3. Rentabilitätssteigerung von Produkt A auf x Euro innerhalb von ... .

Für jede hierarchische Ebene im Unternehmen gibt es eigene *Leistungsmaßstäbe*. Für die Unternehmensspitze können das sein: Ertrag, *Rentabilität*, Kosten, *Umsatz*, Wettbewerbsposition, Produktivität-*Mitteleinsatz*, Wachstum, Qualität, Kundenzufriedenheit, Mitarbeiterzufriedenheit etc. – was natürlich bis auf der untersten Ebene umzusetzen ist.

– *Rentabilitäts*maßstäbe sind z. B.: Reingewinn, Gewinnspannenveränderung, Gewinn in % vom Umsatz, Gewinn pro Produkt(palette) oder Bereich etc.

– *Umsatz*maßstäbe sind z. B.: Nettoumsatz, %-Rate der Umsatzveränderung, Marktanteil, Umsatz pro Produkt oder Gebiet, neue Kunden etc.

– *Mitteleinsatz*maßstäbe sind z. B.: Reduzierung von Stückkosten, Gemeinkosten pro Stück, Ausschuss ..., Retouren ..., Lagerbestandskosten, Lagerumschlagshäufigkeit, Umstelldauer von einem Modell auf ein anderes (Lebenszyklus) etc.

  Sobald Leistungsmaßstäbe gesetzt sind, werden sie in Zielvorgaben umgewandelt. Grundlagen dafür können sein:

  · Vergangenheit (um x mehr als in 2000).
  · Verarbeitete Einheiten (in x % des Umschlags).
  · Verfügbare Einheiten (in x % aller verfügbaren Einheiten).
  · Eigene Prognose (x Einheiten.).
  · Ergebnisse (Marktanteil in %).
  · Marktstatistik (in % des verfügbaren Einkommens) etc.

Am besten ist es, wenn der Mitarbeiter selbst Ziele und Leistungsmaßstäbe ausarbeitet, diese mit dem Vorgesetzten bespricht und sich beide auf klare Festlegungen einigen (einschließlich Kontrollmaßstäben).

108 Reddin, William J.: Das 3-D-Programm, 1977, S. 328-332

Bei der Festsetzung ihrer Ziele sollten die Führungskräfte folgende sehr häufig auftretende Fehler vermeiden:[109]

Ziele zu hoch gesetzt (Arbeitsüberlastung),
Ziele zu niedrig angesetzt (zu geringe Arbeitsauslastung),
Ziele nicht messbar,
Kosten für Messungen zu hoch,
zu viele Ziele,
zu komplizierte oder zu schöne Ziele,
zu langer Erfüllungszeitraum,
zu kurzer Erfüllungszeitraum
Schwerpunkte zu ungleichmäßig verteilt.

- Die folgende Abbildung zeigt das Zielsystem eines Unternehmens. Die funktional-übersichtliche Abstufung der Ziele ist gut, aber es fehlen zur echten Effizienz noch Zeitangaben (von-bis), Mengenangaben (%, €, Tage) und die Bezogenheit der Rentabilität (Eigenkapital, Fremdkapital, Umsatz, Produkt).

[109] Reddin, William J.: Das 3-D-Programm, 1977, S. 336

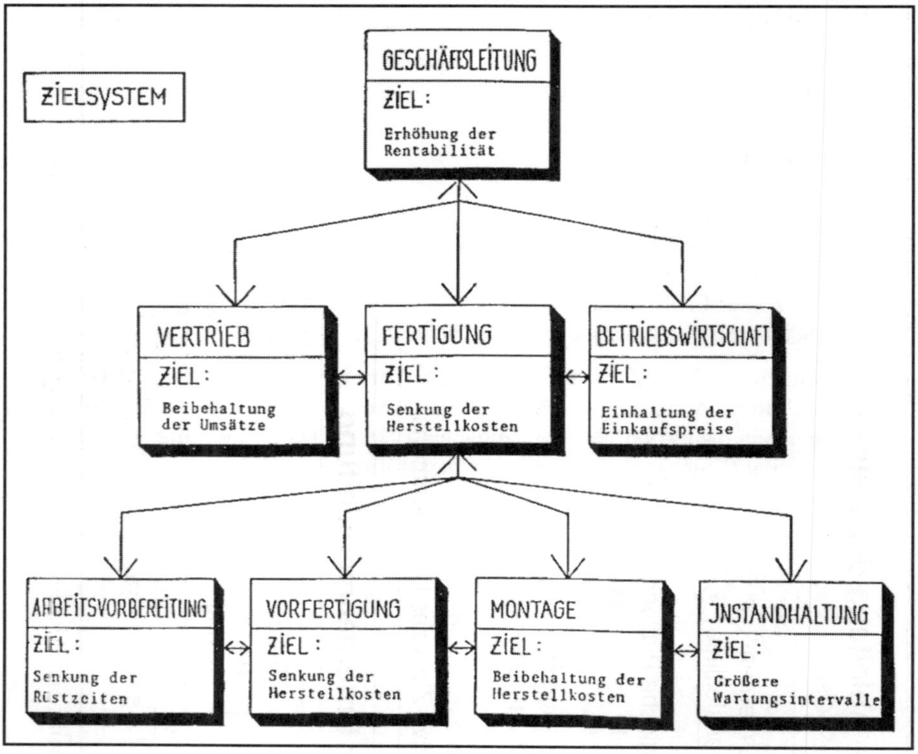

Abbildung 38: Zielsystem ohne Standards[110]

Alle Ziele müssen widerspruchsfrei zueinander und nahtlos ineinander integriert sein. Die Unternehmensleitlinien (-ziele) stehen wie das Grundgesetz über allem; sie müssen kaskadenartig auf die nachfolgenden Ebenen heruntergebrochen werden.

110 BEW-Skriptum für Führungskräfte München 1978

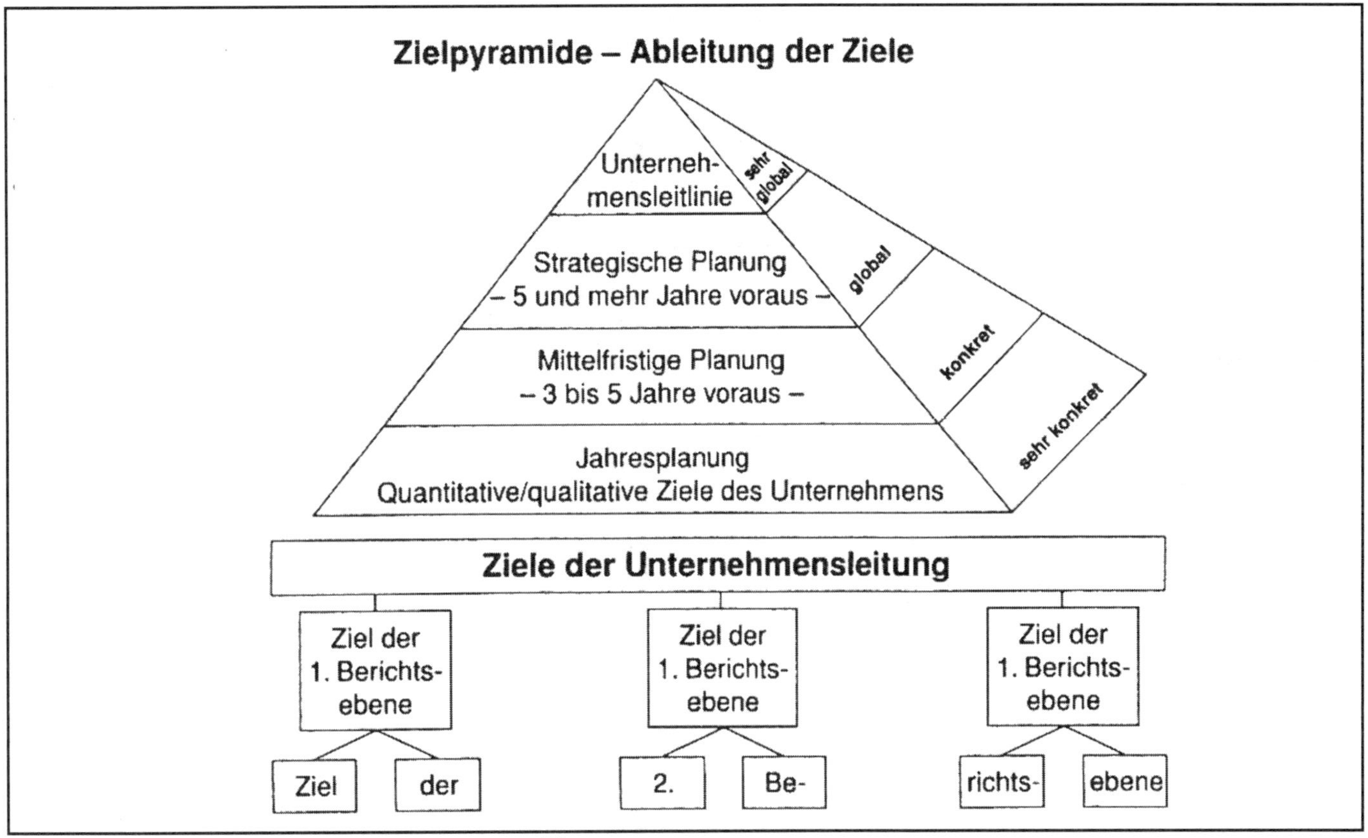

Abbildung 39: Zielpyramide/Ableitung der Ziele[111], Quelle: Hay Management Consultants GmbH Frankfurt/Main

111 Sommerhoff, Barbara: Mitarbeiterbeurteilung, 1999, S. 68/69

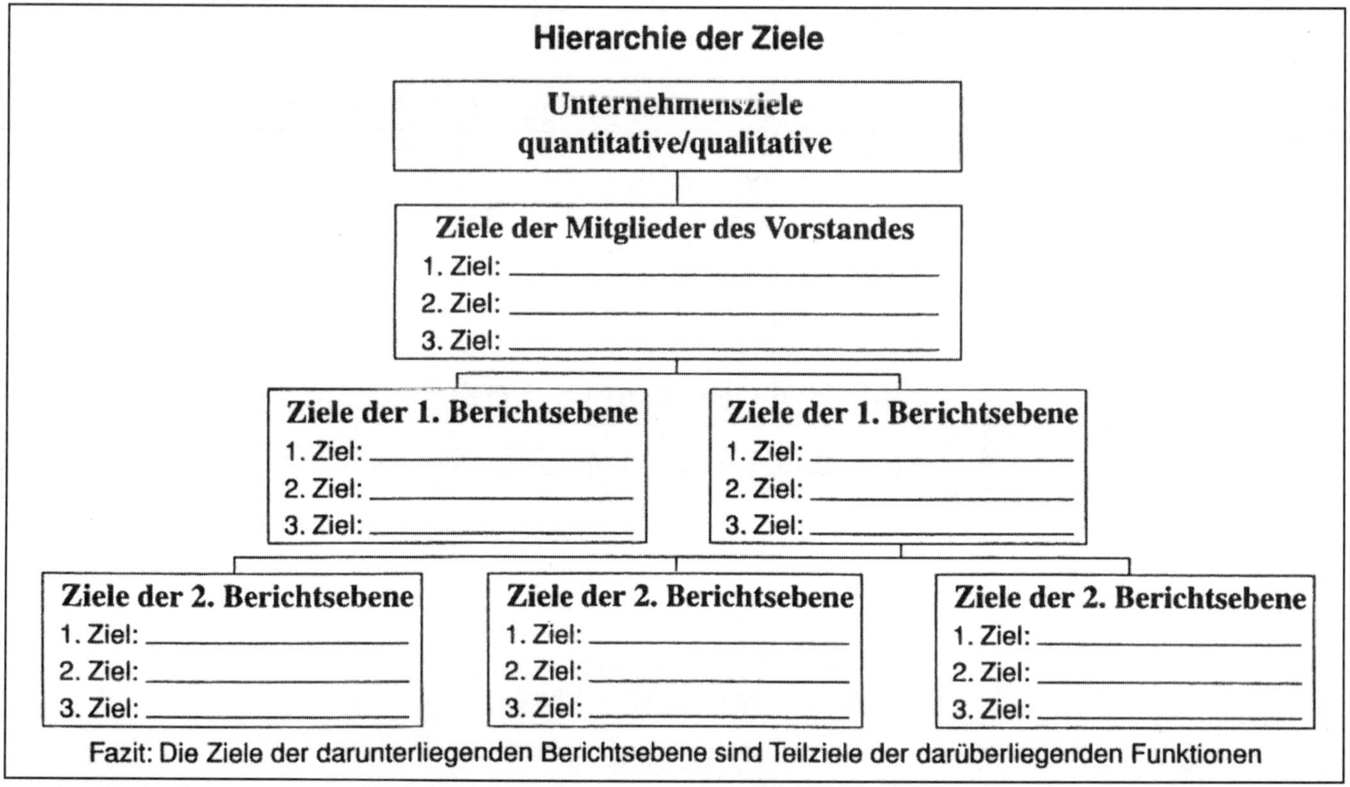

Abbildung 40: Hierarchie der Ziele[112], Quelle: Hay Management Consultants GmbH Frankfurt/Main

[112] Sommerhoff, Barbara: Mitarbeiterbeurteilung, 1999, S. 68/69

Das Hoshin-Kanri/Management by Policy-Prinzip[113] zeigt ein interessantes Praxisbeispiel an Zielkaskade: Ertragssteigerung ⇒ Kostenreduktion ⇒ u. a. Sachkostenreduzierung ⇒ u. a. Fuhrparkkostenreduzierung ⇒ Fuhrparkkosten durch einzelne Mitarbeiter reduziert.

Ziel: Kostenreduktion			**Übergeordnetes Ziel: Ertragssteigerung**		
Nr.	**Ziele**	**Messgrößen**	**Nr.**	**Strategien**	**Maßnahmen Zielinhaber**
2.1	Personalkosten reduziert	25 % zum Vorjahr	2.1.1	Vorruhestandsregelungen treffen	Strategiesitzung zum Thema in GL Ende Februar
			2.1.2	Umwandlung Voll- in Teilzeitarbeitsverträge	Fachseminar in Frankfurt buchen
			2.1.3	MA-Vermittlung auf andere Arbeitsplätze/NDL	
2.2	Außenstände abgebaut	Außenstände < 8 % vom Umsatz; bis Ende 97	2.2.1	Zahl der Abbucher erhöhen	Persönliche Gespräche mit Großkunden A, K, Z bis Anfang Februar
			2.2.2	„dubiose" Außenstände reduzieren, Bonitätsprüfung	
			2.2.3	Fakturierung beschleunigen	
2.3	Sachkosten reduziert	10 % gegen Budgetplan 96	2.3.1	Fuhrparkkosten reduzieren	Top für GL vor 15.01. M-Stab einladen
			2.3.2	Energiekosten reduzieren	
			2.3.3	Reisekosten reduzieren	

Übergeordnetes Ziel: Sachkosten-Reduktion					
Nr.	**Ziele**	**Messgrößen**	**Nr.**	**Strategien**	**Maßnahmen Zielinhaber**
2.3.1	Fuhrparkkosten reduziert	Kfz-Kosten Senkung um 30 %	2.3.1.1	Kfz Neuinvestitionen	Investitionsangebot der Firmen X, Y, Z bis 15.01. einholen
		30 % ist sehr gut	2.3.1.2	Fuhrparknutzung reduzieren	Diskussion in GL bis 15.02.
		25 % noch gut			
		≤ 20 % nicht genügend	2.3.1.3	Betriebskosten pro Kfz senken	Analyse der Zahlen bis 30.01.

[113] Bungard, Walter/Kohnke, Oliver (Hrsg.): Zielvereinbarungen erfolgreich umsetzen, 2000, S. 86/87

Übergeordnetes Ziel: Fuhrparkkosten-Reduktion					
Nr.	**Ziele**	**Messgrößen**	**Nr.**	**Strategien**	**Maßnahmen Zielinhaber**
2.3.1.2	Fuhrparknutzung durch einzelne Mitarbeiter reduziert	Reduzierung der Kfz-Anforderungen um 15 %	2.3.1.2.1	Optimierung der Arbeitsprozesse	Vorlage für GL-Sitzung (30.01.) erstellen bis 15.01.
		Reduzierung der km-Leistung total um 25 %	2.3.1.2.2	Disposition Personal/ Kfz verbessern	Verhandlung mit Autovermietung X, Y im Februar
		Reduzierung der individuellen km-Anforderungen um 25 %	2.3.1.2.3	Flexibilität des Fuhrparks durch Mietfahrzeuge erhöhen	Verhandlungen mit Leitung Verkehrsbetriebe Termin vereinbaren

Abbildung 41: Unternehmensbeispiel Kostenkaskadierung/Sachkostenreduktion und Fuhrparkkostenreduktion

7.5. Effektivität des Managers nur durch Zielorientierung?

Stellenbeschreibungen führen oft zu einer Betonung der sogenannten Manager*effizienz,* worunter man das Verhältnis von Einsatz zu Ergebnis versteht. Das Problem liegt hier folgendermaßen: Selbst bei niedrigem Einsatz und geringem Ergebnis könnte die Effizienz immer noch bei 100 % liegen. Ein Manager oder eine Abteilung könnten ganz leicht zu 100 % effizient, aber zu 0 % effektiv sein. Der effiziente Manager ist sehr leicht zu identifizieren: Reddin, William J.: Das 3-D-Programm ..., 1977, S. 20

Effizienz	im Vergleich zu	Effektivität
Er zieht es vor,		
Dinge richtig zu tun,	anstatt	die richtigen Dinge zu tun.
Probleme zu lösen,	anstatt	kreative Alternativen zu schaffen.
Mittel zu bewahren,	anstatt	die Mittelnutzung zu optimieren.
Pflichten zu befolgen,	anstatt	Ergebnisse zu erzielen.
Kosten zu reduzieren,	anstatt	den Gewinn zu erhöhen.

Der *effektive* Manager führt und coacht seine Mitarbeiter zielorientiert zur Effektivität: Weniger Überstunden, weniger Kosten/Aufwand, weniger Kontrolle – dafür mehr Zielvereinbarung, mehr Unterstützung, mehr Direktkontakt mit Mitarbeitern, mehr Vertrauen, mehr Leistung, mehr Zufriedenheit etc. Also ein Paradigmenwechsel!

7.6. Praxismodelle von Zielarbeit

7.6.1. Das Zielvereinbarungssystem von BMW (3-Ebenen-Modell)

7.6.1.1. Systematischer Aufbau

Der „Königsweg“ wurde in einer fünffachen Zielstruktur angelegt, wobei messbare Ergebnisse die jeweiligen Zielgrößen beschreiben. Wichtig: Der Lösungs*weg* ist den Ausführenden bewusst und weitgehend freigestellt![114]

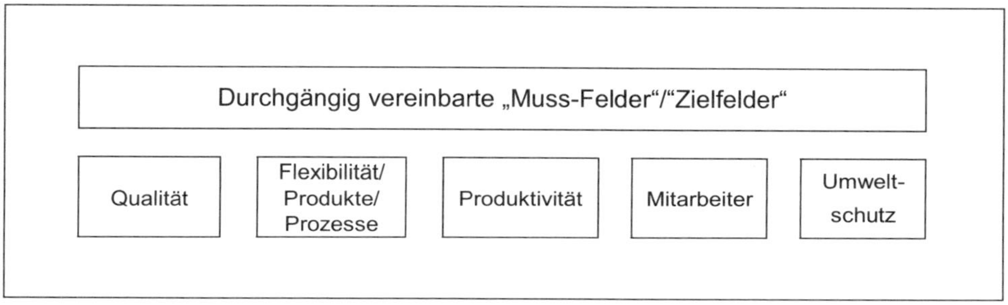

Abbildung 42: Struktur der Zielfelder
Quelle: Reinhard Götz in Bungard, Walter/Kohnke, Oliver (Hrsg.): Zielvereinbarungen erfolgreich umsetzen, S. 266/267

7.6.1.2. Durchgängigkeit im 3-Ebenen-Modell

Der Zielvereinbarungsprozess läuft top-down über (meist) sechs Führungsebenen bis auf Kostenstellen-/Meisterebene herab. Dabei wird größter Wert darauf gelegt, dass in jeder Ebene genügend Freiraum besteht, die qualitativen bzw. quantitativen Vorgaben mit zielführenden Maßnahmen belegen zu können. Zur Absicherung dieses Prozesses wendet BMW z. B. ein sogenanntes 3-Ebenen-Modell an. Wie dieser Name schon sagt, läuft der Zielvereinbarungsprozess kaskadenhaft immer in einem Gesprächskreis aus drei unterschiedlichen Hierarchien (vergleiche Abbildung 43) ab. Das 3-Ebenen-Vereinbarungsmodell wurde gewählt, um den Dialog – einen der wichtigsten Erfolgsgaranten! – auf diese Weise hierarchieübergreifend zu standardisieren und gleichzeitig zu signalisieren, dass sämtliche Vereinbarungen bzw. Vorgaben „verhandelbar“ sind. Ziel ist die beste aller Lösungen und gerade die zeichnet sich durch die Realitätsnähe des Fachmanns vor Ort aus! Die Mitarbeiter im gewerblichen Bereich selbst nehmen persönlich an den 3-Ebenen-Gesprächen nicht mehr teil, sie werden durch ihre Gruppensprecher vertreten. Dafür schließt jeder Mitarbeiter mit seinem Meister eine zwölf Kriterien umfassende Vereinbarung ab.

---

[114] Bungard, Walter/Kohnke, Oliver (Hrsg.): Zielvereinbarungen erfolgreich umsetzen, S. 266/267

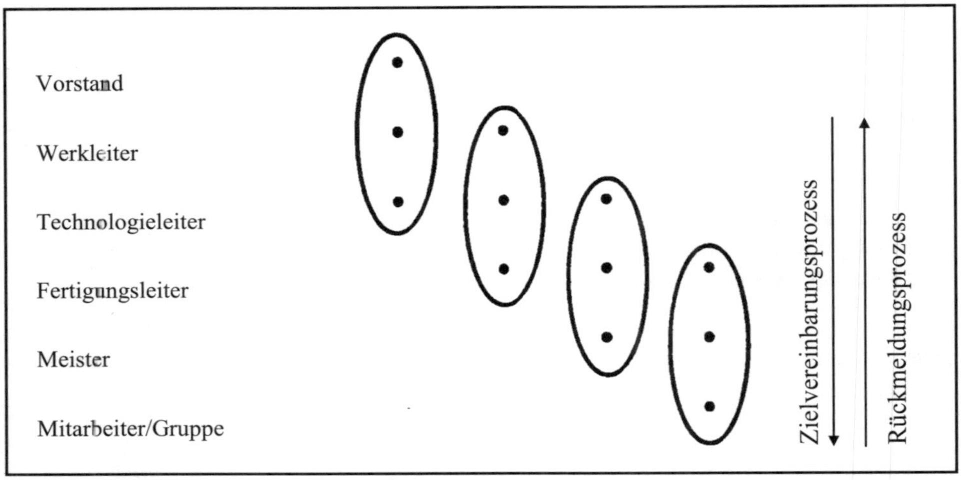

Abbildung 43: 3-Ebenen-Modell von BMW
Quelle: Reinhard Götz in Bungard, Walter/Kohnke, Oliver (Hrsg.): Zielvereinbarungen erfolgreich umsetzen, S. 266/267

Wie schon erwähnt, haben sich neben den harten Zielvereinbarungsgrößen auch wichtige weiche, aber nicht zuletzt messbare Zielgrößen als fester Bestandteil etabliert. Sie werden unter der Rubrik „Mitarbeiter" gleichwertig mit Standards wie „Qualität" geführt. Die fünf Zielfelder betreffen die gesamte Hauptabteilung. In den 3-Ebenen-Gesprächen erhält der Meister als letzter in der Kette „seine" Schwerpunktaufgaben, an denen er gemeinsam mit seinen Gruppen (in der Regel zwei Gruppen je Meister) Fortschritte bringen muss. Als Standards haben sich u. a.

- Fehlzeitenquote,
- Ausschuss- und Nacharbeitsreduzierung,
- Hauptfehlerreduzierung (z. B. Falschbauten, Fehlteile) und
- Produktivitätssteigerungsvorgaben (z. B. Mehrzeitenabbau)

herauskristallisiert.

7.6.1.3. Zielüberprüfung

Zu einer Vereinbarung gehört nach BMW-Verständnis auch eine Überprüfung, sonst ist die Sache unvollständig und nicht rund. Nachdem die Zielvereinbarung jährlich einmal (im Januar) durchgeführt wird, stehen den Leistungserbringern in der Regel elf Monate zur Verfügung. Um „Irrungen und Wirrungen" während der Zielperiode zu vermeiden, ist ein regelmäßiger, quartalsweiser Abgleich vorgesehen, anlässlich dessen sich Abweichungen rechtzeitig feststellen und korrigieren lassen (Zielkorrektur). Durch dieses standardisierte Vorgehen wird in einer Art Rückkehrschleife der top-down eingeleitete Prozess bottom-up am Ende des Jahres wieder beendet – der Kreislauf ist „geschlossen".

7.6.2. Das Konzept der Balanced Scorecard

Bei der BSC handelt es sich um einen Ansatz zur strategischen Unternehmenssteuerung auf der Grundlage von Kennzahlen. Norton und Kaplan proklamieren, dass vier unterschiedliche Betrachtungsperspektiven einen repräsentativen Ausblick auf den Erfolg des Gesamtunternehmens erlauben:[115]

- Finanzielle Perspektive,
- Kundenperspektive,
- Interne Perspektive,
- Lern- und Entwicklungsperspektive.

Für jede Betrachtungsebene sind jeweils entsprechende Kennzahlen abzuleiten, die „ausgewogen" – daher auch der Begriff „balanced" – über Früh- und Spätindikatoren informieren.

---

115 Bungard, Walter/Kohnke, Oliver (Hrsg.): Zielvereinbarungen erfolgreich umsetzen, 2000, S. 93/94

Balanced Scorecard Gewichtete Punktekarte			Name Abteilung Bereich Vorgesetzter	Erstellt am 1. Rückblick (A) 2. Rückblick (B) 3. Rückblick (C) Schlussbemerkung	Erfüllungsgrad in %				
Perspektive		Strategische Aufgabe / Ziel	Bewertungsmaßstab	Ziel	Maßnahmen	A	B	C	D
Finanzen	F1								
	F2								
	F3								
	F4								
Markt- Kunden Umwelt	C1								
	C2								
	C3								
	C4								
Interne Geschäftsprozesse	P1								
	P2								
	P3								
	P4								
Zukunfts- Ausrichtung Lernen Entwicklung	D1								
	D2								
	D3								
	D4								

Abbildung 44: Balanced Scorecard (BSC) zur zielorientierten Unternehmenssteuerung

7.7. Nicht Menschen, sondern Ziele beurteilen[116]

– Subjektivität/Führen mit Zielen/Wertewandel im Management

Ruedy Baarfuss ist seit vielen Jahren am Management Zentrum St. Gallen tätig und erfahren in der Beratung von Unternehmen, die ihre Mitarbeiter systematisch beurteilen möchten. (Interview Barbara Sommerhoff mit Ruedy Baarfuss):

Angenommen, ein Unternehmen plant die Einführung eines Mitarbeiterbeurteilungssystems. Würden Sie dann grundsätzlich von einem merkmalsorientierten Verfahren abraten? Oder hängt die Wahl des Verfahrens auch ab von den Gegebenheiten des Unternehmens?

Baarfuss: Wir lehnen eine merkmalsorientierte Beurteilung grundsätzlich ab. Erstens, weil es in der Wirtschaft grundsätzlich um das Erreichen von Resultaten (hier sind nicht nur Zahlenresultate gemeint!) geht. Hier muss auch konsequent in diesem Bereich gehandelt werden. Zweitens: Ich spreche fundiert ausgebildeten Menschen – und hier meine ich eine psychologische Ausbildung – nicht das Recht und das Können ab, Menschen zu beurteilen. Aber was jeder kann, ist, eine Sache zu beurteilen. Deshalb geht es darum, klar kontrollierbare – und nicht nur messbare – Ziele, auch im Verhaltensbereich, zu formulieren, die man dann auch sauber beurteilen kann. Wie Sie wissen, ist jede Beurteilung subjektiv. Nur ist es einfacher und weniger subjektiv, wenn ich mich auf ein Ziel, eine Sache, und *nicht* auf den Menschen konzentriere. Zudem kennen Sie ebenfalls die Regeln der Kommunikation. Information entsteht beim Empfänger. Das bedeutet, dass auch hier natürlich unter einem Merkmal jeder wieder etwas anderes versteht. Wenn ich aber vorab saubere, klar kontrollierbare Ziele definiere, dem Mitarbeiter auch bereits bei der Zielvereinbarung mitteile, was genau ich am Ende der Periode beurteile, dann kann sich der Mitarbeiter auch darauf einrichten. Das bedeutet Fairness; das schafft Vertrauen. Wenn man mit Zielen führen will, dann muss man auch weiter konsequent handeln und nicht Menschen, sondern Ziele beurteilen. Es gilt der Grundsatz: Beurteile nicht, *wie* einer ist, sondern *was* er erreicht hat. Leider ist es so, dass viele meinen, dass sie ohne weiteres in der Lage seien, psychologische Verfahren einzusetzen. Welchen Schaden man damit aber anrichten kann (bei nicht fachgerechtem Vorgehen), darüber wird selten Rechenschaft abgelegt.

In Ihrem Aufsatz „Die Mitarbeiterbeurteilung. Von der willkürlichen Einschätzung zu mitarbeiterspezifischen Beurteilungsmaßstäben“ sagen Sie, dass ein an Merkmalen orientiertes Verfahren überwiegend für Angestellte in der unteren und mittleren Hierarchieebene angewendet wird, zielorientierte Verfahren dagegen bei Führungskräften zum Einsatz kommen. Worin sehen Sie die Gründe für diesen Unterschied?

---

116 Sommerhoff, Barbara: Mitarbeiterbeurteilung, 1999, S. 82-86

Baarfuss: Ganz einfach: Weil in vielen Unternehmen der Prozess „Führen mit Zielen“ nur auf diesen Ebenen eingeführt ist und man meint, auf unteren Ebenen könne man keine sinnvollen, konkreten Ziele vereinbaren. Die ganze Kunst liegt darin, zuerst eindeutige, klar kontrollierbare Ziele zu formulieren, die sich sowohl aus den strategischen Überlegungen, als auch aus dem normalen Aufgabengebiet ableiten lassen. Dies wird leider sehr oft nicht gemacht und auch nicht entsprechend geübt. Zudem kommt in Deutschland und Österreich dazu, dass viele Tarifwerke auf Gleichmacherei beruhen – es spielt beim Tarif selten eine große Rolle, ob ich viel und gut oder wenig und schlecht arbeite, ich bekomme immer das Gleiche. Hier sind die Gewerkschaften aufgefordert, endlich auch auf dieser Ebene Bereitschaft zur Veränderung zu zeigen.

In Ihrem Aufsatz stellen Sie fest, dass in den USA zielorientierte Beurteilungsverfahren erheblich stärker verbreitet sind als etwa in Deutschland. Sehen Sie Anhaltspunkte dafür, dass die Entwicklung in Deutschland ebenfalls hin zu zielorientierten und weg von merkmalsorientierten Verfahren geht?

Baarfuss: Als Berater habe ich mit vielen, auch renommierten Unternehmen zu tun. Wenn man den Verantwortlichen einmal aufzeigt, was man konkret will und wie die Verzahnung von Führen mit Zielen und der Beurteilung ist, kann man leicht überzeugen. Es ist auch für die Führungskraft wesentlich einfacher und ehrlicher, über die Sache und nicht über den Menschen zu reden. Es erfordert „nur“ etwas Konsequenz im Handeln. In der Praxis zeigt sich eben, dass die merkmalsorientierten Verfahren selten gut funktionieren. Wenn dann andere Varianten vorgestellt werden, ist es leicht zu überzeugen. Dazu kommt der Wertewandel im Management, das das Verhältnis von Chef zu Mitarbeiter mehr als partnerschaftliches Verhältnis und nicht mehr als diese Oben-unten-Situation sieht.

7.8. Die Ambivalenz der Ziele[117]

Reinhard K. Sprenger fragt, ob ein *zielbezogenes* Leben auch ein gelungenes Leben sei? Er sagt, oft sei der Blick angestrengt in die Zukunft gerichtet: Wenn – dann, und wenn das – dann, und dann das ... und dann? (Das Wochenende, der Urlaubsbeginn, das neue Auto, das Haus, die Beförderung, die nächste Anschaffung, die Rente, und das ... an den Tod denkt man nicht). Das Leben in dieser Perspektive ist ein einziges *Vorbereiten* – wann ist man da noch bei sich selber?

Wenn wir uns fragen, ob wir ein Ziel überhaupt erreichen können – dann müssen wir einräumen, dass wir ein Ziel – als Ziel – eigentlich nicht erreichen, sondern nur *zerstören* können. Haben wir dies und jenes erreicht, machen wir die Erfahrung *„dieser Leere“.*

---

[117] Sprenger, Reinhard K.: Das Sisyphos-Dilemma, in: Bungard, Walter/Kohnke, Oliver (Hrsg.): Zielvereinbarungen erfolgreich umsetzen, 2000, S. 101-122

Was tun wir dann (wenn diese Spannung weg ist), wir suchen uns schnell ein *neues Ziel* und laufen einem neuen ideal gehofften Zustand hinterher. So sind *wir* nie da, wo wir *wir* sind, d. h., die Gegenwart, das Hier und Jetzt wird übergangen – vom „noch nicht“ oder „noch nicht ganz“...

Nun geht es ja im Unternehmen bekanntlich nicht ums Glücklichsein, sondern um: Umsatz? Profit? Überleben? Gemeinwohl? Shareholder Value? Wie dem auch sei, versuchen wir zunächst das Problem zu benennen, auf das die Zielvereinbarung die Antwort sein soll: Was soll die *Zielvereinbarung*? Auch nach einigem Nachdenken und historischen Recherchen habe ich Mühe, klar und knapp zu antworten. Soll sie Handlungsrichtungen bündeln? Soll sie antreiben? Soll sie Erwartungen klären? Soll sie für Belohnen/Bestrafen eine Bemessungsgrenze einführen? Gerechtigkeit ermöglichen? Objektivität? Transparenz?

Wahrscheinlich alles gleichzeitig. Deshalb sind Zielvereinbarungen auch nicht solitär zu denken, sondern im Konzert mit dem Beurteilungssystem und dem Gehaltssystem. Die folgende kritische Betrachtung umgreift also immer auch die Verzahnung dieser Instrumente.

Etwas provokativ formuliert Reinhard K. Sprenger dann die folgenden acht Thesen:

- Zielvereinbarungen führen dazu, dass Ziele nicht oder unteroptimal erreicht werden.
- Nicht Ziele halten Menschen zusammen, sondern Wege.
- Zielvereinbarungen sind aus Misstrauen geboren.
- Ziele werden nicht vereinbart, sondern diktiert.
- Zielvereinbarungen sind beurteilungsorientiert und rückwärtsgewandt.
- Zielvereinbarungen verengen den Leistungsbegriff.
- Zielvereinbarungen erzeugen eine Schein-Objektivität.
- Zielvereinbarungen sind inflexibel und leistungswidrig.
- Ziele verleiten zu kurzfristigem Aktionismus.

Meine Schlussfolgerung zu Reinhard K. Sprengers Aussagen:
Sprenger zeigt Alltagsgefahren auf, in denen das Zieleverfolgen münden kann. Dennoch überzeichnet er oder schießt daneben, weil er nur die gefährliche, negative oder falsch angegangene Seite von Zielvereinbarungen beschreibt. Denn sicher halten akzeptierte Ziele Menschen auf dem Weg dahin zusammen. Und Zielvereinbarungen sollten aus gemeinsamer Hoffnung geboren und deshalb in die reale Zukunft gerichtet sein usw. Es kommt also primär darauf an, wie man vorgeht bzw. miteinander umgeht.

7.9. Entwicklungsperspektiven des Zielbewusstseins und variable Gehaltsanteile (Ziele-Regulative menschlichen Handelns)

Warum zeigen manche Menschen unter vergleichbaren Bedingungen bessere Arbeitsleistungen als andere? Locke und Latham[118] führen es (nach Forschungen) auf unterschiedliche *Ziele* zurück! David Packard (HP)[119] sagt: „Nichts habe sein Unternehmen so vorangebracht, wie das „Führen mit Zielen." Das „Ach-Hillgrubersche Schwierigkeitsgesetz" besagt, dass mit steigender Schwierigkeit einer übernommenen Aufgabe *un*reflektiert die willentliche Anstrengung steigt ... Bekannt ist auch, dass schwierige und spezifische Ziele zu besseren Leistungen führen, als einfache und vage Ziele – daraus wird die Botschaft an Führungskräfte abgeleitet, dass Unternehmen effizienter sind, wenn sie den Mitarbeitern spezifische und schwierige Ziele vorgeben.[120]

Also muss man die Unternehmens- und Mitarbeiterziele nur jedes Jahr etwas höher hängen, dann werden die Mitarbeiter wie ein Perpetuum Mobile ständig auf dem Erfolgspfad gehalten? Als Anreiz gibt man noch einen *variablen Gehaltsanteil* dazu, den die Mitarbeiter auch jährlich etwas steigern können – das läuft doch toll fürs Unternehmen! Aber wozu führt das gesamtgesellschaftlich? Auf jeden Fall leistet der Mitarbeiter von Jahr zu Jahr real mehr. An dem was er mehr bekommt, knabbert die Steuer, die Versicherungsbeiträge, die allumfassende Kostensteigerung. Was bleibt da real übrig – eher nichts! (Der Mitarbeiter beutet sich eventuell selber aus.) Wird der Mitarbeiter auf Dauer damit zufrieden sein, wo er doch jetzt als zielorientierter Mitdenker/-entscheider/-verantwortlicher allmählich aufwacht und selbstbewusster/kritischer hinterfragt? Also hat dieser Paradigmenwechsel auch noch diese Zauberlehrling-Seite.

---

[118] Kohnke, Oliver: Zielvereinbarungen erfolgreich umsetzen, 2000, S. 36/69
[119] Kohnke, Oliver: Zielvereinbarungen erfolgreich umsetzen, 2000, S. 36/69
[120] Kohnke, Oliver: Zielvereinbarungen erfolgreich umsetzen, 2000, S. 36/69

8. Ablauf der Beurteilung

8.1. Vorbereitung des Beurteilungsgespräches – Ablauf der Beurteilung

– Die schriftliche Beurteilung liefert nur das Rohmaterial oder die Datenbasis für den sehr wichtigen Dialog zwischen Vorgesetztem und Mitarbeiter. Damit wird der Weg für das *Beurteilungsgespräch* als Instrument der Personalführung und -förderung frei.[121]

Dem Mitarbeiter wird Gelegenheit gegeben, wenigstens einmal im Jahr mit seinem Vorgesetzten über die bisherige ergebnis- und verhaltensbezogene Zusammenarbeit, künftige Aufgabenschwerpunkte und seine Entwicklungsmöglichkeiten zu sprechen. Dabei sollen die persönlichen, sachlichen und sozialen Bedingungen der Arbeitssituation zur Sprache kommen. Im Beurteilungsgespräch muss neben dem *bewertenden Rückblick* der Schwerpunkt auf der *Zukunftsperspektive* liegen. Je offener das Gespräch geführt wird, desto mehr trägt es dazu bei, dass der Mitarbeiter Leistungs- und Verhaltensbewertungen akzeptiert und motivierend erlebt. Gleichzeitig wird ihm das Gefühl, dem Vorgesetzten ausgeliefert zu sein, weitgehend genommen.

Wenn man sich das *Ziel* der mitarbeiterorientierten Beurteilung vor Augen hält, die dem Mitarbeiter mehr Einflussnahme auf seine Beurteilung zugesteht und ihn als echten Arbeits- und Gesprächspartner akzeptiert, kommt es besonders darauf an, den Mitarbeiter an der Beurteilung qualifiziert zu beteiligen. Ein Schritt dahin wäre, jedem Mitarbeiter die Gelegenheit zu geben, sich an Hand des zu seiner Beurteilung vorgesehenen Bogens (bereits vorher) selbst einzustufen. Der Mitarbeiter kann seine Selbsteinschätzung im Beurteilungsgespräch darstellen, während der Vorgesetzte seine Sichtweise vorbringt. Die sich zwischen Selbst- und Fremdbild ergebenden Abweichungen könnten diskutiert werden. Erst dann sollte sich die *endgültige*, schriftlich fixierte und von beiden Seiten akzeptierte Beurteilung anschließen. Durch ein solches Vorgehen gewinnt das Beurteilungsgespräch die Qualität eines echten *kooperativen Dialogs*.

Dieses Verfahren setzt beim Vorgesetzten die Bereitschaft voraus, dem Mitarbeiter ein gewisses Maß an Selbstbestimmung zuzugestehen. Der Mitarbeiter käme andererseits gegen den Vorgesetzten um so mehr ins Hintertreffen, wenn er die Einstufungen, die er für sich als angemessen erachtet, nicht konkret am gleichen Bogen wie sein Vorgesetzter zu Papier bringen und begründen dürfte. Im positiven Fall können Vorgesetzte und Mitarbeiter wohl eher zu echten Diskussionspartnern werden. Die aktive Beteiligung der Mitarbeiter ist deshalb so wichtig, weil die Beurteilung eine Maßnahme ist, von der der einzelne mit Auswirkungen bis in seinen privaten Bereich hinein persönlich betroffen wird.

---

[121] Liebel, Hermann J./Oechsler, Walter A.: Personalbeurteilung, 1992, S. 163-165

In der psychologischen Diagnostik hat sich die Gegenüberstellung von Fremd- und Selbstbild bei ähnlichen Problemstellungen längst als nützlich erwiesen. Auch innerhalb des Beurteilungsgesprächs könnten mit dieser Methode Konflikte und Probleme eher entdeckt, besprochen und gegebenenfalls ausgeräumt werden, so dass das Beurteilungsgespräch auch eine psychohygienische Funktion übernehmen könnte. Dieser Beurteilungsmodus ließe sich zudem relativ einfach und ohne großen Kostenaufwand in jeder Organisationsform einführen, die ein formalisiertes Beurteilungssystem praktiziert.

Erst wenn die dienstliche Beurteilung in diesem Sinne durchgeführt wird, wird sie zu dem, was leider sehr oft nur ein Lippenbekenntnis ist, nämlich zu einem wichtigen Bestandteil einer integrierten kooperativen Mitverantwortung des einzelnen Mitarbeiters und ein Instrument zu einer planbaren Entwicklung des Mitarbeiters im Unternehmen.

- Da grundsätzlich *mehr die Beratung* als die Beurteilung im Vordergrund stehen muss, sollte sich der beurteilende Vorgesetzte u. a. mittels nachfolgendem Fragenkatalog auf das Beurteilungs*gespräch* gründlich vorbereiten. Es spricht nichts dagegen, dem Beurteilten auch diesen Bogen vor dem Gespräch zuzuleiten.

  Fragenkatalog zur Vorbereitung auf ein Beurteilungsgespräch[122]

  1. Arbeitsdurchführung
     - Was gefällt Ihnen an Ihrer jetzigen Aufgabe am meisten/wenigsten?
     - Welche besonderen Schwierigkeiten müssen Sie bei Ihrer Arbeit überwinden?
     - Haben Sie die nötige Unterstützung bei Ihrer Arbeit? Wenn nein, was könnte verbessert werden?
     - Was ist im Arbeitsablauf zu verbessern?
     - Wird Doppelarbeit geleistet?
     - Können Sie selbständig arbeiten?
     - Haben sie ausreichende Vollmachten?
     - Welche Arbeitsziele halten Sie für besonders wichtig?

  2. Zusammenarbeit
     - Werden Sie über alle Angelegenheiten ausreichend und rechtzeitig informiert, die Ihre Arbeit unmittelbar und mittelbar betreffen?
     - Waren Ihnen die Arbeitsziele genügend bekannt?
     - Wird offen über Ihre Arbeitsergebnisse gesprochen, so dass Sie jederzeit erkennen können, was gut und was verbesserungsbedürftig ist (Anerkennung Kritik?)
     - Ist eine freundliche, entkrampfte Atmosphäre für Gespräche vorhanden, in der auch Aufgeschlossenheit für persönliche Probleme herrscht?
     - Besteht in Ihrem Bereich eine Aufgeschlossenheit gegenüber Änderungsvorschlägen und neuen Ideen und wird versucht, diese zu berücksichtigen?

---

[122] Liebel, Hermann J./Oechsler, Walter A.: Personalbeurteilung, 1992, S. 175-177

  - Hatten Sie Schwierigkeiten bei der Zusammenarbeit mit Vorgesetzten, Mitarbeitern und anderen Bereichen, und wie wären diese nach Ihrer Meinung zu überwinden?
  - Haben Sie Vorschläge, wie Leistungsfähigkeit und Zufriedenheit in Ihrer Arbeitsgruppe erhalten und gefördert werden können?

3. Berufliche Eignung und Entwicklung
   - Können Sie bei Ihrer gegenwärtigen Aufgabe Ihre Fähigkeiten voll einsetzen?
   - Welche zusätzlichen Fachkenntnisse würden Ihnen helfen, Ihre Aufgaben noch besser zu erledigen?
   - Welche Tätigkeit und welche Aufgaben, die Sie kennen, wären angesichts der vorhandenen Fähigkeiten für Sie geeignet?
   - Welche Erwartungen und Vorstellungen haben Sie hinsichtlich Ihrer beruflichen Entwicklung im Unternehmen?

- Organisatorischer Ablauf des Beurteilungsgespräches

  Die Einladung zum Beurteilungsgespräch sollte mindestens 2-3 Tage vorher erfolgen; besser sind 7-14 Tage wegen der Vorbereitung. Für das Gespräch sollte eine Sitzecke oder ein runder Tisch vorhanden sein, so dass sich die Gesprächsteilnehmer nicht (kon-)frontal gegenübersitzen müssen. Auf keinen Fall sollte der Vorgesetzte hinter der „Autoritätsschranke“ Schreibtisch sitzen – viel besser ist ein neutraler Raum. Außerdem sollten Störungen durch Telefonate, Kollegen, Sekretärin usw. vermieden werden. Wichtig ist auch, dass Anschlusstermine so gelegt werden, dass man nicht unter Zeitdruck steht. Am besten ist wohl, nur ein solches Gespräch am Tag und dies am späten Nachmittag ohne Anschlusstermin zu führen. Vor allem benötigt der Beurteiler ausreichend Zeit, um die Beurteilung sorgsam zu erstellen, die im Gespräch mit dem Mitarbeiter noch abgeglichen und endgültig wird. Die sorgfältige Vorbereitung kann mehr Zeit beanspruchen als das Beurteilungsgespräch.

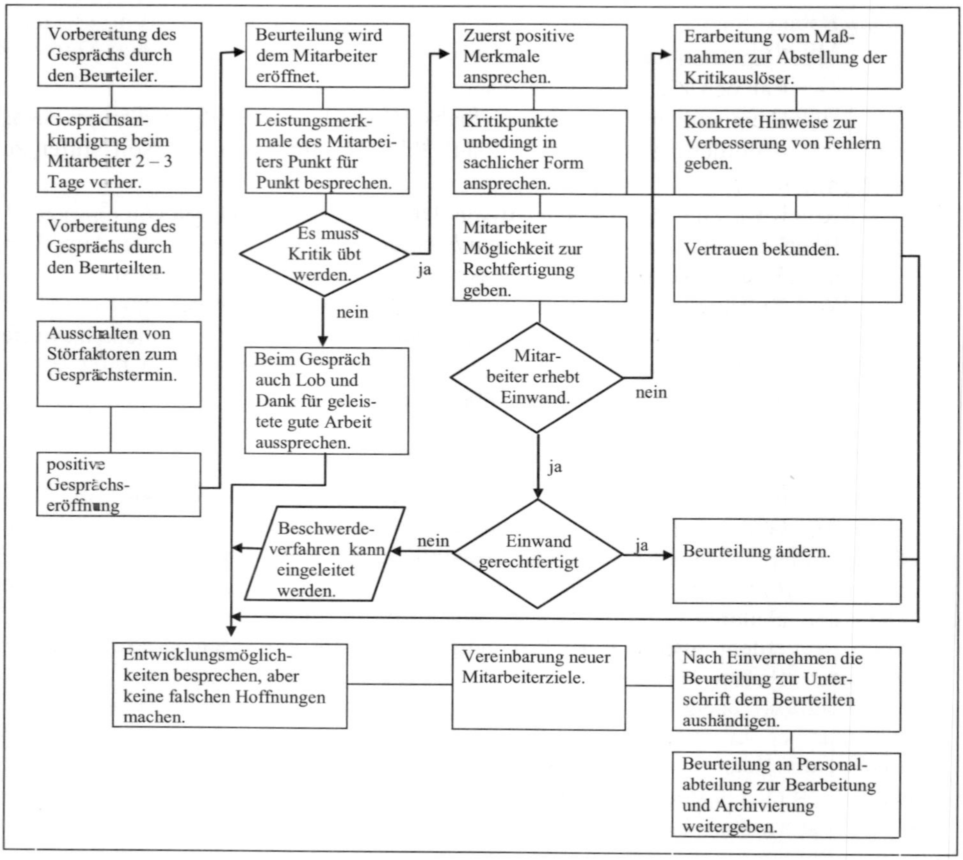

Abbildung 45: Ablaufschema des Beurteilungsgesprächs, Quelle: Kressler, Herwig: Leistungsbeurteilung von Managern, Wien, 1989, S. 49

8.2. Inhaltlicher Ablauf des Beurteilungsgespräches

ZIEL? Möglichst konfliktfreies beiderseitiges Feedback über den Stand der Zielerreichung/Leistung/Entwicklung sowie Ableitung von Vereinbarungen für die weitere Ziele/Zusammenarbeit/Förderung usw.

A Einstieg: *Beziehung herstellen*

- Begrüßung, persönliche Worte ...
  (Anknüpfen an früheres Gespräch ...)
- Nach persönlichem Befinden erkundigen ...
- Übergang zum Gesprächsanlass ...
- Positive Ergebnisse generell, aber nicht pauschal ansprechen ...

} immer: je nach dem! (Art der Beziehung, heute schon getroffen oder nicht, Ereignisse der letzten Zeit usw.)

B Hauptteil:

B1 *Soll-Situation darstellen*
- Rahmen-Ziele der Stelle ansprechen,
- Hauptaufgaben und Linien-, Stabs-, Dienstleistungsaufgaben ansprechen,
- Anforderungen einzeln kurz aufzählend ansprechen (ohne Soll-Stufen zu benennen).
- Rückfrage: Sieht es der Mitarbeiter ebenso oder nicht mehr?

B2 *Soll-Ist-Situation sachlich gegenüberstellen*
- Jedes einzelne Anforderungskriterium mit Soll-Rang benennen,
- jeweils dazu die gefundene Ist-Erreichungsstufe benennen,
- Mitarbeiter benennt jeweils zu diesen Kriterien seine gefundene Ist-Stufe und begründet dies sachlich,
- gegebenenfalls Diskussion über Unterschiede.

B3 *Einstufungen vereinbaren oder durch Vorgesetzten festlegen*
- Meinungen soweit möglich abgleichen (einigen),
- die Stufen einzeln festlegen (notfalls der Vorgesetzte alleine).

B4 *Bisherige Zielvereinbarungen ausdrücklich abklären*
- z. T. wurden Zielergebnisse unter B2 + B3 schon angesprochen,
- alle Zielvereinbarungen hier noch (restlich) komplett auf Ergebnisse abklären,
- Folgerungen aus den Ergebnissen ableiten und vereinbaren: Weitere(r) Einsatz Förderung/Schulung ...

B5 *Zielvereinbarungen treffen (für das neue Jahr)*
- Vorstellungen/Vorschläge des Mitarbeiters einholen,
- eigene Vorstellungen als Vorgesetzter dazu/dagegen setzen,
- Einigung oder Entscheidung des Vorgesetzten.

B6 *Vergütungsklärung (evtl.)*

B7 *Zusammenfassung (sachliche Ergebnissicherung)*
- noch klärungsbedürftige Themen (beiderseits aussprechen),
- möglichst Vereinbarungen treffen,
- vereinbarte oder festgelegte Hauptergebnisse nochmals aussprechen (wer, was, wann, wo, wie viel ...),
- Ergebnisprotokoll terminieren,
- Klärung offener Fragen kurzfristig terminieren.

C Abschluss: *Beziehung erhalten (emotionale Ergebnissicherung)*
- Dank für das Gespräch bzw. die -Bereitschaft zur Mitwirkung ...,
- erforderliche Unterstützung anbieten (nicht Retter sein!),
- möglichst Vertrauen zeigen oder
- Enttäuschung ausdrücken über mangelnde/fehlende Bereitschaft/Mitwirkung,
- Folgerungen sachlich ansprechen,
- evtl. Überlegungsfrist anbieten.

Den von einem Problem *betroffenen Mitarbeiter* zum *Beteiligten* an der Lösung machen!

8.3. Beurteilungsfehler

Der Beurteiler ist als solcher in einer *Richter*rolle – andererseits ist der Vorgesetzte auch der *Förderer*, Trainer, Coach seiner Mitarbeiter. Er ist also in einer schwierigen Doppelrolle. Je nach seinen Ansichten und seiner Charakterreife/-stärke wird der eine Vorgesetzte mehr wie ein strenger Richter sein, der andere ein nicht müde werdender Helfer/Berater seiner Mitarbeiter, der dritte Beurteiler ist zu vorsichtig und verteilt vor allem mittlere Stufen und der vierte legt Wert auf Pflichterfüllung bei seinen Mitarbeitern, ist aber bereit, Ihnen zu helfen, verantwortungsbewusster und effektiver zu werden. Vorgesetzte sind auch wie alle anderen Menschen subjektiv, d. h. sie empfinden Sympathien oder Antipathien gegenüber ihren Mitarbeitern. Natürlich wären zu allererst sie in der Pflicht, sich sehr um Objektivität zu bemühen, aber das ist schwer. So treten eben verschiedene Beurteilungsfehler auf, die oftmals eine Pflichtverletzung des Vorgesetzten darstellen. Hier sollen nur die wichtigsten kurz erläutert werden:

- *Vorurteile*: Der Beurteiler verallgemeinert, wertet persönlich ab ...
- *Halo-Effekt*: Eine einmalig gute oder schlechte Leistung überstrahlt die Jahresleistung: + oder -.
  (Wahrnehmungsverzerrung/Überstrahlung: griechisch *Halo*, bedeutet ein *Hof* wie um den Mond)
- *Nikolaus-Effekt*: Weil die Mitarbeiter wissen, dass bald beurteilt wird, strengen sie sich kurzfristig mehr an.
- *Hierarchie-Effekt*: Höhergestellte bekommen höhere Leistungsstufen zuerkannt.
- *Tendenz zur Mitte*: Der Vorgesetzte gibt vorwiegend mittlere Einstufungen ab, weil er ein vorsichtiger Beurteiler ist.
- *Tendenz zur Milde*: Der Vorgesetzte ist gutmütig und bewertet zu mild (Kumpel).
- *Tendenz zur Strenge*: Der Vorgesetzte erwartet grundsätzlich eine überdurchschnittliche Leistung.

Die unter 5.3.2. geschilderten Rangreihenmethoden, der paarweise Vergleich u. a. m. könnten helfen, die Beurteilungen zu objektivieren. Andererseits muss der höhere Vorgesetzte ja die Beurteilung abzeichnen – er kann also einschreiten und für Gerechtigkeit sorgen.

Verteilungsfehler:
In den folgenden Abbildungen sind die Verteilungsfehler, nämlich der *Milde-Fehler,* der *Strenge-Fehler* und die *Tendenz zur Mitte* dargestellt – die auch Beurteilungstendenzen genannt werden.

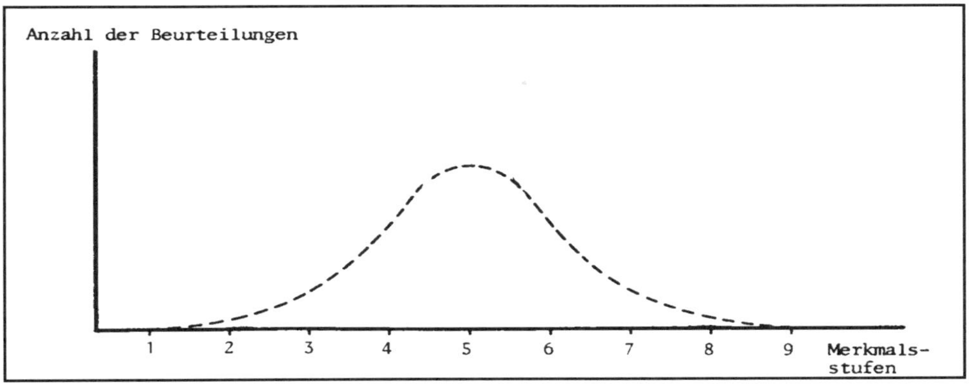

Abbildung 46: Verteilungsfehler/Beurteilungstendenzen
(Bei genügend großen Kollektiven individueller Leistungen kann man davon ausgehen, dass diese einer Normalverteilung unterliegen.)
Quelle: Hentze, Joachim: Arbeitsbewertung und Personalbeurteilung, 1980, S. 207/208

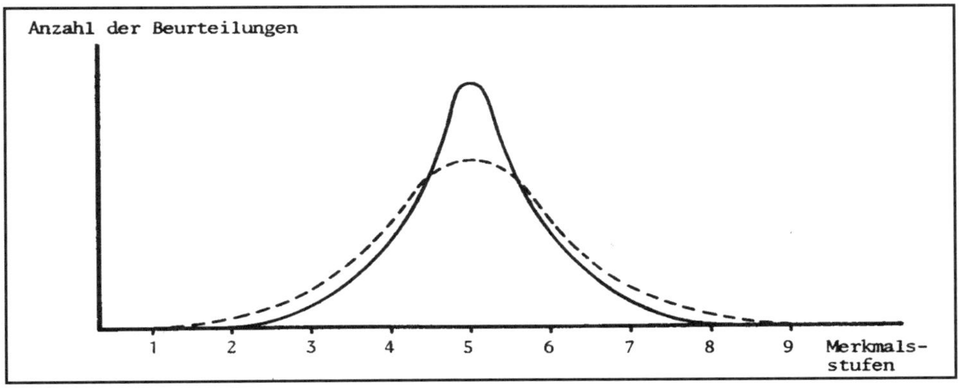

Abbildung 47: Verteilungsfehler/Beurteilungstendenzen
(Ergebnis einer vorsichtigen Beurteilung)
Quelle: Hentze, Joachim: Arbeitsbewertung und Personalbeurteilung, 1980, S. 207/208

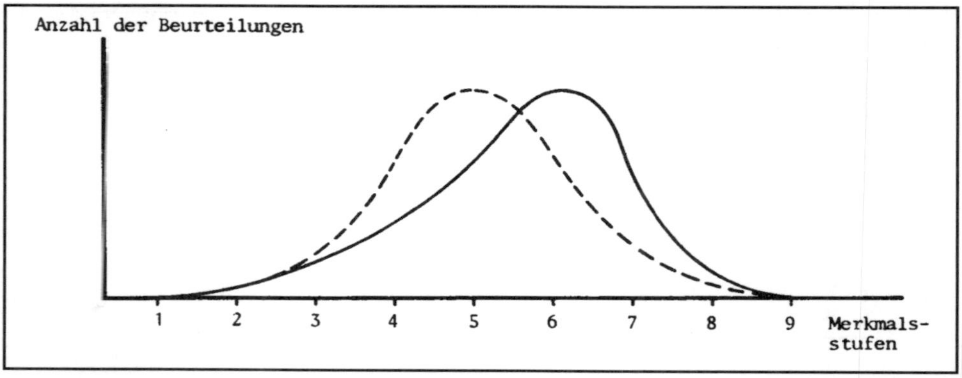

Abbildung 48: Verteilungsfehler/Beurteilungstendenzen (Ergebnis einer zu nachsichtigen Beurteilung), Quelle: Hentze, Joachim: Arbeitsbewertung und Personalbeurteilung, 1980, S. 207/208

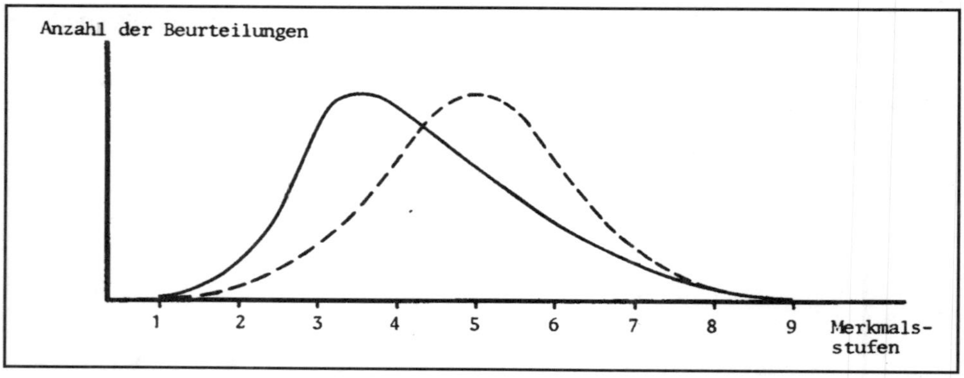

Abbildung 49: Verteilungsfehler/Beurteilungstendenzen (Ergebnis einer zu strengen Beurteilung), Quelle: Hentze, Joachim: Arbeitsbewertung und Personalbeurteilung, 1980, S. 207/208

Die wesentlichsten und gravierendsten Fehler im gesamten Rahmen einer Beurteilung liegen in der Regel:

– *in einem mangelhaften Modell/System*
  (fehlerhafte Kriterienauswahl/-anzahl, Zahl der Stufen, keine Zielvereinbarung, keine Personalentwicklungskombination etc.)

– *in einer mangelhaften Einführung/Durchführung*
  (Betroffene nicht genügend informiert/einbezogen, Beurteiler nicht genügend geschult, keine guten Beurteilungsgespräche etc.)

Das Schlimmste ist, wenn ein mangelhaftes Modell auch noch schlecht eingeführt wird! Genau das gibt es zu oft. Deshalb der Frust.

9. Aufwärtsbeurteilungen/Vorgesetztenbeurteilungen

9.1. Ziele von Aufwärtsbeurteilungen

Je mehr ein Unternehmen im nationalen oder internationalen Wettbewerb steht, um so mehr braucht es eine professionelle Mitarbeiterführung, um Mitarbeiter zu haben, die motiviert und kompetent sind. Diese Kompetenz muss eine hohe Fach-, Methoden- und Sozialkompetenz sein. Denn nur dadurch lässt sich letztlich Kundenzufriedenheit sowie eine permanente Verbesserung von Dienstleistungen, Produkten und Prozessen erreichen.

Diese professionelle Mitarbeiterführung ist die eigentlich wichtigste Aufgabe und Verpflichtung der Vorgesetzten, denn ihr Erfolg ist der Gesamterfolg der unterstellten Mitarbeiter. Ist der hoch, sind die Vorgesetzten gut ... Eingangs sagte ich: Wir brauchen eine gute Mannschaft und eine gute Führung. Nachdem die (gute) Führung die gute Mannschaft auswählt, einsetzt, trainiert, entwickelt, d. h. formt, muss die gute Führung zuerst da sein.

Bei der Leistungsbeurteilung von Mitarbeitern zielt man letztendlich auf die Erhöhung der Wettbewerbsfähigkeit des Unternehmens, weil die Mitarbeiter klares Feedback über ihre Effektivität bekommen und diese erhöhen sollen.

Wer gibt nun den Vorgesetzten Feedback über ihre Effektivität, ihren Wirkungsgrad? Eigentlich niemand! Bei nicht wenigen Führungskräften läge ein Bedürfnis nach Feedback vor, denn Beurteilen muss keine Einbahnstraße nach unten sein. Im Gegenteil, ich sehe eine zwingende Erfordernis (ein absolutes prinzipielles Muss) für eine Aufwärtsbeurteilung mit dem

Ziel, die Führungseffektivität der Vorgesetzten und damit die Arbeitseffektivität der Mitarbeiter deutlich zu erhöhen.

Denn wenn die Mannschaft ineffektiv ist, dann ist vorweg die Führung ineffektiv (gewesen). Schlechte Mannschaft = schlechte Führung!

9.2. Innere Kündigungen zeigen Führungsdefizite

Um die zwingende Notwendigkeit von Aufwärtsbeurteilungen zu untermauern, folgen Auszüge aus der Befragung von 3 000 Arbeitnehmern verschiedener Firmen, die Dieter Frey von der Universität München durchgeführt hat. (Der vollständige Beitrag von Dieter Frey ist im Anhang 2 zu finden.)

Die Ursache dafür, dass jeder zweite Arbeitnehmer innerlich gekündigt hat, sieht er fast ausschließlich beim Führungsstil der Vorgesetzten:[123]

Unsere zentrale These ist folgende: In unseren gesellschaftlichen Institutionen, egal ob in sozialen oder kommerziellen (Wirtschaft, Verwaltung, Schulen, Krankenhäuser, öffentlicher Dienst), hat ein extrem hoher Prozentsatz von Mitarbeitern innerlich gekündigt.

Verschiedene eigene durchgeführte Untersuchungen sowie Analysen der relevanten Literatur führen uns zur Schlussfolgerung, dass ein sehr hoher Prozentsatz von Mitarbeitern (vermutlich über 50 %) innerlich gekündigt hat.

Unseres Erachtens ist ein großer Teil dieser inneren Kündigung auf schlechte bzw. unprofessionelle Mitarbeiterführung zurückzuführen. Zurecht hat darauf auch Reinhard Mohn von Bertelsmann hingewiesen, der sagte: *„Die meisten deutschen Führungskräfte haben keine Ahnung, wie man Menschen führt. Sie haben keine Ahnung von deren Sorgen, Hoffnungen, Ängsten und Wünschen – und behandeln ihre Mitarbeiter dadurch oft wie Maschinen. Dies zeigt eine Vielzahl der von uns selbst durchgeführten Untersuchungen, genauso aber auch die Aufarbeitung der Literatur".*

Ein zentraler Kausalfaktor zur Verhinderung bzw. Förderung innerer Kündigung sind die de facto bestimmenden Unternehmenskulturen. Insbesondere fehlende Professionalität der Mitarbeiterführung ist für innere Kündigung verantwortlich zu machen. Der Tatbestand der inneren Kündigung stellt einen *immensen Kostenfaktor* für soziale und kommerzielle Unternehmen dar; durch innere Kündigung gehen Unternehmen große Summen an Mehrwert verloren.

Wer innerlich gekündigt hat, wird in Zukunft eine *Doppelstrategie* fahren: Einerseits nicht auffallen, Kopf einziehen, um nicht abgesägt zu werden. Andererseits aber auch keine Begeisterung und kein Engagement mehr ...

Die Unfähigkeit, Kundenorientierung in die Abteilungen zu transportieren, hängt häufig eng damit zusammen, dass Mitarbeiter so wie üblich nicht motivierbar sind.

– *Unprofessionelle, schlechte Mitarbeiterführung als zentraler Kausalfaktor innerer Kündigung – die Gefahr des negativen Erlebniskontos in der Vorgesetztenbeziehung*

  Unsere zentrale These lautet: Es besteht ein enger Zusammenhang zwischen der Professionalität der Mitarbeiterführung und dem Ausmaß der inneren Kündigung. Dabei spielen immer wieder das negative „Erlebniskonto" sowie Probleme mit dem Vorgesetzten bzw. dem Vorgesetzten des Vorgesetzten eine wichtige Rolle.

[123] Frey, Dieter: Aufsatz „Innere Kündigung", Universität München, 1999

Ein beträchtlicher Anteil von Mitarbeitern berichtet über zahlreiche Negativerfahrungen im Arbeitsleben: Ihr „Erlebniskonto" weist also ein mehr oder weniger gravierendes Defizit (an Positiva) auf: Sie erleben immer wieder, dass ihre Führungsperson sie nicht informiert und ihre Arbeit weder anerkennt noch kritisch würdigt, dass der Vorgesetzte eher mit Druck und Angst führt und unfair ist bis hin zur Doppelmoral. In der folgenden Liste sind 20 entsprechende Äußerungen von Mitarbeitern zusammengestellt:

1. Führungskräfte sind oft zu arrogant und geben sich keine Mühe, Perspek-
↓ tivenwechsel gegenüber dem Mitarbeiter zu zeigen ... (siehe Anhang 2).
20.

Man fragt sich, warum die Führungsperson einen so starken Einfluss auf die innere Kündigung der Mitarbeiter haben. Zahlreiche Forschungen zeigen, dass das Betriebsklima sehr stark von der Führungsperson abhängt; der Fisch fängt nun einmal vom Kopf her an zu stinken ...

– *„Mensch statt Maschine"*

Das Problem ist, dass die meisten Führungskräfte *gute Fachkräfte* sind, nicht aber gute Führungskräfte: Sie verstehen zu wenig von professioneller Menschen- und Mitarbeiterführung. Sie wissen nicht, welche Prinzipien menschlichem Verhalten zugrunde liegen, welche Sorgen und Ängste Menschen wirklich haben und was sie langfristig motiviert. Es sind immer Menschen, die motivieren und demotivieren – und weniger die Sachen an sich.

80 % der befragten Führungskräfte sind überzeugt, sie selbst seien besser als der Durchschnitt: Es ist also nicht die Ausnahme, sondern die Regel, sich im eigenen Führungsverhalten zu überschätzen. Es mangelt den Chefs an zutreffender Selbsteinschätzung. Sie halten sich für Partner und handeln wie Diktatoren. Das ergab eine Umfrage des Münchner Geva-Instituts bei 150 Chefs und 900 Mitarbeitern: Danach schätzen sich nur 29 % der Vorgesetzten selbst als autoritär ein, ihre Mitarbeiter hielten dagegen 70 % für autoritäre Typen. Diese mangelnde Selbsteinschätzung auf Seiten der Chefs ruft u. a. mittelbar die innere Kündigung der Mitarbeiter hervor.

– *Konsequenz*

Als Konsequenz ergibt sich, dass die betroffenen Führungskräfte die Problematik häufig gar nicht sehen, da sie Fremdeinschätzungen überhaupt nicht einholen. Besonders gravierend wird dieser Aspekt dann, wenn die Führungskraft zusätzlich noch Signale von sich gibt, dass sie nicht korrigiert und kritisiert werden darf – dass sie ein solches Verhalten vielmehr mit negativen Konsequenzen für den Mitarbeiter beantwortet. Unter diesem Aspekt gedeiht innere Kündigung. Es herrscht nur Schweigen – und Aktivität hört auf. Hier gilt aber wirklich die Aussage „Wer schweigt, klagt an".

Viele Firmen haben dies noch nicht begriffen und es versäumt, durch eine Änderung ihrer Unternehmenskulturen und ihre Führungsprinzipien diesem Wandel Rechnung zu tragen. Nach wie vor müssen viele Mitarbeiter ihre Persönlichkeit „am Werkstor" aufgeben: Außerhalb können sie ihre Talente entfalten, bauen ihre Häuser, organisieren ihren Urlaub, erziehen ihre Kinder und entwickeln höchste Kreativität in ihren privaten Unternehmen. Innerhalb der Firmen werden sie aber sehr oft entmündigt.

Gerade der Wertewandel in Richtung Selbstentfaltung, Selbstverantwortung und Selbstverwirklichung würde eine Chance bieten, mehr Freiräume zu gewähren, die de facto aber in vielen Firmen bislang nicht gegeben werden: Die Strukturen sind zu hierarchisch, zu bürokratisch, zu zentralistisch und zu menschen*un*freundlich. Und eben dadurch werden Kreativität und Motivationspotential vergeudet.

Soweit Dieter Freys Aufsatz.

– *Fazit*:
Es ist viel versäumt worden in den Unternehmen (siehe 1. Einleitung: „Problemstellung" und 2. „Grundfragen der Leistungseffizienz"...) Nicht nur effiziente *Mitarbeiterbeurteilungen* müssen endlich ein- und durchgeführt werden, sondern auch die vorgenannten *Aufwärtsbeurteilungen* zu aller erst. Was jammern die Unternehmenssprecher immer an der Politik herum von wegen schlechter internationaler Konkurrenzfähigkeit infolge hoher Lohn-/Lohnnebenkosten, wenn sie – was Kosten und Effektivität ihrer Unternehmen betrifft – ihre *Kern-Hausaufgaben* nicht gemacht haben.

9.3. *Soll*-Anforderungen an Aufwärtsbeurteilungen

– Freiwilligkeit: (vorerst) — Sowohl die Vorgesetzten wie auch ihre Mitarbeiter können nur freiwillig teilnehmen. Später muss es zur Pflicht werden wie die Leistungsbeurteilung.

– Anonymität:
1. Die Personalabteilung soll zwar auf Anforderung die A-Beurteilungsbögen ausgeben, aber sich ansonsten total aus dem Ablauf heraushalten.
2. Die beurteilenden Mitarbeiter geben ihre ausgefüllten Bögen bei einer neutralen Stelle ab (Person, Stelle muss festgelegt sein – kann externer Moderator sein).
3. Diese neutrale Stelle gibt nur die Zusammenfassung der Beurteilungen an den Vorgesetzten weiter. Die Einzelbeurteilungen werden vernichtet.

– Rückkoppelungszwang: Der Vorgesetzte muss, wenn er freiwillig teilnimmt, doch auch das Feedbackgespräch mit der Mitarbeitergruppe über das Ergebnis und die Wirkung auf ihn führen. Er kann einen Moderator hinzuziehen.

- Merkmalskatalog: (standardisierter) — Es sollte (ähnlich wie bei der Mitarbeiterbeurteilung) ein Fragebogen mit zutreffenden Kriterien – etwa auch mit sieben bis neun Beurteilungsstufen – verwendet werden. Das System soll informativ und übersichtlich sein.
- Kooperativer Führungsstil: — Ein kooperativer Führungsstil sollte bereits im Unternehmen gelebt werden, ansonsten sind mehr Schwierigkeiten als positive Ergebnisse zu erwarten.
- Schulungen: (aller Teilnehmer) — Ein Gruppencoach/Trainer/Moderator sollte sowohl die Beurteiler (Mitarbeiter) in der Anwendung der Beurteilungsbögen schulen als auch die Vorgesetzten im Umgang mit dem Ergebnis bzw. darin Rückkopelungsgespräche mit der Gruppe führen zu können.
- Selbstbeurteilung: (die Vorgesetzten) — Vorgesetzte, die sich von ihren Mitarbeitern beurteilen lassen, sollten sich *vorher* selbst mit dem gleichen Kriterienbogen beurteilen. Damit haben sie einen guten Vergleich mit den Durchschnittsergebnissen.

Mögliche Kriterien für *Aufwärtsbeurteilungen* sind:
(weitere genaue Kriterien siehe Kapitel 5.4.2.)

Motivierungsvermögen,
Problemverständnis,
Aufgeschlossenheit,
Ausdrucksvermögen,
Informationsverhalten,
Beurteilen (objektiv),
Offenheit/Ehrlichkeit,
Delegationsbereitschaft,
Anweisungen geben,
Zielorientierung,
Kontrolle,
Anerkennung geben,
Kritik üben,
eigene Fehler einsehen,
Vertrauenswürdigkeit,
Teamfähigkeit,
Kooperationsbereitschaft,
Diskussionsbereitschaft,
Atmosphären-/Klimaeinfluss,
Großzügigkeit (wenn angebracht),
Leistungsdruck machen können,
Mitarbeiterbevormundung,
Übersicht bewahren (bei Stress),
Unterstützung geben (Hilfestellung),
Fördern von Mitarbeitern,
Vorstellungsvermögen,
Kreativität,
Arbeitssystematik.

Beim neuen Begriff. „*Feedback* für Führungskräfte“ handelt es sich letztendlich auch um eine *Beurteilung* von deren Verhalten. Nur die Etikette ist anders – denn seit wann dürfen Untergebene den Chef *beurteilen*? So könnte man resümieren, wenn man bei Dieter Frey liest, wie Vorgesetzte sich verhalten (20 Punkte – siehe Anhang 2).

9.4. Praxisbeispiel BMW: Mein Meister und ich

Im *Anhang 3* ist das Aufwärtsbeurteilungsmodell von BMW: „Mein Meister und ich“ abgedruckt. Aus Platzgründen sind nur die Fragebögen (Selbstbeurteilung der Meister und Aufwärtsbeurteilung der Mitarbeiter) enthalten. Nach dem Interview mit Dieter Pfänder, BMW München, hat das Modell guten Anklang gefunden. Auch entsprechend der aufgestellten *Soll*-Kriterien (siehe Punkt 9.3.) zeigen sich 6,5 von 7 möglichen Punkten als erfüllt; denn nur die Zahl der Beurteilungsstufen liegt mit 4 Stufen unter den geforderten 7-9 Stufen. Es ist das einzige Aufwärtsbeurteilungsmodell für die *Meister*-ebene, es ist sehr praktikabel.

10. Praxisfälle von Leistungsbeurteilungen

In Kapitel 6.5. sind *30-Soll-Anforderungen an Grundsätze und Inhalte* von Leistungsbeurteilungssystemen gestellt. Diese 30 Systemanforderungen sind in Kurzform in einer übersichtlichen Tabelle beschrieben. Mittels dieser Übersicht können nun Firmenmodelle auf *Soll*-Erreichung differenziert werden. Dabei wird folgende Bewertungsabstufung verwendet:

E =	erfüllt	Diese Tabellenübersicht befindet sich am Ende dieses Kapitels.
~ =	unterschiedlich	
? =	mir unbekannt	
0 =	fraglich ob erreicht	
NE=	nicht erfüllt	

10.1. Metallsystem Bayern

Das Metall-Leistungsbeurteilungssystem für Bayern wurde im Dezember 1974 als damals bahnbrechendes Modell für alle tarifgebundenen Metall- und Elektrofirmen eingeführt (siehe Anhang 4.1). Es ist ein zwischen der „Industriegewerkschaft Metall (IGM)“ und dem „Arbeitgeberverein der Bayerischen Metallindustrie (VBM)“ vereinbartes Tarifmodell, welches heute noch für über 700 000 Mitarbeiter gültig ist. Dieses Modell ist aber so zur Farce erstarrt, dass es kaum noch jemand in den Mitgliedsfirmen uneingeschränkt anwendet. Oft wird es dort einfach totgeschwiegen – fast alle Betroffenen sind stark frustriert. Warum?

Es wurden unabhängig vom Modell in der Firmenanwendung aus Unwissenheit, Desinteresse und Zeitnot sehr viele Fehler gemacht, welche im Rückblick das Modell scheitern lassen mussten. Von verschiedenen größeren Metallfirmen ist bekannt:

- Das Modell wurde in den meisten Firmen bezüglich Sinn und Anwendung bei den Vorgesetzten nicht geschult.
- Nachdem die Vorgesetzten selber oft nicht gut über das neue System Bescheid wussten, konnten sie auch ihre Mitarbeiter nicht genügend einweisen.
- Vielfach wurden von den Firmenspitzen auch völlig falsche Aussagen zu diesem System gemacht, wie z. B. die Festlegung: „*Keine* Abteilung darf im Durchschnitt höher als 50 Punkte liegen“ oder manchmal sogar: „Kein Mitarbeiter darf über 50 Punkte kommen“ etc.
- Ein nachhaltiges Systemproblem war und ist noch immer das Fehlen von *Führungs*anforderungskriterien. Denn womit soll die Führungsleistung der Vorarbeiter, Einrichter, Gruppenführer, Gruppenmeister, Abteilungsmeister, Obermeister sowie vieler Ingenieure und Büroleiter mit Tarifgehalt (in Führungsfunktion) beurteilt werden? Kann man eine *Mengen*leistung messen beim Motivieren und Delegieren? Dieser Teil war bereits ein „Geburtsfehler“ des Systems.

- Eine Befragung bei BMW-München im Jahr 1995 zur Zielerreichung der Leistungsbeurteilung Metall (siehe Anhang 4.1) ergab durchschnittlich nur ca. 34,37 % Erfolg bei 8 verschiedenen Kriterien.

Von meinen 30 Anforderungskriterien kann ich beim Metallsystem Bayern nur 7 als erfüllt ansehen, was einer Quote von 23,33 % entspricht (siehe Abbildung 51: Systemvergleiche). Gedacht war das Metallsystem ohnehin nur als Basisform, welche die Unternehmen so anwenden konnten oder mittels der Tariföffnungsklausel auch speziell für ihre Firma umgestalten konnten. Das haben wenige getan. Zu einer Erneuerung des Systems konnten sich IGM + VBM bisher nicht entschließen.

10.2. MTU-Systeme

Die Firma Daimler Chrysler Aerospace, *MTU München* gehört zur Metallbranche. Bereits 1991 hat man dort die Tarif-Öffnungsklausel genutzt und ein eigenes Leistungsbeurteilungsmodell für Tarifmitarbeiter entwickelt. Allerdings werden dort ebenso wie bei BMW die Akkordlöhner nicht in die Leistungsbeurteilung einbezogen, sondern nur die Zeitlöhner und Tarifangestellten (für die Prämienlöhner gibt es ein eigenes internes Beurteilungsblatt).

Mit dem eigenen Tarifmodell wollte man die Schwächen des Metallsystems ausgleichen, indem man zwei Kriterien hinzunahm: Führungsverantwortung und betriebswirtschaftliches Verhalten. Allerdings ist man von den fünf Beurteilungsstufen des Metallsystems auf nur vier Stufen zurückgegangen.

Im AT-Angestelltenbereich hat die MTU ein spezielles Leistungsbeurteilungssystem, welches aber ein rein zielorientiertes Modell ist. Es gibt keine Aufwärtsbeurteilung bei der MTU. Allerdings gibt es bei den OFK (Oberen Führungskräften) ein intensives Zielvereinbarungsmanagement. Die Zielerreichung ist ganz eng an einen variablen Gehaltsanteil gekoppelt. Dieser liegt bei den OFKs derzeit noch bei 25 % und soll in den nächsten Jahren auf 40 % angehoben werden. Bei normalen Führungskräften liegt der variable Gehaltsanteil zur Zeit bei 15 %. Dieses System wurde von Daimler-Benz übernommen und beinhaltet 8 sogenannte „Werttreiber". Diese Werttreiber sind geheim.

10.3. XXL-GmbH-Modell

Die XXL-GmbH*) hat 4 500 Mitarbeiter und gehört zur Metallbranche. Beim sogenannten Systemvergleich (Abbildung 51) erreichte das Leistungsbeurteilungsmodell für Tarifangestellte die Soll-Anforderungen zu 47 % statt zu 23 % des Metallmodells Bayern. (siehe auch Anhang 4.3)

*) Name geändert

10.4. Siemens-Modelle

- Die *Siemens AG* verwendet derzeit im Tarifbereich einen zweiseitigen Bogen: „Aufzeichnungen zum Mitarbeitergespräch im Tarifkreis“. Hiermit zieht man sich auf der Tarifebene aus dem früheren sehr guten eigenen Leistungsbeurteilungssystem zurück, beurteilt wieder mit dem Metalltarifbogen und verwendet für das Beurteilungs*gespräch* den kurzen oben genannten Bogen. Allerdings gibt es keine Pflicht, mit diesem Bogen das Jahresgespräch zu führen. Es gibt nur zwei Hauptgebiete auf diesem Gesprächsbogen:

  A: Durchsprache der Aufgaben, Arbeitsziele und -ergebnisse,
  B: Hinweise zum weiteren Einsatz.

  Beurteilungskriterien oder -stufen fehlen. Allerdings ist einmalig explizit ausgedruckt auf diesen Bogen, dass keinerlei EDV-Aufzeichnungen vorgenommen dürfen bzw. diese sofort nach dem Mitarbeitergespräch gelöscht werden müssen (siehe Anhang 4.4). Anerkennenswert ist immerhin, dass man bei Siemens für den Tarifbereich einen Vordruck für Mitarbeitergespräche verwendet sehen möchte.

- Oberhalb des Tarifkreises einschließlich für den OFK-Kreis gibt es das jährliche EFA-Gespräch. Dort heißt es in der Broschüre „Das EFA-Prinzip“: „Siemens wolle zu den erfolgreichsten und ertragsstärksten Unternehmen gehören und wolle den Wandel von der Führungskraft zum Coach und die Entwicklung des Mitarbeiters zum Unternehmer in eigener Sache. EFA bedeutet: Entwicklung, Förderung und Anerkennung im übertariflichen Kreis. Das EFA-Prinzip heißt: Leistung muss sich lohnen, denn wer zu den besten gehört, muss viel für seine Mitarbeiter tun, denn wenn es dem Mitarbeiter gut geht, dann geht es auch dem Unternehmen gut.“

  Kontinuierlich gibt es Betreuungskontakt zwischen Führungskraft und Mitarbeiter. In der EFA-Runde besprechen und vergleichen mehrere Führungskräfte gemeinsam die Potentiale, Leistungsergebnisse etc. ihrer einzelnen Mitarbeiter. Die unmittelbare Führungskraft informiert dann seinen Mitarbeiter über das Ergebnis und was daraus folgt für Einkommen, Einsatz und Förderung. Dazu verwendet die Führungskraft den Bogen „EFA-Gespräch“ (siehe Anhang 4.5). In diesem Bogen gibt es ebenfalls keine klassischen Beurteilungskriterien – allerdings muss sich die Führungskraft Stichworte notieren zu:

  - der Fachkompetenz,
  - der Methodenkompetenz,
  - der Sozialkompetenz,
  - den Sprachkenntnissen des Mitarbeiters.

  } vgl. B/S/H (S. 22)

  Siemens erreicht mit dem EFA-Gesprächsbogen 73 % – Erfüllung der 30 Systemvergleichs-Kriterien (Abbildung 51). Das ist sehr hoch. Die EFA-Rücklaufquote beträgt 98 %.

In der EFA-Runde und auch im EFA-Gespräch werden inoffiziell allerdings doch Beurteilungskriterien verwendet – jedenfalls mündlich (Belastbarkeit, Effektivität, Entscheidungsfreude, Durchsetzungsvermögen, Motivieren können, etc.).

– Bei Siemens ist jede Führungskraft *verpflichtet*, in einem sogenannten *„Führungsgespräch"* (Mitarbeiter-Feedback) sich sowohl selbst einzuschätzen, als auch sich von seinen Mitarbeitern einschätzen zu lassen und ein Gespräch über die Ergebnisse zu führen. Als thematische Anhaltspunkte werden sieben Kriterien verwendet:

  - Kundenorientierung,
  - Innovationen,
  - erfolgreich wirtschaften,
  - exzellente Führung,
  - lernen,
  - Zusammenarbeit,
  - gesellschaftliche Verantwortung.

  Auf Details kann aus Platzgründen nicht eingegangen werden, aber es ist positiv zu bewerten, dass diese erstmalig in einem Unternehmen vorgefundene *Verpflichtung* zum Mitarbeiter-Feedback und zum Gespräch eingeführt wurde. Das ist für Führungskraft wie für Mitarbeiter gleichermaßen eine optimale Herausforderung.

– Die Leistung und das Potential jedes leitenden Angestellten (OFK) wird im Rahmen seines EFA-Gesprächs anhand eines generischen Rutungsmodells eingeschätzt bzw. bewertet. Im wesentlichen sind dies geschäfts- und geschäftsnahe Kriterien, das Führungsverhalten und die hierfür notwendigen Kompetenzen.
Jede OFK-Führungskraft wird jährlich von OFKs beurteilt. Einerseits geschieht das als Mitarbeiter-Feedback im sogenannten Führungsgespräch (s. o.). Es werden sieben weitere Kriterien beurteilt:

  - Lernfähigkeit,
  - Analysefähigkeit,
  - Gestaltungsfähigkeit,
  - Anpassungsfähigkeit,
  - Durchsetzungsfähigkeit,
  - Motivationsfähigkeit.

  Zusätzlich wird dann die Erreichung der sieben Führungsziele mit nur vier Stufen beurteilt, die wie folgt definiert sind (siehe Abbildung 50).

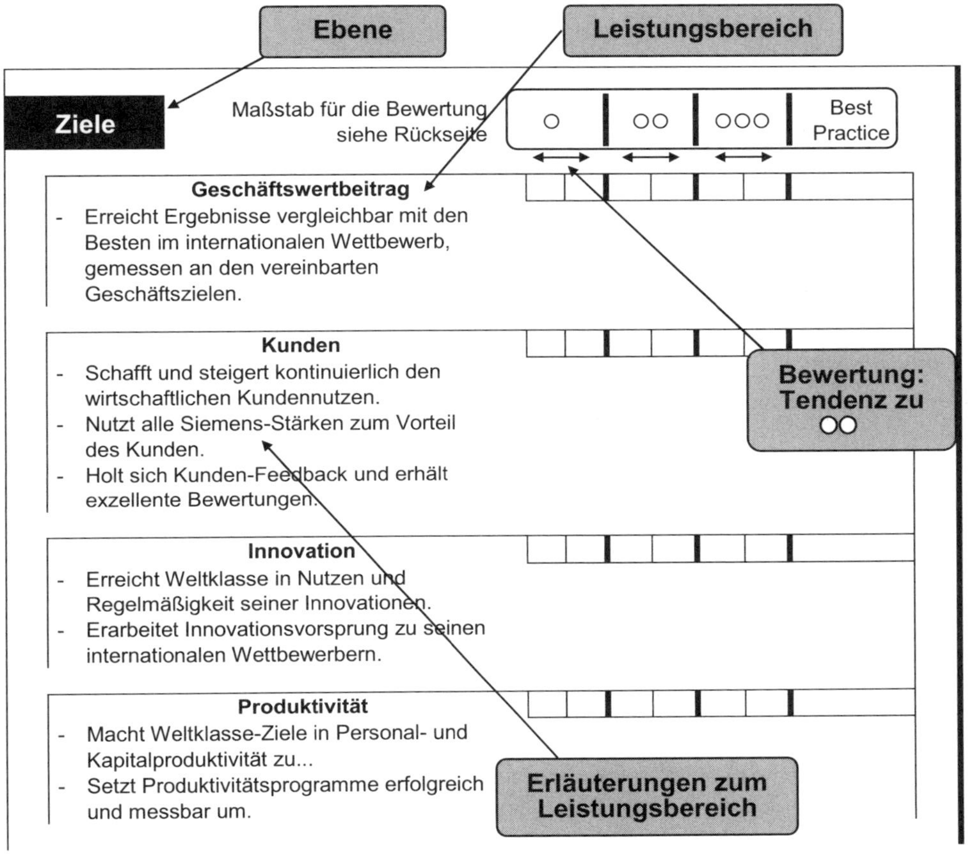

Abbildung 50: OFK-Führungsbeurteilung (Der Siemens-Führungsrahmen 1999)

Die weiteren drei Führungsziele lauten: Wachstum, Prozesse, gesellschaftliche Verantwortung.

Mit jedem OFK führt die Führungskraft das vorgenannte EFA-Gespräch. Insgesamt wird jeder OFK mit 18 Kriterien beurteilt; die Zielerreichung wird dabei ebenfalls analysiert.

– Aus Gründen des Buchumfanges können weitere interessante Firmenmodelle von BMW, Rodenstock, Wacker Chemie *nicht* mehr aufgeführt werden. Es liegen aber Ähnlichkeiten untereinander vor.

10.5. Burgmann-Modell (einschließlich Mitarbeiterbefragung)

– In der Firma Burgmann-Dichtungswerke, Wolfratshausen (insgesamt 2 700 Mitarbeiter, davon 950 Mitarbeiter im Hauptwerk Wolfratshausen/Eurasburg) wurde ab 01.01.1995 das von mir entwickelte Leistungsbeurteilungs- und Zielvereinbarungssystem auf AT-Ebene eingeführt und seitdem angewendet (siehe hierzu Anhang 4.6).

Nach fünf Jahren Laufzeit des Modells wird eine umfangreiche Befragung durchgeführt.

Ein Auszug der wichtigsten Ergebnisse wird nachfolgend vorgestellt; die Gesamtergebnisse sind im Anhang 4.7 zu finden:
(Insgesamt wurden 140 Fragebögen versandt – 58 kamen voll oder teilweise ausgefüllt zurück.)

· *Durchführung der Leistungsbeurteilung bzw. des Gespräches:*

I.	1.1	zu 69 %	wird zur Leistungsbeurteilung eine Stellenbeschreibung als Basis verwendet.
	1.2	zu 95 %	werden aus der Leistungsbeurteilung Ziele abgeleitet und vereinbart.
	1.2.1	zu 80 %	sind diese Ziele sehr konkret formuliert.
	1.2.2	zu 65 %	werden auch Zielerreichungs-Messgrößen vereinbart.
	1.2.3	zu 86 %	wird die Zielerreichung überprüft.
	1.3.1	zu 61 %	wird Einsicht in die Beurteilung ermöglicht.
	1.3.3	zu 96 %	werden Mitarbeiter aufgefordert, selber Ziele vorzuschlagen.

· *Betriebliche Umsetzung der Leistungsbeurteilungsergebnisse*

II.	2.1	zu 77 %	wird die Beurteilung der *erbrachten* Leistung für wichtig gehalten (Nennungen über 50 %).
	2.2	zu 73 %	wird die Beurteilung der möglichen Leistungs*fähigkeit* für wichtig gehalten (Nennungen über 50 %).
	2.3	zu 69 %	werden Beurteilungsfehler bei Vorgesetzten nicht ausgeschlossen.
	2.4	64 %	der Mitarbeiter sehen das Leistungsbeurteilungs-/Zielvereinbarungssystem als überwiegend oder voll akzeptiert an (weitere Mitarbeiter sehen es als „mittel"-akzeptiert an).
	2.5	zu 86 %	wird es von über 50 % der Teilnehmer als wirtschaftlich vertretbar gehalten, einmal im Jahr ein Leistungsbeurteilungsgespräch zu führen.
	2.6	zu 69 %	wird von über 50 % der Teilnehmer das System als gut handhabbar eingestuft.
	2.7	zu 69 %	wird keine Änderung gewünscht.
	2.9	zu 85 %	wird Honorierung von Zielerreichung gewünscht.
	2.10	zu 66 %	wird Konsequenz bei Zielverfehlung akzeptiert.
	2.11	zu 63 %	wird eine jährliche detaillierte Merkmalsbeurteilung gewünscht.

2.12 zu 60 % wird gewünscht, dass der höhere Vorgesetzte unterschreibt.
2.13 zu 28 % wird ein Vetorecht des höheren Vorgesetzten gewünscht.
2.14 zu 86 % wird eine Aufwärtsbeurteilung gewünscht (obwohl 65 % der Befragten selber Vorgesetzte sind!).
2.15 zu 56 % wird eine Stellungnahme des Beurteilten für richtig bzw. für notwendig gehalten.
2.16 zu 40 % wird ein *halb*jährliches Leistungsbeurteilungsgespräch gewünscht.

· *Fragen an Beurteiler:*

II. 1.1 zu 81 % wird Akzeptanz der den Mitarbeitern zugeordneten Merkmalseinstufungen vermutet.
1.2 zu 65 % wird angegeben, dass die Leistungsbeurteilungsgespräche 90-120 Min. dauern (der Rest bis 60 Min.).
1.3 zu 100 % wird der Verlauf und das Ergebnis der Leistungsbeurteilungsgespräche für die Teilnehmer positiv vermutet.

· *Fragen an Beurteilte:*

1.1 zu 82 % wird die erhaltene Beurteilung akzeptiert.
1.2 zu 45 % wird angegeben, dass die Leistungsbeurteilungsgespräche 90-120 Min. dauern.
1.3 zu 80 % wird der Verlauf und das Ergebnis der Leistungsbeurteilungsgespräche als positiv empfunden.
1.3.1 zu 77 % konnte die eigene Meinung zufriedenstellend in Leistungsbeurteilungsgespräche eingebracht werden.
1.4 zu 75 % wurden Folgerungen für den weiteren Einsatz und die Förderung vereinbart.
1.4.1 zu 80 % wurden diese Folgerungen überwiegend akzeptiert (über 50 % Nenn.).
1.5 zu 92 % wurden klare, akzeptable Ziele vereinbart.
1.5.1 zu 86 % wurden die Ziele auch innerlich akzeptiert.
1.5.2 zu 22 % hätte man sich eigentlich andere Ziele gewünscht.

· *Statistische Angaben:*

74 % der Befragten haben ein Studium abgeschlossen.
65 % der Befragten haben Führungsverantwortung.

– Dieser Auszug aus den Ergebnissen der Befragung zeigt, dass das Beurteilungs- und Fördermodell grundsätzlich gut akzeptiert ist. Wobei eben auch Schwächen in der Anwendung zu verzeichnen sind – allerdings keine gravierenden. Der Zielvereinbarungsvordruck im System wurde zwischenzeitlich durch die Balanced Scorecard ersetzt; das ist effektiver.

Trotzdem ist es nach fünf Jahren Anwendung an der Zeit, das Modell weiterzuentwickeln. Im nächsten Kapitel wird mein neues erweitertes Modell vorgestellt.

10.6. Übersicht über Vergleiche: Praxismodelle mit Leistungsbeurteilungs-Sollanforderungen

	Gewährleistet bei LB-System: E = erfüllt, ~ = unterschiedlich, ? = mir unbekannt, 0 = fraglich, NE = nicht erfüllt			
• Grundsätzliche Inhalte des Systems:	Metallsystem Bayern	XXL-GmbH* Tarifmodell	Siemens EFA	Fersch-Burgmann
G 1 · B-System ist kein Sanktionsinstrument	E	E	E	E
G 2 · Allg. Führungs- und Kommunikationsschulungen bereits vor Einführung der LB.	~	E	E	0
G 3 · Intensive Schulungen der VG in Kennen und Anwenden des LB-Systems.	0	E	E	~
G 4 · Es beurteilt immer nur der direkte VG	~	E	E	E
G 5 · Die Leistungsspanne beträgt max. 8 - 15 MA pro VG.	0	~	?	E
G 6 · Betroffene an LB-System-Entwicklung beteiligt.	NE	0	?	NE
G 7 · Keine persönliche Würde angetastet/Daten geschützt.	~	~	E	E
G 8 · Beurteilte erhalten LB-Kopie.	~	~	E	E
G 9 · Keine psychologischen Spezialkenntnisse erforderlich.	E	E	E	E
G10 · Einspruchsmöglichkeiten bekannt gemacht.	~	E	E	E
G11 · Alle 5 Jahre Effizienzprüfung des LB-Systems.	NE	NE	?	E
• *Sollinhalte auf LB-Vordruckblättern:*				
V 1 · Kurz-Stellenbeschreibung.	NE	NE	E	E
V 2 · Beurteilungszeitraum genannt/bekannt.	E	E	(E)	E
V 3 · B-Kriterien direkt anforderungsrelevant und beobachtbar/messbar.	E	E	E	E
V 4 · B-Kriterien sind klar verständlich oder Definition ist beigegeben.	E	E	E	E
V 5 · Genügend B-Kriterien vorhanden aber nicht widersprüchlich oder überlagernd.	NE	~	NE	E
V 6 · Keine Gewichtung zueinander.	NE	E	E	E
V 7 · Fachkriterien selbst eintragen können.	NE	NE	NE	E
V 8 · Verhaltenskriterien (7 - 12), vorgedruckt (5 - 10) und individuell einzutragen mindestens 2.	~	~	(E)	E
V 9 · Führungskriterien (mind. 5) vorgedruckt.	NE	~	~	E
V10 · Vorformulierung der B-Kriterien verbessert die Praktikabilität und Vergleichbarkeit.	E	E	E	E
V11 · Beurteilungsstufen sollen 7 - 9 sein.	NE	NE	NE	E
V12 · Beurteilungsstufen auch verbal definiert.	E	E	E	E
V13 · Freiraum für Notizen zur B-Kriterienerfüllung.	NE	NE	E	E
V14 · Formularteil: Folgerung für Einsatz/Förderung.	NE	NE	E	E
V15 · Formularteil: Positive/negative Rückmeldungen.	NE	NE	E	E
V16 · Formularteil: Ziele für Folgejahr vorhanden.	NE	NE	E	E
V17 · Platz für Stellungnahme des Beurteilten vorhanden.	NE	NE	E	E
V18 · Definition der Unterschrift: Beurteilung zur Kenntnis genommen.	NE	E	E	E
V19 · Hinweisspalte „Entgeltvereinbarungen“ vorhanden.	~	NE	E	E
Zahl der „erfüllt“ E	7 = 23 %	14 = 47 %	23 = 77 %	27 = 90 %
Zahl der „unterschiedlich“ ~	2 = 7 %	1 = 3 %	---	1 = 3 %
Zahl der „mir unbekannt“ ?	---	---	3 = 10 %	---
Zahl der „fraglich“ 0	7 = 23 %	5 = 17 %	2 = 7 %	1 = 3
Zahl der „nicht erfüllt“ NE	14 = 47 %	10 = 33 %	3 = 10 %	1 = 4 %

*Firma der Metallindustrie, München, 4 500 Mitarbeiter

Abbildung 51: Systemvergleiche zu Leistungsbeurteilungs-Sollanforderungen

10.7. Zusammenfassung

- Die beschriebenen *Modelle* zeigen durchaus Ergebnisunterschiede auf. Sie zeugen entweder vom Managemententwicklungsstand der Zeit, in der sie geschaffen wurden, oder auch der personalpolitischen Sichtweise der Unternehmen, in denen sie verwendet werden. Das Metallmodell war damals als *Tarif*modell ein mutiges Symbol und steht heute in der Kritik. Die Metall-Unternehmen sollten endlich den Mut aufbringen, intern auf allen Firmenebenen zukunftstragende Beurteilungs-, Zielvereinbarungs- und Personalentwicklungsmodelle einzusetzen. Die Öffnungsklausel im Tarifvertrag ermöglicht es. Ansonsten würde weiterhin eine wichtige Personalentwicklungschance versäumt.
- Es ist wichtig, sich für den zukünftigen harten Auslesekampf auf dem Markt zu rüsten. Von heute auf morgen kann man nichts mehr ändern, wenn man merkt, dass der Effektivitätsgrad im Unternehmen deutlich nachgelassen hat. Eine der Auswahlparameter für Fach- und Führungskräfte wird zunehmend sein: *Attraktivität des Unternehmens für gute Leute!* Da gibt es eigentlich wenige sehr attraktive Unternehmen. Manche Firmen sind attraktiv für schwache Leute – dort fehlt es überall, vor allem im Management; dort kann man sich *noch* gut verstecken. Also nichts wie hin – um so schneller gehen sie kaputt und werden aufgekauft von den Attraktiveren.
- Hier in diesem Kapitel wurden gute Vorbilder von/in Firmen beschrieben, wie man effektives, leistungs- und ergebnisorientiertes Management betreiben kann. Die guten Leute wollen von diesen Unternehmen nicht weg – die schwachen dürfen nicht hin.
- Die von Dieter Frey beschriebenen krassen Führungsmängel in vielen Firmen können nur durch mutiges Herumreißen des Firmenruders allmählich beseitigt werden. Nur weil es möglicherweise bisher gewinnmäßig gut gelaufen ist im Unternehmen, muss und wird es von selbst nicht einfach so bleiben. Manchmal sind die Kapitaleigner blind für die notwendigen Schritte zu einer *lang*fristigen gesunden Firmenentwicklung. Die tieferen Zusammenhänge der Begriffe: Humankapital, Personalentwicklung, Führungskultur, Unternehmenskultur, Zielvereinbarung, KVP, TQM, Benchmarking u. v. a. sind ihnen nicht bekannt. Sie verhindern mit ihrer Kapitalmacht letztlich die persönliche Entwicklung von Menschen über das Arbeitsleben. Das ist in kleineren und mittleren patriarchalisch geführten Unternehmen besonders der Fall. Der bei Siemens vorbildlich für OFK verpflichtenden „Gesellschaftlichen Verantwortung" kommen leider viele Führungskräfte in anderen Unternehmen *nicht* nach (siehe wieder Dieter Frey).

11. Optimales Modell zur Leistungsbeurteilung und Zielvereinbarung

11.1. Grundsätze für ein Optimal-Modell

Unter Kapitel 6.5. sind *30 Sollanforderungen* an Beurteilungssysteme inklusive deren Mindestinhalte aufgestellt. Durch sie soll verglichen werden können, ob Beurteilungssysteme ihrer Aufgabe gerecht werden. Denn sie sollen ein Führungs- und Personalentwicklungsinstrument sein, um festzustellen:

- *Ist* der einzelne Mitarbeiter an seinem derzeitigen Arbeitsplatz optimal eingesetzt? Ja / Nein
- *Benötigt* der Mitarbeiter eine Schulungsmaßnahme, damit er die Arbeitsplatzanforderungen besser bewältigt? Ja / Nein
- *Ist* der Mitarbeiter für einen anderen Arbeitsplatz besser qualifiziert, weil er hier überfordert ist? Ja / Nein
- *Ist* der Mitarbeiter für diese Arbeit überqualifiziert und sollte er deshalb in höheren Anforderungen eingesetzt werden? Ja / Nein
- *Wie* sieht die Entwicklungstendenz des jeweiligen Mitarbeiters aus; wie könnte man ihn unterstützen und längerfristig einsetzen bzw. vorbereiten? Ja / Nein

11.2. Beschreibung des Optimal-Modells

- Unter der Prämisse, dass ein Vorgesetzter bereit ist, jährlich einmal pro Mitarbeiter zwei bis vier Stunden für das sogenannte *Jahresgespräch* einzusetzen (Ergebnis-Beurteilung, Personalentwicklung, Zielvereinbarungen), wurde das nachfolgend beschriebene Grundmodell entwickelt. Es ist primär für *AT-Mitarbeiter* (mit und ohne Führungsaufgaben) konzipiert. Diese vier Seiten (ohne Zielvereinbarungsblatt) wurden dann adäquat in einem eigenen Modell für *Tarifmitarbeiter* auf zwei Seiten reduziert, denn auf der Tarifebene gibt es weniger und andere Anforderungen. Beide Modelle sind checklistenartig angelegt, so dass die wichtigsten Punkte erfasst sind und auch der beurteilte Mitarbeiter diese Bögen *vor* dem Jahresgespräch ausfüllen kann – und es auch tun sollte. Das ist nach kurzer Anleitung durch den Vorgesetzten möglich. Das Extrablatt „Zielvereinbarungen-Jahresziele" sollte immer der Vorgesetzte mit dem Mitarbeiter gemeinsam erstellen. Hier ist aber zumindest der AT-Mitarbeiter aufgefordert, bereits ausformulierte Entwürfe einzubringen. Manche Tarifmitarbeiter werden mit diesem Blatt auch gut arbeiten können, während andere Gruppen unter ihnen zur Zeit noch wenig mit Zielvereinbarungsdenken konfrontiert sind und erst noch „hineinwachsen" müssen.

Die mit ihnen zu vereinbarenden Jahresziele werden einfacher und weniger sein – sind aber relativ genauso wichtig für die Effektivität des Arbeitseinsatzes. Dort wird das Beurteilungsgespräch evtl. überwiegend ein Betreuungsgespräch sein.

– Nun zu den Hauptpunkten:

zu A: *Kurz-Stellenbeschreibung* bzw. *Stellenanalyse*
Dieser Teil ersetzt nicht eine effektive Stellenbeschreibung, sondern soll dem Beurteiler wenigstens grundsätzlich noch einmal die zu beurteilende *Soll-Basis bewusst* machen. Eine gute Stellenbeschreibung ergibt die Details für Punkt A; existiert keine (effektive), so sollten diese Zeilen von A präzise ausgefüllt werden. Teil A muss nicht jedes Jahr neu erstellt werden, sondern kann fortgeschrieben werden.

zu B: *Anforderungen* und *Qualifikation bzw.*
Anforderungen der Stelle und *Qualifikation des Stelleninhabers*
Folgernd aus A sind hier:
- die drei bis fünf wichtigsten *fachlichen* Anforderungen einzutragen,
- je zwei wichtige stellenspezifische Verhaltens- oder geistige Anforderungen zusätzlich zu formulieren,
- diejenigen *Soll*-Ränge (1-9) festzustellen und einzutragen, welche für jedes Kriterium dieser Stelle spezifisch sind,
- die *Ist*-Ränge (1-9), also die Erfüllungsgrade (Qualifikation), welche der Stelleninhaber im abgelaufenen Jahr im Durchschnitt gezeigt hat, einzutragen. Sie können unter, über oder gleich mit den *Soll*-Rängen liegen. Entsprechend sollten jeweils Kurzbemerkungen notiert werden, die allerdings noch detailliert begründet und im Bedarfsfall bewiesen werden sollten.

zu C: *Folgerungen für Einsatz und Förderung*
Resultierend aus den Ergebnissen von B sind in C alle grundsätzlichen Möglichkeiten aufgeführt, die sich für den weiteren Einsatz (zumindest im nächsten Jahr) ergeben können. Der Beurteiler muss nur ankreuzen bzw. Stichworte notieren. Die Führungskraft muss sich hier entscheiden, wie und wo der Mitarbeiter weiterarbeiten soll. Der Beurteilte kann Bemerkungen zur Beurteilung und zu Einsatzfolgerungen in einer speziellen Rubrik eintragen.

zu D: *Mitarbeiterentwicklung/Laufbahnplanung*
In der Personalwirtschaft gibt es die Begriffe: Nachfolgeplanung/Laufbahnplanung. Beide bedingen sich gegenseitig. Da gute Mitarbeiter aller Ebenen als Humankapital an das Unternehmen gebunden werden sollen, muss man ihnen Entwicklungsmöglichkeiten aufzeigen. Das gilt auch im Zusammenhang mit Job-rotation etc. Deshalb soll im Punkt D – in Verbindung mit C – der Einsatz für die nächsten fünf Jahre *grundsätzlich* analysiert werden. Entscheidungen sollten evtl. auf einem Extrablatt für beide Seiten festgehalten werden – soweit sie über den Zielvereinbarungsbogen hinausgehen.

zu E: Gespräch mit dem Mitarbeiter: Kurzprotokoll
Hier werden sowohl vom Vorgesetzten als auch vom Mitarbeiter – resultierend aus Punkt B:
- positive Rückmeldungen zum abgelaufenen Jahr,
- klärungsbedürftige Themen,
- Stichworte für Zielvereinbarungen,
- Vorschläge bzw. Vereinbarungen für den neuen Entgelt

notiert.

zu F: Zielvereinbarungen/Jahresziele: Formular
Dieses Blatt ist so angelegt, dass jedes einzelne Ziel einfach nur in der Reihenfolge von links nach rechts beschrieben werden muss. Damit ist arbeitsmethodisch gewährleistet, dass, sowohl alle, für eine effektive Zielerreichung erforderlichen Bestandteile klar erfasst sind sowie auch die Kontrollkriterien für die Erfüllungsbeurteilung enthalten sind.

11.3. Formblätter des Optimal-Modells

Kein Mensch kann einen anderen Menschen hundertprozentig zutreffend beurteilen, denn der Mensch ist mehr als die Summe seiner materiellen Teile. Deshalb kann auch kein einziges Test- oder Beurteilungssystem der Welt dies je gewährleisten – auch das vorgestellte nicht.

Mit den beiden Modellen sollten aber hochqualifizierte und praxisgerechte Hilfsmittel geschaffen werden, um den Spannungsbogen des magischen Fünfecks viel leichter zu meistern, nämlich:

den richtigen *Mitarbeiter* in der richtigen *Qualifikation* zur richtigen *Zeit* am erforderlichen *Ort* *rationell* einzusetzen.

Natürlich gibt es viele theoretischere, anscheinend qualifiziertere Modelle – vom Umfang her. Aber ich weiß als Unternehmensberater, dass ein Modell für viele verschiedene Anwender gleichzeitig gut annehmbar sein muss, damit es akzeptiert wird. Diese Gradwanderung habe ich gewagt – ohne all zu viel Grundsätzliches wegzulassen.

Nicht wenige Vorgesetzte sind tatsächlich sehr unter Zeitdruck und werden stöhnen: So viel Papier, so viel Zeitaufwand, für so viele Mitarbeiter ... Anscheinend sind die einzelnen Mitarbeiter die 2-4 Stunden pro Jahr nicht wert – etwas anderes ist wichtiger. Dass die Mitarbeiter die Formulare auch selber ausfüllen müssen, wird z. T. größere Schwierigkeiten verursachen, denn viele Mitarbeiter sind darin *noch* nicht soweit entwickelt (worden). Dann müssen die Mitarbeiter es eben jetzt lernen und zur Mitsprache und Mitverantwortung erzogen werden. Nichts spricht grundsätzlich dagegen! *Nun die beiden Modelle:*

JAHRESGESPRÄCH: (AT-Mitarbeiter)

Stellenbezeichnung: ______________

Beurteilte(r) ______________

A Kurz-Stellenbeschreibung

I. Grundsätzliches

1. Name: ______________
2. Stellenbezeichnung: ______________
3. Unterstellung: ______________
4. Überstellung: a) disziplinarisch ______________
   b) fachlich ______________
5. Vollmachten: ______________
6. Vertreten durch: ______________
7. .... ______________

II. 1. Rahmenziele der Stelle: (Zeit, Menge, Personen, Qualität, Führung etc.)

1.1. ______________
1.2. ______________
1.3 ______________
1.4. ______________
1.5. ______________

2. Hauptaufgaben der Stelle:

2.1. ______________
2.2. ______________
2.3. ______________

3. Einzelaufgaben:

3.1. Linienaufgaben: (er entscheidet ..., er bestimmt ..., er legt fest ..., er ordnet an ..., er genehmigt ...)

- ______________
- ______________
- ______________
- ______________

3.2. Stabsaufgaben: (er arbeitet aus ..., er schlägt vor ..., er berät ..., er informiert ...)

- ______________
- ______________
- ______________
- ______________
- ______________

3.3. Bemerkungen: (Dienstleistungsfunktionen, wesentliche Nebenaufgaben etc.)

- ______________
- ______________
- ______________

Abbildung 52: Jahresgespräch AT-Mitarbeiter (Seite 1)

B Anforderungen und Qualifikation	Stellenbezeichnung:		
	Beurteilte(r)		
I. Anforderungen der Stelle	**200_ II.*)**	**200_ III. x)**	**IV. Bemerkung zu II. u. III.**
1. Fachliche Anforderungen: (bitte eintragen)			
1.1			
1.2			
1.3			
1.4			
1.5			
2. Verhaltensbezogene und geistige Anforderungen:			
2.1 Problemverständnis, -durchdringung (sachbez.)			
2.2 Flexibilität, Beweglichkeit, Einstellfähigkeit			
2.3 Kreativität, Vorstellungskraft, Innovationsber.-sch.			
2.4 Überzeugungskraft, sprachlicher Ausdruck			
2.5 Entscheidungsfreude, Einsatzbereitschaft, Initiative			
2.6 Arbeitseffektivität, Planvolles Arbeiten, Systematik			
2.7 Zielorientierung, Ergebnisorientierung			
2.8 Genauigkeit, Qualität der Leistung			
2.9 Ausdauer, Belastbarkeit, Ausgeglichenheit			
2.10 Kooperationsbereitschaft, Teamfähigkeit			
2.11			
2.12			
3. Führungsbezogene Anforderungen:			
3.1 Zielsetzungs- und -durchsetzungsvermögen			
3.2 Beurteilungsvermögen (pers.-bezog.), Verantw.-gef.			
3.3 Delegationsvermögen			
3.4 Motivationsfähigkeit			
3.5 Emotionale Intelligenz/Kontaktfähigkeit			
Σ			
ø			

) II. Sollrang (1 – 9) eintragen

9 = sehr hohe, max. Anforderung an ...
8 = hohe, weit überdurchschnittliche Anforderung ...
7 = im großen und ganzen über dem Durchschnitt liegende Anforderung ...
6 = teilweise über dem Durchschnitt liegende Anforderung ...
5 = rein durchschnittliche Anforderungen an ...
4 = teilweise unter dem Durchschnitt liegende Anforderung ...
3 = im großen und ganzen unter dem Durchschnitt liegende Anforderung ...
2 = niedrige, geringe Anforderungen an ...
1 = sehr geringe, nur ganz selten benötige Anforderungen an ...

x) III. Erfüllungsrang (1 – 9) Bitte die zutreffende Ziffer eintragen, Einstufungen in 1, 2, 3, oder 7, 8, 9

Wird den Anforderungen in diesem Merkmal nicht gerecht.	Erfüllt im allgemeinen die Anforderungen in diesem Merkmal. Die Mehrzahl mit vergleichbaren Aufgaben betrauten Mitarbeiter entspricht den Anforderungen besser.	Wird den Anforderungen in diesem Merkmal voll gerecht. Er ragt hier aus der Mehrzahl der mit vergleichbaren Aufgaben betrauten Mitarbeiter nicht hervor und bleibt hinter ihnen nicht zurück.	Entspricht den Anforderungen in diesem Merkmal deutlich besser als die Mehrzahl der mit vergleichbaren Aufgaben betrauten Mitarbeiter.	Überragt in diesem Merkmal weit die mit vergleichbaren Aufgaben betrauten Mitarbeiter.
1	2 3	4 5 6	7 8	9

Abbildung 53: Jahresgespräch AT-Mitarbeiter (Seite 2)

C. Folgerungen für Einsatz und Förderung

Stellenbezeichnung: ______________________ Beurteilte(r): ______________________

(bitte die jeweils zutreffende ( ) Ziffer ankreuzen)

1. Wie ist der Beurteilte prinzipiell am effektivsten einzusetzen?

(1.) Eine Führungsaufgabe sollte ausgefüllt werden. ______________________

(2.) Eine Fachreferenten/-spezialistenaufgabe sollte ausgefüllt werden. ______________________

(3.) Ist noch nicht genügend klar erkennbar. ______________________

2. Wie entspricht der Mitarbeiter den Anforderungen seiner derzeitigen Aufgaben?

(1.) Übereinstimmung von Anforderungen und Befähigung. ______________________

(2.) Zeitweilige Überforderung; kann durch weitere Einarbeitung/Schulung ausgeglichen werden. ______________________

(3.) Anforderungen und Befähigung stimmen nicht befriedigend überein; Aufgabenwechsel erscheint notwendig. (Anforderungsreduzierung). ______________________

(4.) Befähigung übersteigt die Anforderungen; Übertragung qualifizierter Aufgaben erscheint geraten. ______________________

3. Ist eine Änderung der Aufgaben des Mitarbeiters im Dispositionsbereich des beurteilenden Vorgesetzten vorgesehen?

(1.) Keine wesentliche Änderung der derzeitigen Aufgaben. ______________________

(2.) Reduzierung/Vereinfachung der derzeitigen fachlichen Aufgaben. ______________________

(3.) Reduzierung der derzeitigen Führungsaufgaben. ______________________

(4.) Auswertung der derzeitigen fachlichen Aufgaben. ______________________

(5.) Probeweises Heranführen an Führungsaufgaben/Schulen für Übernahme von Führungsaufgaben. ______________________

(6.) Übernahme anderer Aufgaben ab: ______________________

(7.) Sonstiges: ______________________

4. Sollte der Mitarbeiter in absehbarer Zeit innerhalb des Unternehmens versetzt werden?

(1.) Nein

(2.) Ja, mit welchem Ziel: ______________________

– für welche Aufgaben: ______________________

5. Vorschläge für die derzeitige Weiterbildung des Mitarbeiters:

(1.) Fachlich: ______________________

(2.) Verhaltensorientiert: ______________________

(3.) Führungsorientiert: ______________________

(4.) Sonstiges: ______________________

6. Verfügt der Mitarbeiter über weitere Interessen, Fähigkeiten, Erfahrungen und Kenntnisse, die für seinen Einsatz Bedeutung erlangen können? Gegebenenfalls welche:

____

____

- **Bemerkungen des Beurteilten zur Beurteilung sowie zu Einsatz und Förderung:**

____

____

Abbildung 54: Jahresgespräch AT-Mitarbeiter (Seite 3)

D. Mitarbeiterentwicklung/Laufbahnplanung

Stellenbezeichnung: ______________________ Beurteilte(r): ______________________

I. Langfristziel für 10 Jahre und mehr:

- Vorgesetztenempfehlung: ______________________
- Mitarbeitervorstellung: ______________________

II. Entwicklungsplan 5 Jahre (200_-200_):

- Vorschläge des Vorgesetzten:
  - Tätigkeiten ______________________
  - Schulungen ______________________
  - Sonstiges ______________________
- Wünsche des Mitarbeiters/der Mitarbeiterin:
  - Tätigkeiten ______________________
  - Schulungen ______________________
  - Sonstiges ______________________

E. Gespräch mit dem Mitarbeiter: Kurzprotokoll

I. Positive Rückmeldungen zum abgelaufenen Jahr:

· Vorgesetztensicht:	· Mitarbeitersicht:
1.) ______	1.) ______
2.) ______	2.) ______
3.) ______	3.) ______
4.) ______	4.) ______

II. Klärungsbedürftige Themen bzw. Fragen/Probleme (IST):

· Vorgesetztensicht:	· Mitarbeitersicht:
1.) ______	1.) ______
2.) ______	2.) ______
3.) ______	3.) ______
4.) ______	4.) ______

III. Zielrahmen für das kommende Jahr (SOLL):

· Vorgesetztensicht:	· Mitarbeitersicht:
1.) ______	1.) ______
2.) ______	2.) ______
3.) ______	3.) ______
4.) ______	4.) ______

IV. Vorschläge zu Zielvereinbarungen/Maßnahmen für das kommende Jahr: siehe Blatt B + C
(Festschreibung und Detailformulierungen auf dem Extrablatt: Zielvereinbarungen)

· Vorgesetztensicht (Stichworte):	· Mitarbeitersicht (Stichworte):
1.) ______	1.) ______
2.) ______	2.) ______
3.) ______	3.) ______
4.) ______	4.) ______
5.) ______	5.) ______

V. Finanzielle/Vergütungsmäßige Vereinbarungen für das kommende Jahr (Extrablatt):

1.) Zieleinkommen 200_ : € ______ 200_ : € ______
2.) Variabler Anteil 200_ : € ______ 200_ : € ______
(Prämie o. ä.)

Mit den Zielvereinbarungen einverstanden: (Beurteilung zur Kenntnis genommen) **Mitarbeiter** (Datum, Unterschrift)	 **Vorgesetzter** (Datum, Unterschrift)	Vom nächsthöheren Vorgesetzten zur Kenntnis genommen: (Datum, Unterschrift)

Abbildung 55: Jahresgespräch AT-Mitarbeiter (Seite 4)

Entwurf	Endfassung	200__	• Stellenbezeichnung:
			• Beurteilte(r)
JAHRESGESPRÄCH (Tarifmitarbeiter)			• Mitarbeiter(in) von:
			Fachliche Personalverantwortung für:

A. STELLENANALYSE
Basis-Ziele der Stelle: (Zeit-, Mengen-, Qualitäts-, Kosten-, Umsatz-, Personen-bezogen etc.)
1.
2.
3.
4.
5.

B. ANFORDERUNGEN DER STELLE und QUALIFIKATION DES STELLENINHABERS

I. Anforderungen an:	**200_ II.*)**	**200_ III. x)**	**IV. Kurzbemerkung** zu II. u. III.
1. Fachliche Anforderungen: (bitte immer alle 3 eintragen)			
1.1			
1.2			
1.3			
2. Verhaltensbezogene und geistige Anforderungen:			
2.1 Arbeitstempo, Schnelligkeit, Mengenleistung-Fleiß			
2.2 Arbeitsgüte, Sorgfalt, Qualität der Ergebnisse			
2.3 Einsatzbereitschaft, Kreativität, Verantwortungsgefühl			
2.4 Ausdauer, Belastbarkeit(körperl., geistig-mental)			
2.5 Koop. Bereitschaft, Teamorientierung, Ausgeglichenheit			
2.6 +			
2.7 +			
			= Punktesumme

+) in Spalte 2.6 und 2.7 muss jeweils mindestens 1 Anforderungskriterium eingetragen werden, das aber frei zu wählen ist. Beispiele hierfür sind: Planvolles Arbeiten, Systematik, Fehlerquote, Flexibilität, Beweglichkeit, Umstellfähigkeit, Anleiten/Einarbeiten anderer, Motivieren anderer, wirtschaftliche Zielorientierung usw.

V. Leistungsergebnis *(Berechnung muss nicht zwingend verwendet werden):*
Maximal 100 Gesamtpunkte sind möglich. Angestrebter Durchschnitt pro größerer Abteilung laut Gauß'scher Normalverteilung (der Qualifikation) ist ca. 50 Punkte, was im Einzelfall höher oder niedriger liegen wird.
Hier erreichte Punktezahl _______ (siehe Summe B.) x ______ Geldfaktor = ____ % Leistungszulage 200__

*) **II. Sollrang** Soll-Stufe (1-10) eintragen:
Anforderungsstufen

10	= außergewöhnliche Spitzenanforderungen
9	= besonders hohe Anforderungen
6-8	= teilweise über- bis weit überdurchschnittliche Anfo.
5	= rein durchschnittliche-mittlere Anfo.
2-4	= teilweise unter- bis weit unterdurchschnittliche Anfo.
1	= sehr geringe, minimale (evtl. ganz seltene) Anfo.

x) **III. Erfüllungsrang** Ist-Stufe (1-10) eintragen
Erfüllungsgrade

10	= außergewöhnliche Spitzenleistungen
9	= überragt/übertrifft mittlere Anfo in sehr hohem Maße
6-8	= liegt leicht bis erheblich über mittleren Anfo.
5	= erfüllt mittlere Anfo. in der Regel zufriedenstellend
2-4	= liegt leicht bis erheblich unter mittleren Anfo.
1	= erfüllt mittlere Anforderungen in keiner Weise

VI. Bemerkungen des Beurteilten zum Anforderungs- bzw. Erfüllungsgrad (BII - IV)

Abbildung 56: Jahresgespräch Tarifmitarbeiter (Seite 1)

C. Folgerungen für Einsatz und Förderung

Beurteilte(r): ______________

(bitte die jeweils zutreffende ( ) Ziffer ankreuzen)

I. Wie entspricht der Mitarbeiter den Anforderungen seiner derzeitigen Aufgaben?

(1.) Übereinstimmung von Anforderungen und Befähigung. ______

(2.) Zeitweilige Überforderung; kann durch weitere Einarbeitung/Schulung ausgeglichen werden. ______

(3.) Anforderungen und Befähigung stimmen nicht befriedigend überein; Aufgabenwechsel erscheint geraten. ______

II. Ist eine Änderung der Aufgaben des Mitarbeiters im Dispositionsbereich des beurteilenden Vorgesetzten vorgesehen bzw. im Unternehmensbereich?

(1.) Keine wesentliche Änderung der derzeitigen Aufgaben. ______

(2.) Ausweitung der derzeitigen Aufgaben insgesamt. ______

(3.) Auswertung der derzeitigen fachlichen Aufgaben. ______

(4.) Probeweises Heranführen an / Schulen für Übernahme von – weiterführende(n) Aufgaben. ______

(5.) Übernahme welcher anderer Aufgaben, ab: ______
– mit welchem Ziel? ______

III. Vorschläge für die derzeitige Weiterbildung des Mitarbeiters:

(1.) Fachlich: ______

(2.) Verhaltensorientiert: ______

(3.) Führungsnachwuchsorientiert: ______

D. Mitarbeiterentwicklung (Planung):

I. Langfristziel: Lt. VG ______ Lt. MA ______

II. Entwicklungsplan 5 Jahre (200_ - 200_):

· Vorschläge des VG:	· Wünsche des MA:
– Tätigkeiten ______	– Tätigkeiten ______
______	______
– Schulungen ______	– Schulungen ______
______	______

E. Gespräch mit dem Mitarbeiter: Kurzprotokoll

I. Positive Rückmeldungen zum abgelaufenen Jahr:

· Vorgesetztensicht:	· Mitarbeitersicht:
1.) ______	1.) ______
2.) ______	2.) ______

II. Klärungsbedürftige Themen bzw. Fragen/Probleme vom abgelaufenen Jahr:

· Vorgesetztensicht:	· Mitarbeitersicht:
1.) ______	1.) ______
2.) ______	2.) ______

III. Vorschläge zu Zielvereinbarungen/Maßnahmen für das kommende Jahr (SOLL):
siehe Teil B + D (Fortschreibung auf Extrablatt: Zielvereinbarungen)

· Vorgesetztensicht (Stichworte):	· Mitarbeitersicht (Stichworte):
1.) ______	1.) ______
2.) ______	2.) ______
3.) ______	3.) ______

IV. Entgelt/Vereinbarungen für das kommende Jahr 200_ :

______

Mit den Ziel- und Entgeltvereinbarungen einverstanden: (Beurteilung zur Kenntnis genommen)		Vom nächsthöheren Vorgesetzten zur Kenntnis genommen:
Mitarbeiter (Datum, Unterschrift)	direkter Vorgesetzter (Datum, Unterschrift)	(Datum, Unterschrift)

Abbildung 57: Jahresgespräch Tarifmitarbeiter (Seite 2)

F: Zielvereinbarungen für 200__ *Jahresziele:*	Name Gruppe Center/Abt. Bereich Vorgesetzter	• Erstellt am ________ Blatt ______ • ***Zielthemen*** können sein: Umsatz, Kosten, Ertrag, Qualität (Produkt, Dienstleistung), Termintreue, Kundenzufriedenheit, Reklamationsquote, Fehlerquote, Durchlaufzeiten, MA-Zufriedenheit bzw. Führungskriterien ... etc.

Nr.	**Kurzbezeichnung** des Zieles/Themas	**Beschreibung der *Ziele*:** (positiv auf etwas zu; realistisch; messbar; quantifiziert: Stück, %, DM, Zeit, zuordenbar: Ort, Person, Sache)	%	Mögliche-hilfreiche-notwendige ***Maßnahmen*** zur Erreichung sind z. B.:	***Bewertungsmaßstäbe*** für die Erreichung können sein: (Info- und Vergleichsmöglichkeiten)	***Erfüllungsgrad*** in % 31.3	30.6	30.9	31.12.	***Kommentar*** (evtl. Extrablatt)

© Dr. Josef M. Fersch, 83561 Ramerberg

Abbildung 58: Formblatt Zielvereinbarungen (für AT- und Tarifmitarbeiter)

12. Das 360°-Feedbacksystem als Zukunftsmodell?

12.1. Der Zusammenhang zur Beurteilungsthematik

Zuerst hatten wir in der BRD die merkmalsorientierte Leistungsbeurteilung eingeführt, dann wollten einige Unternehmen doch lieber das neuere zielorientierte Verfahren. Da kam auf einmal aus den USA die Aufwärtsbeurteilung – gut, hat man sich auch damit versucht um sie bald umzutaufen in „Führungskräfte-Feedback". Somit waren wir bisher bei 180°-Beurteilungen (90 ° nach unten und auch 90° nach oben). Da kam der neueste Hit aus den USA, das sogenannte „Multi-Source-Feedback (MSF)" – bei uns heute 360°-Feedback genannt. Angeblich arbeiten die 500 größten US-Firmen seit Jahren damit. Allerdings wird in den USA und wohl auch bei uns manches als 360°-Beurteilung firmiert, was nur 180° oder 270° ist, denn zumindest der *externe* Kunde (90°) fehlt oft noch in der 360°-Gemeinschaft. Eine volle 360°-Beurteilung gibt es also nahezu *nirgends* – obwohl man diese Verfahren 360°-Feedback oder „Rundum-Beurteilung" nennt; man muss ja schließlich fortschrittlich sein, da darf man ein bisschen übertreiben. Nach einer Befragung (1997) bei den insgesamt 85 in Deutschland ansässigen Großfirmen, verwendeten nur 19 %[124] irgendwo im Unternehmen ein „360°-Feedback" genanntes System. Zur Zeit sind viele Unternehmen interessiert an einer eventuellen Einführung des MSF!

Worum geht es beim 360°-Feedback? Generelles Ziel der Teilnehmer ist es, als Führungskraft die eigenen blinden Flecken und deren Auswirkungen zu erkennen und sich dort weiterzuentwickeln.

---

[124] Neuberger, Oswald: Das 360°-Feedback, 2000, S. 5

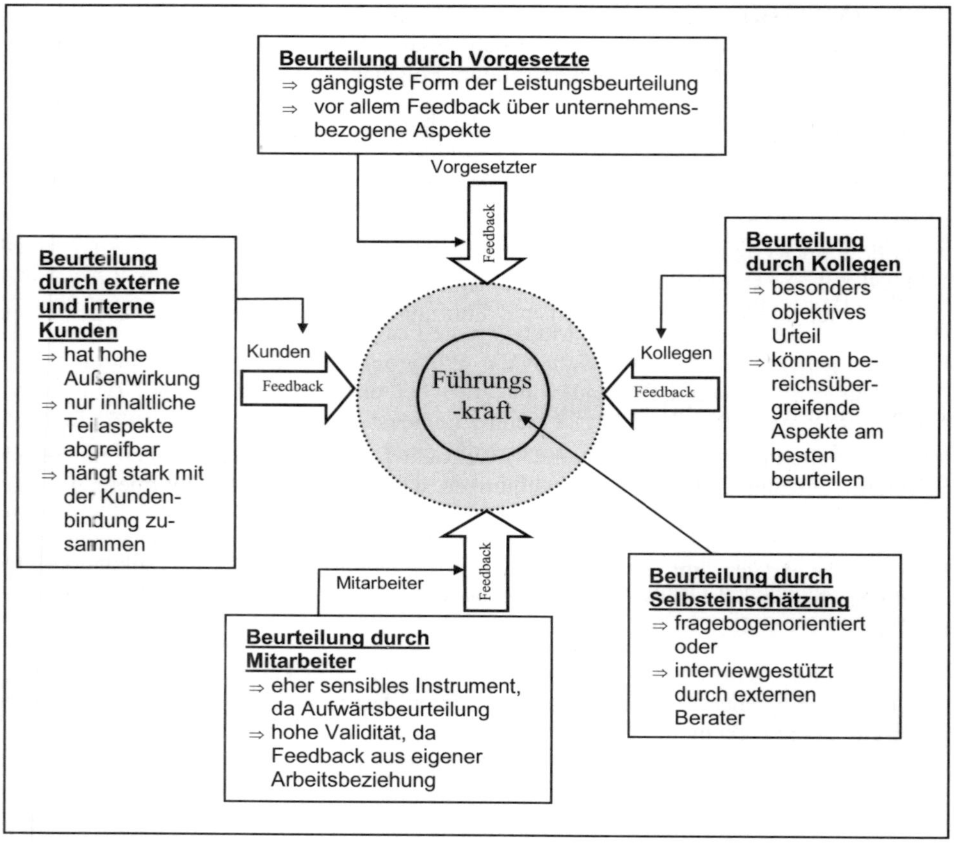

Abbildung 59: 360°-Durchführung (Systembild)
Quelle: Kienbaum u. Partner GmbH: Seminargrafik 1999, S. 5

12.2. Beschreibung des 360°-Feedbacks

Endlich wissen, was die anderen von einem wirklich denken – bzw. mal dem Chef, Kollegen, Geschäftspartner sagen können, wie er ist ...

- Die 360°-Selbstbild-/Fremdbild-Vergleiche erbringen sowohl *Bestätigungen* von Betroffenen für bisher richtiges Verhalten als auch *Informationen* über als defizitär empfundenes Verhalten.

- Aus den Defizitergebnissen sollten:
  a) sowohl gemeinsam konkrete Ziele für den Feedback-Nehmer abgeleitet werden,
  b) wie auch Trainings (Führung, Team, Umgang mit Kunden etc.)
  c) oder Workshops zur Problemlösung oder Bereichsoptimierung abgeleitet, aktionsplanmäßig umgesetzt und erfolgskontrolliert werden.

- Das 360°-System ist eine instrumentelle Hilfe zur:
  Analyse der Ist-Situation durch Informationssammlung, Ergebnisverdichtung und -analyse sowie Ergebnis-/Erfolgskontrolle im Folgejahr.

  Die meisten der angestrebten Ziele können letztendlich nur durch Folgemaßnahmen erreicht werden, was eine absolute Notwendigkeit der Ergebnisumsetzung impliziert, da sonst ein sehr hoher Wert- bzw. Nutzenverlust dieses Systems eintreten würde.

- *Fazit:*
  Follow-up-Aktivitäten sind das A und O des Erfolgs. Das heißt, dass das 360°-Feedback nur sinnvoll ist, wenn Maßnahmen (Follow-up-Aktivitäten) konsequent abgeleitet und umgesetzt werden und Führungskräfte auch am *Ergebnis* gemessen werden.

12.3. Inhalte des 360°-Feedbacks[125]

Von vier Seiten erhält der „Beurteilte" Feedback. Er kann dies vergleichen mit seiner Selbsteinschätzung und sowohl Bestätigungen wie auch bewusste Optimierungen ableiten.

1. Das Verfahrenssystem enthält mehrere Komponenten: Einholung schriftlicher Urteile bei verschiedenen Gruppen, Auswertung, (individualisierte) Rückmeldung, Gespräche oder moderierte Workshops zur Interpretation der Daten und zur Maßnahmenentwicklung.

2. Das Verfahren wird primär auf Führungskräfte angewandt (sehr selten auf Spezialisten, Außendienstmitarbeiter etc.).

3. Bewertungen der Fokalperson werden durch Vertreter mehrerer Gruppen (Vorgesetzte, Kollegen, unterstellte Mitarbeiter, interne und externe Kunden) vorgenommen. In der Praxis sind es allerdings häufig nur zwei bis drei Gruppen: Vor allem höhere Vorgesetzte und Unterstellte, zuweilen noch andere interne Organisationsmitglieder (Personalleute, Projektkollegen, Trainer etc.).

4. Ein besonders interessanter Aspekt ist, dass die Zielperson um eine Selbstbeurteilung gebeten wird.

5. Es wird mit der Methode der schriftlichen Befragung gearbeitet; dabei werden strukturierte Fragebögen eingesetzt, die für alle Beurteiler(-Gruppen) gleiche Items/Merkmale enthalten. In der Regel sind quantitativ abgestufte vorgegebene Antwortausprägungen anzukreuzen.

6. Es wird eine Einschätzung der Ist-Situation in Bezug auf Verhaltensdaten vorgenommen; zuweilen werden auch Leistungsergebnisse erfasst. Manchmal wird noch nach den Erwartungen an die Zielperson und/oder nach der Wichtigkeit der beurteilten Merkmale gefragt.

---

125 Neuberger, Oswald: Das 360°-Feedback, 2000, S. 8/9

7. Die Beurteilung erfolgt anonym (zumindest in der Befragungsphase).
8. Die Auswertung der erhobenen Daten wird durch Dritte vorgenommen (externe Berater oder interne Experten der Personalabteilung).
9. Im Regelfall werden – pro Item oder pro Beurteilungskriterium – die Mittelwerte der Einschätzungen errechnet, mitgeteilt und Vergleiche durchgeführt (z. B. Selbstbild vs. Fremdurteil, Person-Ist vs. Firmen-Soll, Person-Ist vs. Durchschnitt anderer Beurteilter; Zeitreihen).
10. Empfänger der Beurteilungen ist die beurteilte Person; vielfach werden aber auch (in anonymisierter oder aggregierter Form) alle am Prozess Beteiligten informiert. Manchmal erhalten höhere Vorgesetzte nicht nur Zusammenfassungen, sondern auch Einzelergebnisse. In einigen Fällen werden der beurteilten Person die schriftlich zusammengefassten Ergebnisse durch Experten mündlich interpretiert; dabei wird zum Teil Beratung oder Coaching angeboten.
11. Allein oder in Kooperation mit Beratern entwirft die beurteilte Person einen individuellen Entwicklungsplan bzw. Maßnahmenkatalog, in dem konkrete Konsequenzen aus dem Feedback gezogen werden.
12. Zur Erarbeitung von Folgerungen werden Workshops durchgeführt, an denen (einige, alle) Beurteiler mitwirken: Moderiert durch externe Experten werden kontroverse Beurteilungen begründet, Verbesserungswünsche formuliert, Verbesserungsmaßnahmen erarbeitet und vereinbart.
13. Die Erfahrungen aus den Feedback-Runden können vom Management genutzt werden, um individuelle oder strukturelle organisationale und personalwirtschaftliche Maßnahmen zu begründen und durchzuführen (PE- oder OE-Maßnahmen, neue Anreizsysteme, Versetzungen, Beförderungen, Kündigungen etc.).
14. Es finden Follow ups statt, die dem Erfahrungstausch, der Kontrolle oder der Strategieanpassung dienen.
15. Systematische gegenseitige Beurteilungen (die Beurteilten beurteilen ihrerseits die BeurteilerInnen) finden hier nicht statt.

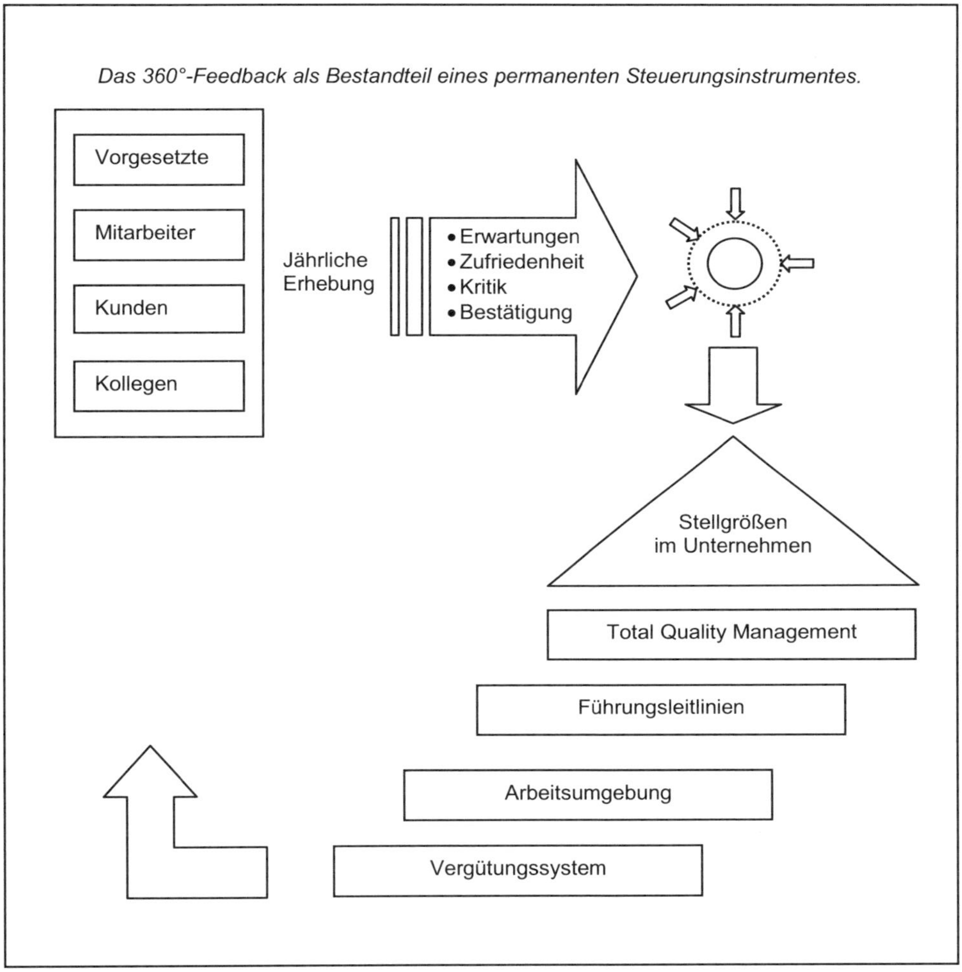

Abbildung 60: 360°-Einbindung in den Change-Prozess
Quelle: Kienbaum u. Partner GmbH: Seminargrafik 1999, S. 7

12.4. Mittel- und langfristige Ziele eines 360°-Feedback-Prozesses[126]

In der Mitarbeiterführung und der Zusammenarbeit liegen die großen Erfolgs- wie auch Kostenpotentiale – je nach ihrer Effizienz. Deren reale Situation offen zu legen und synergetisch zu optimieren ist das Ziel des 360°-Feedback-Prozesses.

---

[126] z. T. mit Fersch, Sabine E.: Das 360°-Feedback-System, Ramerberg, 2000, S. 8-11

→ Systematische Schulungen auf hoher Effektivität durchführen
(360°-Feedback ermittelt den Bedarf, aus dem eine Schulungssystematik entwickelt werden kann.)

→ Persönlichkeitstraining für die Teilnehmer: Einübung/Entwicklung von Zivilcourage, Selbstsicherheit, Kritikfähigkeit etc.
(Durch den Feedbackprozess selbst möglich, sowie durch weiterführende Maßnahmen)

→ Verbesserung und Intensivierung der internen Kommunikation
(Durch das 360°-Feedback und weiterführende Maßnahmen können Kommunikationsdefizite und -barrieren behoben werden.)

→ Stärkung des Eigen- und Mitverantwortungsbewusstseins
(Durch Feedbackprozess selbst möglich, Ziele müssen jedoch mit den Beteiligten abgestimmt bzw. transparent gemacht werden; generell durch die Einbindung der Mitarbeiter in die Gestaltung der Unternehmensentwicklung.)

→ Vorbildfunktion der Führungskräfte
(Durch die konstruktive Teilnahme am 360°-Feedback, Offenheit im Prozess etc. hauptsächlich durch entsprechendes Führungstraining zu erreichen.)

→ Überprüfung und Verbesserung des Führungsverhaltens
(Durch institutionalisiertes 360°-Feedback mit Zielvereinbarungen an denen die Führungskräfte auch gemessen werden, hauptsächlich wiederum durch Führungstraining.)

→ Verbessertes Mitarbeitergesprächskonzept
(360°-Feedback analysiert Schwachstellen und evtl. persönliche Ressentiments, welche durch adäquate Veränderungs- und Trainingsmaßnahmen behoben werden können.)

→ Spürbare Synergien
(Durch die Auflösung von intrapersonalen Konflikten, Kommunikations- und somit Leistungsbarrieren im Feedbackprozess spürbare Verbesserung möglich.)

→ Hoher Kooperationsgrad
(Durch den 360°-Prozess kann besseres Verständnis füreinander, Abbau von Egoismen etc. bewirkt werden, hängt jedoch stark von der persönlichen Bereitschaft zur Kooperation ab; Folgemaßnahmen wie Teamtraining, Feedback im Team, Kommunikationstraining sind wichtig.)

→ Zugang zu Schlüsselinformationen
(Verbesserung des Kommunikations- und Informationsflusses, Schwachstellenanalyse, für die Zielvereinbarungen sowie geeignete Folgemaßnahmen wie Kommunikationstraining, Durchlaufprozessoptimierung festgelegt und eingehalten werden sollen.)

→ Behebung abteilungsübergreifender Reibungsverluste durch Abteilungs- und Bereichsegoismen
(Durch die Möglichkeit im 360°-Feedback Fehlurteile entkräften zu können; Folgemaßnahmen wie Teamtraining, Durchlaufprozessoptimierung, KVP, QC, VVW-Workshops sehr wichtig.)

→ Verbesserte Partnerschaften im internen Verbund mit Lieferanten/mit Kunden
(Durch 360°-Feedback können Anforderungen/Wünsche analysiert und somit besser darauf eingegangen werden; Durchführung von Lieferanten- bzw. Kunden-Feedback zeigt Interesse/Engagement.)

→ Entwicklung der Unternehmenskultur u. -vision), Umsetzung der strategischen Ziele
(360°-Feedback kann eine Aufwertung/Verbesserung der Unternehmenskultur bewirken und unterstützt vieles andere durch die weiterführenden Maßnahmen die Realisierung der strategischen Ziele.)

→ Einbindung der Mitarbeiter in die Gestaltung der Führungsbeziehungen und Unternehmensentwicklung
(Durch Miteinbeziehung bzw. Transparenz bei der Gestaltung wichtiger, allgemeingültiger Ziele, wie z. B. das Führungskräfte-Soll-Portfolio sowie der Unternehmensziele insgesamt.)

→ Kennen der Anforderungs- und Beurteilungskriterien
(Durch Klarheit und Transparenz der Kriterien, Nachvollziehbarkeit der Entscheidungsfindung; möglichst gemeinsam erarbeiten: „Betroffene zu Beteiligten machen".)

→ Erkennen/Fördern des Potentials der Mitarbeiter unternehmensweit
(360°-Feedback analysiert das vorhandene Potential und zeigt adäquate Förderungsmöglichkeiten auf, die dann systematisch eingesetzt und weiterentwickelt werden müssen.)

→ Karriereplanung/Entwicklung der Mitarbeiter
(360°-Feedback identifiziert Entwicklungsmöglichkeiten, die durch spezifische Trainings und Schulungen umgesetzt werden können; Karriereplanung als fester Bestandteil eines überarbeiteten Mitarbeitergesprächs.)

→ Zielgenaue und individualisierte PE, die Fehlausgaben von PE-Aufwendungen vermeidet
(Durch 360°-Analyse der Potentiale und Schwachstellen; Orientierung am Führungskräfte-Soll-Portfolio.)

→ Verbreiterung der Wissensbasis für (Personal-)Entscheidungen und zielorientierte Personalbeschaffung
(Durch 360°-Analyse der Potentiale und Schwachstellen; Orientierung am Führungskräfte-Soll-Portfolio.)

→ Systematische Zielverfolgung
(Institutionalisierte Zielvereinbarungsgespräche mit Kennzahlen zur Überprüfung der Erreichung, Projektpläne; Durchführung des 360°-Feedbacks wäre z. B. systematische Zielverfolgung.)

→ Verbesserungsvorschlagswesen
(360°-Feedback enthält Verbesserungsvorschläge, die sich auf Verhalten beziehen und kann somit auch auf Prozesse, Abläufe etc. positiv wirken; Folgemaßnahmen wie KVP, QC, VVW-Workshops.)

→ TQM als Führungsaufgabe
(360°-Feedback kann Defizite analysieren und weiterführende Maßnahmen identifizieren.)

→ Ausrichtung der Prozesse auf „best practices“
(Im 360°-Prozess wird versucht, das Führungsverhalten auf „best practices“ auszurichten, was sich in der Praxis natürlich auch auf Prozesse, Abläufe, Arbeitsanweisungen etc. bezieht.)

12.5. Erwarteter Nutzen für das Gesamtunternehmen

Hohe Führungsleistung und hohe Mitarbeiterleistung, hoher Stand der Offenheitskultur im Umgang in und zwischen den hierarchischen Ebenen, schnelles und effektives Reagieren auf die Umfeldanforderungen u. a. m. sind die Nutzenziele für das Gesamtunternehmen.

→ Höchstmaß an Objektivität und Praxisrelevanz durch eine ganzheitliche Einschätzung aus der Arbeitssituation heraus.

→ Erhebung realistischer Informationen über vorhandene Potentiale und Schwachstellen sowie Entwicklungsmöglichkeiten im Hinblick auf strategische Unternehmens-Neuausrichtungen.

→ Differenzierte Bestandsaufnahme im Hinblick auf die Bewertung der im Unternehmen vorherrschenden Management-Performance und Führungskultur durch unterschiedliche Feedbackgeber-Gruppen.

→ Verfestigung einer kooperativen Unternehmenskultur und Aufbau eines dialogorientierten Managements.

→ Erarbeitung einer Bestandsanalyse wesentlicher Kulturfaktoren mittels Einbettung in die Leitbildarbeit des Unternehmens.

→ Flexible Anpassung von Beurteilungsdimensionen an unterschiedliche Zielsetzungen (z. B. Leistungsbeurteilung, Potentialanalyse, Karriere- und Laufbahnplanung bei Führungskräften).

12.5.1. Erwarteter Nutzen für die Feedback-Teilnehmer

→ Keine Gefahr einer ritualisierten und hierarchischen Interaktion, da in der Auswertungsphase Neutralität und Anonymität besteht.

→ Durch das Führungskräfte-Soll-Portfolio erhalten die Feedback-Teilnehmer klare Informationen darüber, welche Kriterien für das Unternehmen wichtig sind und in welche Richtung der eigene Weiterbildungsweg gehen könnte.

→ Keine bloße Reduktion auf Soll-Ist-Abgleiche, sondern Abfrage von persönlichen Einschätzungen und Wahrnehmungen aus dem Arbeitsumfeld des Feedback-Nehmers.

→ Größere Wahrscheinlichkeit der Ergebnisimplementierung, da Beurteilung der Feedback-Nehmer nicht nur durch externe Berater, sondern aus der eigenen Arbeitsbeziehung erfolgt (größere Hemmschwelle Ergebnisse zu ignorieren).

12.5.2. Nutzen für die Führungskraft

Erhält aus verschiedenen Ebenen ein umfassendes Bild darüber, wie sie in ihrem Arbeitsumfeld eingeschätzt wird. Durch den Vergleich von Selbst- und Fremdeinschätzung können Differenzen abgeklärt werden, die vielleicht bis dato nicht offensichtlich waren, aber dennoch das Arbeitsklima negativ beeinflussten. Im Feedbackgespräch sollten diese bereinigt werden und somit die Grundlage für bessere und effizientere Arbeitsbeziehungen geschaffen werden. Andererseits kann ein positives Bild (Selbstbestätigung) erfahren werden, was ebenfalls der eigenen Entwicklung dienen soll.

Dem Führungskräfte-Soll-Portfolio kann die eingeschätzte Person entnehmen, welche Kompetenzen in ihrem Unternehmen „gefragt sind" und ihre weitere Karriereplanung darauf abstimmen.

12.5.3. Nutzen für den Mitarbeiter

Erhält die Gelegenheit, seine Meinung offen und konstruktiv wiederzugeben, ohne dadurch eventuelle Nachteile zu erfahren, da er anonym bleiben kann und zudem eine externe Person den Prozess begleitet und steuert.

Wird an der Gestaltung der Führungsbeziehungen, Problemlösungen und Unternehmensentwicklung beteiligt.

Gelegenheit zum Spannungsabbau („Dampfablassen"). Allein durch das Aussprechen von Problemthemen werden schon Spannungen abgebaut und die persönliche Arbeitszufriedenheit/Motivation positiv beeinflusst.

12.5.4. Nutzen für den Vorgesetzten der Führungskraft

Kann ein effektives „Mitarbeitergespräch" mittels 360°-Informationen (statt 90°) durchführen und hat somit auch die Möglichkeit Dinge zu klären, die er sonst vielleicht nicht unbedingt gewusst hätte. Dadurch kann der weitere Einsatz des Feedback-Nehmers viel effektiver sein.

Gelegenheit, Führungsgrundsätze zu reflektieren und die (neuen) Führungsleitlinien des Unternehmens weiterzuentwickeln.

12.5.5. Nutzen für die Kollegen des Teilnehmers

Sie erhalten ebenso wie die Mitarbeiter der Führungskraft die Gelegenheit, ihre positive wie auch kritische Meinung offen und konstruktiv auszusprechen und eventuelle Differenzen damit zu thematisieren.

Das kollegiale Klima kann gestärkt und Rivalität untereinander abgebaut werden.

12.5.6. Nutzen für die Kunden (und somit für das Unternehmen)

Das Einbeziehen der Kunden in den Feedbackprozess macht eine hohe Kundenorientierung deutlich; dies ist für das Image des Unternehmens sehr förderlich, besonders in den Augen des Kunden!

Steigerung der Kundenzufriedenheit durch aktives Mitspracherecht. Der Kunde bekommt das Gefühl vermittelt, aktiv an Unternehmensentscheidungen, wie z. B. an der Gestaltung der Dienstleistungen teilzunehmen. Er kann persönliche Wünsche einfließen lassen, denen nach Möglichkeit Rechnung getragen wird.

Beides führt letztendlich zu einer Intensivierung der Kundenbindung, was für beide Seiten unschätzbare Vorteile bringt.

12.6. Mögliche Ängste/Widerstände bei den Betroffenen

Ängste und Widerstände bei allen Betroffenen sind zu erwarten, weil sie sorgfältig an die neuen Methoden herangeführt werden wollen. Es sollen ja auch verschiedene persönliche Wunschziele der Betroffenen erfüllt werden. Es muss fair zugehen, sonst bestätigen sich die Ängste und vergrößern sich die Widerstände.

- Angst vor der Beurteilung und ihren (befürchteten) Konsequenzen
  Diese Unsicherheit kann sowohl die Vorgesetzten als auch die Mitarbeiter betreffen und bezieht sich hauptsächlich auf ein „ungerecht" bewertet werden sowie darauf, „dass Schwächen transparent gemacht werden".

- Unklarheit des Ziels und der Ergebnisumsetzung
  Die Ziele des Instruments müssen sehr klar kommuniziert werden und Maßnahmen konsequent abgeleitet und umgesetzt werden, um einer allgemeinen Verunsicherung bzw. negativen Erwartungshaltung vorzubeugen.

- Unsicherheit bezüglich Anonymität und Vertraulichkeit
  Die anonyme Behandlung der Aussagen des Feedback-Gebers, sowie die Zusicherung von Diskretion in der Ergebnisauswertung und -übermittlung für den Feedback-Nehmer ist unabdinglich, um den Teilnehmern Offenheit zu ermöglichen.

- Veränderung der Unternehmenskultur/Angst vor dem Neuen

Die Unternehmenskultur muss reif für eine derartige Feedbackkultur sein, da sonst eher mit Zurückhaltung und einer abwartenden Haltung der Mitarbeiter und Führungskräfte zu rechnen ist.

- Unterschiedliches Auffassen der Fragen von Seiten der Mitarbeiter und somit kein „einheitliches" Ergebnis.
  Gleich wie der einzelne Mitarbeiter nun eine Frage auffasst – entscheidend ist, ob durch den Vergleich von Selbst- und Fremdbild ein Veränderungsbedarf erkennbar wird.

12.7. 10-Punkte-Fahrplan zur Einführung von 360°-Feedback[127]

Gehen Sie sehr sorgfältig vor oder lassen Sie es lieber. Nichts erzwingen, was noch nicht reif ist!

1. Führen Sie das 360°-Feedback mit der Top-down-Strategie ein!
2. Binden Sie möglichst viele Führungsebenen ein, und zwar nach dem Prinzip: Je höher in der Hierarchie, desto wichtiger ist die Einbindung!
3. Rechnen Sie mit Widerstand, hinter dem hauptsächlich die Angst vor einer Beurteilung und deren Konsequenzen steht!
4. Planen Sie die Durchführung und Nachbereitung des 360°-Feedbacks professionell und intensiv.
5. Bieten Sie einen „Kick-off-Workshop" zur konsequenten Information der Betroffenen an.
6. Fassen Sie als Hauptzielgruppe das Mittelmanagement ins Auge, überlegen Sie jedoch auch, ob das 360°-Feedback zur Entwicklung des Außendienstes geeignet wäre.
7. Binden Sie das 360°-Feedback in ihr bestehendes Personalentwicklungskonzept ein.
8. Prüfen Sie sorgfältig, ob Ihre Zielgruppe bzw. Ihr Unternehmen schon reif dafür ist, dass Kunden in den Feedbackprozess eingebunden werden.
9. Präsentieren Sie das Feedback unter vier Augen!
10. Follow-up-Aktivitäten sind das A und O des Erfolgs! Das Instrumentarium der 360°-Einschätzung kann nur der Auftakt sein: Zur Konsolidierung des Feedbacks (87,5 % halten dies für wichtig), zur Erstellung eines Entwicklungsplans, für Coaching-, Trainingsmaßnahmen oder Mentoringsysteme. Nutzen Sie die Daten auch für Follow-up-Aktivitäten auf organisationaler Ebene. Die aggregierten Daten eignen sich hervorragend zur Identifikation des Trainings-/Entwicklungsbedarfs (87,5 % der Befragten empfehlen dies ebenfalls).

---

[127] TWIST-Unternehmensberatung München: Auszug aus Expertenumfrage Juli 1999, S. 16/17

12.8. Kurzkonzept zur 360°-Feedback-Einführung[128]

Halten Sie sich an diesen Leitfaden und es müsste gelingen!

I. Vorlauf:
1. Erarbeitung des Methodenkonzepts und der Intentionen von 360°-Feedback,
2. Zielvorschläge aus verschiedenen Dimensionen (Qualitätsaudit, PE, OE etc.) für 360°-Feedback erstellen und vereinheitlichen,
3. Entscheidung über die firmenrelevanten Ziele für 360°-Feedback.

II. Vorbereitung (Pilotgruppe):
1. Präsentation beim Vorstand und Entscheidung über Durchführung,
2. Entwicklung eines Soll-Portfolios (FK) als Kompetenzmodell in Zusammenarbeit mit PE,
3. Situationsanalyse durchführen:
   – Interviewfragen entwickeln/erstellen,
   – Auswahl der Befragungspersonen,
   – Interviews durchführen (360°-Resonanz/Interesse),
   – Interviews auswerten für Pilot-Entscheidung,
4. Pilotgruppe auswählen (ca. 3-5 FK),
5. Fragebögen erstellen mit Kriterien (siehe I 2, II 1, II 3, ...) für 360°-Einsatz,
6. Befragungsorganisation (Umfang der Datenauswertung) und Umgang mit den gewonnenen Daten festlegen,
7. Vorbereitungsworkshop für alle Feedback-Teilnehmer des Pilotbereichs.

III. Durchführung (Pilotgruppe):
Befragung durchführen.

IV. Auswertung (Pilotgruppe):
1. Daten je FK zusammenführen und auswerten (Feedback-Reports),
2. Ergebnisinformationsgespräch durch externen Berater mit jeweiliger FK, incl. gemeinsamer Vorbereitung des Feedbackgesprächs,
3. Feedbackgespräche mit Berater individuell durchführen: VG + FK, FK + MA, KD, Kollegen,
4. Personenbezogene Entwicklungserfordernisse und Zielvereinbarungen ableiten,
5. Erfahrungsaustausch mit Pilot-Führungskräften durchführen, Vergleich Vorab-Situation mit neuer Ist-Situation.

V. Ergebnisumsetzung (Pilotgruppe):
1. Auswertungen zusammenstellen, Resümee ziehen,
2. Ergebnisse für Personaleinsätze, -entwicklungs-, -umsetzungsmaßnahmen auswerten und Follow-up-Aktivitätenplan erstellen,
3. Grundsätzliche Umsetzungsentscheidung treffen ob 360°-Feedback in allen FK-Bereichen bzw. -Abteilungen eingeführt werden soll.

---

[128] z. T. mit: Fersch, Sabine E.: Das 360°-Feedback-System, Ramerberg, 2000, S. 16/17

VI. Erfolgskontrolle (Pilotgruppe):
1. Zielerreichungsgrad-Workshop mit allen Entscheidungsträgern durchführen und auswerten (Soll-Ist-Vergleich),
2. Konzeptionelle Überarbeitung des Ablaufes insgesamt.

VII. Unternehmensweite 360°-Durchführung für alle Führungskräfte (freiwillig):
1. Befragungsorganisation (II 6),
2. Vorbereitungsworkshop (II 7),
3. Durchführung der Befragung (III),
4. Auswertung (IV 1-5),
5. Ergebnisumsetzung (V,1 und 2),
6. Erfolgskontrolle (VI, 1).

12.9. Zusammenfassung

Beachten Sie bitte noch folgende Empfehlungen und Warnungen:

– Aus Zeit- und Kostengründen ist es derzeit nur vertretbar, *Führungskräfte* und evtl. wenige wichtige Mitarbeiter (Stab, Spezialisten, Großkundenverantwortliche) in das 360°-Feedbacksystem als „Beurteilte" hineinzunehmen.

– Nach den Ergebnissen von Dieter Frey ist es m. E. zwingend notwendig, für alle Führungskräfte wenigstens die Aufwärtsbeurteilung – noch besser aber das 360°-Feedback als PE-/OE-Werkzeug einzusetzen (weil ergiebiger und objektiver). Wir *müssen* beginnen die Mauern zu beseitigen, die zwischen vielen Vorgesetzten und ihren Mitarbeitern aller Ebenen deutlich bestehen, *wenn* wir erheblich bessere Ergebnisse bei Kosten, Ertrag, Qualität, Kunden- und Mitarbeiterzufriedenheit, Benchmarking etc. erreichen wollen.

– Natürlich kann man die gesamte Unternehmenskultur, d. h. den Führungsreifegrad der Vorgesetzten, die Kommunikationskultur (bezüglich Offenheit, Sachlichkeit-Objektivität, Konsensfähigkeit aller Beteiligten etc.), die Motivationsbereitschaft und Mitverantwortungsfähigkeit aller u. a. m. *nicht* von heute auf morgen von vielleicht 40-50° Eufunktionalität auf ca. 60-65-70-75° „hochpuschen". Das erfordert vor allem Reifezeit und das *bewusste Beginnen* des Paradigmenwechsels – mit den erforderlichen konsequenten Maßnahmen wie LB, AB (Aufwärtsbeurteilung), 360°-Durchführung usw.

– Dass der Mensch „gläsern durchschaubar" wird im 360°-System – da ist schon etwas dran. Aber wer der richtige Mann am richtigen Platz ist, der wird dort effektiv sein und sich über die vielfachen Bestätigungen freuen, die er über 360° erfährt. Wer nicht am richtigen Platz ist (und mit Angst und Misserfolgen und Abwertungen dort nicht gut lebt), über den wird auch bisher schon „hintenherum" negativ gesprochen – und hier müssten dann endlich effektivere Einsatzmöglichkeiten gefunden werden; (siehe hier z. B. 5.2.1. Struktogrammtest). Warum also nicht gleich offen, fair, konsequent über Tatsachen sprechen statt im Geheimen – das vergiftet!

– Ganz besonders wichtig und neu am 360°-System ist der Ansatz, den (internen bzw.) *externen* Kunden hereinzunehmen. Deutschland ist ja noch vielfach von einem alten „oben-unten-Denken" überzogen, wo der Kunde sich so devot wie ein „Antragsteller" zu verhalten hat. Täglich ist die oft „krasse Servicewüste Deutschland" zu erleben, wo Kunden nicht selten bewusst übervorteilt werden. Dabei sollte bekannt sein, dass acht mal soviel Aufwand erforderlich ist, einen neuen Kunden zu gewinnen als einen alten Kunden zu halten. Also holen wir die Meinung der wichtigsten Kunden ins 360°-System herein und bleiben wir nicht bei 180° oder 270°.

– Allerdings müssen die einzelnen befragten Anforderungskriterien so formuliert sein, dass sie bei allen Feedback-Beteiligten gleichermaßen verstanden und umgesetzt werden können, wie z. B. das Kriterium „*Auffassungsgabe*":
Es heißt dann:

– beim VG des Beurteilten	· Mein Mitarbeiter verfügt über eine schnelle gedankliche Auffassungsgabe ...
– beim MA des Beurteilten	· Mein Vorgesetzter verfügt ...
– beim Kollegen des Beurteilten	· Mein Kollege verfügt ...
– beim ext. Kunden des Beurteilten	· Mein Auftragnehmer verfügt ...
– beim Beurteilter selbst	· Ich verfüge über ...

Die Bewertung sollte auf einer mindestens 7-stufigen Skala erfolgen

wie z. B.:

+++	++	+	0	-	--	---

oder numerisch .... .

– Große Wirkung messe ich auch noch der Möglichkeit bei, die im 360° erforderliche Selbsteinschätzung in Form eines *Self-Assessment* durchzuführen.

– Keinesfalls zu unterschätzen sind der Aufwand, die Unruhe, die Angst, die erforderliche Zähigkeit, die notwendige Überzeugungsarbeit usw. bei einer 360°-Einführung. Wenn bisher noch kein umfassendes Führungs- und Kommunikationstraining, keine Mitarbeiter- und Aufwärtsbeurteilungen u. ä. m. durchgeführt wurden, dann ist der *Kulturreifegrad des Unternehmens* wahrscheinlich so niedrig, dass man mit 360° nicht ad hoc beginnen sollte. Die Gefahr des Scheiterns ist dann zu groß. Eventuell könnte dort pilotmäßig in einer sehr gut geführten Abteilung als Insellösung ein Einstieg versucht werden – aber auch davon ist eher abzuraten.

– *Wenn* man dieses 360°-Modell für die jeweilige Firma professionell ausarbeitet, es objektiv und behutsam einsetzt, d. h. auch mit den Ergebnissen und den betroffenen Menschen achtungsvoll umgeht, dann bringt es das Unternehmen in einem katalytisch-kathartischen Prozess weit nach oben in der Eufunktionalität und Unternehmenskultur.

13. EDV-Einsatz in der Leistungsbeurteilung?

13.1. Rekapitulierung: Ziel der Leistungsbeurteilung

Ziel der *Leistungsbeurteilung* ist es, als wesentliches Hilfsmittel dazu beizutragen, den richtigen *Mitarbeiter*, zur richtigen *Zeit*, in der richtigen *Qualifikation*, am richtigen *Ort, rationell* einzusetzen.

Die Leistungsbeurteilung soll also Vergleichsdaten darüber liefern, wie rationell ... in welcher Qualifikation ... der einzelne Mitarbeiter derzeit eingesetzt ist – und ob das so bleiben oder sich ändern sollte. Also muss der Vorgesetzte das Fähigkeitsprofil (Ist) mit dem Anforderungsprofil (Soll) der Stelle wenigstens Jahr für Jahr einmal grundlegend vergleichen und Entscheidungen ableiten über Hebung oder Senkung der Anforderungen, Schulung/Förderung, Beförderung, Versetzung etc. Das ist eine sehr diffizile Angelegenheit – dazu benötigt man Menschenkenntnis, Fingerspitzengefühl – emotionale Intelligenz, Verantwortungsbewusstsein u. a. m. Diese individuellen Entscheidungen bzw. Möglichkeiten der Zukunft müssen dann mit dem jeweiligen Mitarbeiter sorgsam besprochen und entschieden werden – damit er nicht in die innere Kündigung abgeleitet und nur noch Mitläufer ist.

Die jährlichen Leistungsbeurteilungen und Beurteilungsgespräche verursachen Zeitaufwand und Kosten; insbesondere diejenigen Vorgesetzten, die das alles sowieso nicht gerne durchführen, jammern darüber. Also stellt sich manchem die Frage, ob das alles nicht „*effizienter abgewickelt*“ werden könnte?

13.2. EDV-Einsatzmöglichkeiten für Leistungsbeurteilungen

Es gibt eine Reihe von Argumenten, die *für* den Einsatz EDV-gestützter Systeme sprechen, z. B. die enormen Speichermöglichkeiten von Daten, die Logik von Computersystemen, die es ermöglicht, große Datensätze in kurzer Zeit abzurufen, zu vergleichen und zu präsentieren. Thomas Breisig (Professor für Organisations- und Personallehre, Universität Oldenburg) schreibt allerdings dazu:[129] „Abgesehen von der Faszination der Vorstellung einiger Managementvertreter/innen, man könne quasi per Knopfdruck einen maschinellen Abgleich von personenbezogenen Beurteilungsprofilen und stellenbezogenen Anforderungsprofilen veranlassen, gibt es in den meisten Fällen keinen zwingenden Grund für die Speicherung und Verarbeitung der Beurteilungsdaten per EDV. Die Speicherung sollte meines Erachtens zwecks vorsorglicher Verhinderung 'gläserner' Mitarbeiter/innen“ abgelehnt werden. Dabei muss auch auf Kosten-Nutzen-Argumente zurückgegriffen werden, denn der Aufwand für die minutiöse Dateneingabe ist beträchtlich, der Nutzen nicht zuletzt aufgrund der methodischen Verfahrensprobleme mehr als fragwürdig.

---

[129] Breisig, Thomas: Personalbeurteilung, Mitarbeitergespräch, Zielvereinbarungen, 1998, S. 364/365

Rechtlich ist diese Forderung in den Mitbestimmungsrechten nach den §§ 87 Abs. 1 Nr. 6 (Leistungs- und Verhaltenskontrolle) und 94 Abs. 2 BetrVG (allgemeine Beurteilungsgrundsätze) verankert. Auf keinen Fall sollte sich die Interessenvertretung (BR) auf „Zahlenspiele" wie die Bildung von Mittelwerten, Regressions-, Faktoren- oder Varianzanalysen sowie „Profilabgleiche" (etwa zwischen Fähigkeits- und Eignungsprofilen von Beschäftigten) einlassen".

Hermann Liebel (Professor für Organisations- und Sozialpsychologie, Universität Bamberg) führt ergänzend an:[130] „Zunächst glaubte man auch daran, den Kreis, der Zugang zu den Daten hat, kontrollierbar im Sinne des Datenschutzgesetzes begrenzen zu können. Mittlerweile hat sich das Vertrauen in die Kontrolle mehr und mehr abgeschwächt, insofern sich immer deutlicher herausstellt, mit welchen Schwierigkeiten alle Bereiche, die sensible schutzpflichtige Daten erheben, verarbeiten und speichern, zu kämpfen haben, um den einschlägigen Auflagen gerecht zu werden, von den technischen Möglichkeiten in Datenbanken von außen einzudringen ganz zu schweigen. Es bedürfte allerdings – unabhängig von der erforderlichen Betriebsratszustimmung – einer Reihe von Voraussetzungen für den EDV-Einsatz:

Um alle relevanten Verhaltensweisen und Persönlichkeitsmerkmale qualifiziert zu erfassen, benötigt man ein umfangreiches Beurteilungs-, Befragungs- und Testsystem. Außerdem müssen die Anforderungen der verschiedenen Arbeitsplätze und neu zu schaffender Stellen genau beschrieben werden. Der Computer soll dann die Gegenüberstellung der Anforderungsprofile und der Fähigkeitsprofile der Stelleninhaber leisten. Das *Anforderungsprofil* muss lückenlos alle Anforderungen einer Stelle nach Art und Intensität enthalten. Das *Fähigkeitsprofil* des Stelleninhabers soll demgegenüber alle bedeutsamen individuellen Fähigkeiten und Eigenschaften widerspiegeln. Das setzt allerdings voraus, dass die erbrachten Leistungen ebenso diagnostiziert und skaliert werden können wie die individuellen und die erwarteten Fähigkeiten. Das gleiche gilt analog für die in der Stellenbeschreibung enthaltenen Anforderungen. Die entsprechenden Daten müssen ständig aktualisiert werden.

Wie kann eine computergestützte Beurteilung aussehen?
Dem Computer wird ein Anforderungsprofil, das „Persönlichkeitsmuster des idealen Stelleninhabers" eingegeben. Der Rechner sucht dann aus den gespeicherten Mitarbeiterprofilen dasjenige aus, das die höchste Übereinstimmung mit dem geforderten Profil besitzt. Dieses Übereinstimmungsmaß kann vom Benutzer variiert werden. Die Variation bezieht sich sowohl auf die Auswahl der für den aktuellen Vergleich besonders wichtigen Einzelmerkmale einschließlich einer eventuellen Gewichtung, als auch auf den Grad der erlaubten Abweichung dieser Merkmale von den Vorgaben.

---

[130] Liebel, Hermann J./Oechsler, Walter A.: Personalbeurteilung, 1992, S. 160/162

Das Verfahren ermöglicht die Überprüfung, ob ein Stelleninhaber und seine Stelle überhaupt zusammenpassen. Erreicht das Mitarbeiterprofil nicht das Anforderungsprofil, so können Förderungs- und Schulungsmaßnahmen angezeigt sein. Geht das Mitarbeiterprofil über das Anforderungsprofil hinaus, gibt dies Aufschluss über latentes Potential, das z. B. durch eine Versetzung oder eine Beförderung des Mitarbeiters genutzt werden könnte. In diesem Fall handelt es sich nicht um eine echte Verfahrensalternative, denn es bedarf zur Erstellung der Profile *wieder* der herkömmlichen Verfahren zur Erfassung von Leistungen und Anforderungen. Da erst eine möglichst *differenzierte* Erfassung von Fähigkeiten, Verhaltensweisen und Anforderungen die Effizienz dieses Systems ausmacht, ist es bestenfalls für sehr große Organisationen mit innerbetrieblichen Karriereförderungsprogrammen hilfreich – wenn der Betriebsrat überhaupt zustimmen würde (Datenschutz/Mitbestimmungsrechte etc.). Bei den hier diskutierten „Alternativen“ muss abschließend festgestellt werden, dass es sich bei keinem Verfahren um eine *echte* Alternative handelt, von der man sagen könnte, dass sie ein schriftliches, auf Merkmalskatalogen beruhendes Beurteilungsverfahren ersetzen könnte. Vielmehr handelt es sich um methodische Verfeinerungen bereits bekannter Verfahren. Einige bieten Ansätze für sorgfältigere Konstruktionsmöglichkeiten, wie z. B. das Verhaltensrangprofil, andere sind nützliche Ergänzungen der schriftlichen Verfahren.“

Es werden verschiedene Computerprogramme für Personalbeurteilungen/Leistungsbeurteilungen auf dem Markt angeboten. Barbara Sommerhoff, freie Journalistin und Autorin, schreibt dazu:[131]
„Eines dieser Programme – es ist unter dem Namen 'Captain' im Handel – sei hier kurz vorgestellt. Es besteht aus zwei Teilen: Im ersten Teil wird der Mitarbeiter mit einer Reihe von sogenannten „Paarvergleichen“ konfrontiert. Die Computermaske zeigt als Beispiel das Aussagenpaar „Ich werde meistens von anderen akzeptiert. – Meine Mitarbeiter befolgen meine Anordnungen“. Die beiden Sätze dieses Aussagepaares bilden keinen Gegensatz. Trotzdem muss sich der Mitarbeiter für *eine* dieser Antworten entscheiden – und vermittelt damit im Verbund mit den Antworten auf all die anderen ähnlich zusammengesetzten Fragen ein differenziertes Bild seiner selbst.

Es wundert nicht, dass für den Mitarbeiter auch das Überspringen einer Paaraussage nicht möglich ist: Das Programm geht erst weiter, wenn die Aufgabe gelöst ist (sogenanntes Forced-Choice-Verfahren). Die Vielzahl der Paaraussagen – über 180 – und die teilweise sehr ähnlichen Inhalte, die dem Mitarbeiter präsentiert werden, machen es dem Mitarbeiter – wenn er es denn wollte – fast unmöglich das Ergebnis zu manipulieren. Es handelt sich hier nicht um eine Leistungsbeurteilung, sondern einen Persönlichkeitsselbsttest, der evtl. bei einer *Neu*einstellung denkbar wäre. Nach der Selbst*einschätzung* geht es in einem weiteren Teil des Programms um eine Selbst*beurteilung*, der entsprechende Programmteil heißt „Captain Subjektiv“. Beurteilt wird das Arbeits- und Leistungsverhalten am Arbeitsplatz. Dazu werden dem Mitarbeiter mehrere Antwortalternativen angeboten. Die Computermaske „Selbstauskünfte am Computer anhand vorgegebener Antworten“, zeigt, wie eine solche Selbstbeurteilung zum Thema Stellen-

[131] Sommerhoff, Barbara: Personalbeurteilung, 1999, S. 54-60

wert der Arbeit aussieht: Aus den vorgegebenen Antworten muss er diejenige aussuchen, die seiner Haltung am nächsten kommt. Vermutlich wird kein Mitarbeiter die Aussage „Arbeit ist ein notwendiges Übel“ als für sich zutreffend markieren. Aber wie oben schon erwähnt: Sollte wirklich jemand diese Einstellung haben – in einem geschickt aufgebauten Programm mit entsprechenden Frageplazierungen ist es recht wahrscheinlich, dass diese Einstellung, sollte sie denn tatsächlich bestehen, zutage gefördert wird. Das Ergebnis der Selbstbeurteilung kann mittels Computer mit dem Ergebnis der Selbstauskünfte verglichen und ausgewertet werden.

Die Interpretation der Ergebnisse sollte von dafür ausgebildeten Personen vorgenommen werden. Darauf weisen die Vertreiber des computergestützten Programms zur Mitarbeiterbeurteilung ausdrücklich hin (Psychologen). Entsprechende Schulungen sowie ein detailliertes Handbuch werden angeboten. Es kann der Einsatz solcher Programme durchaus sinnvoll sein, insbesondere, wenn man wenig Zeit zur Verfügung hat. Aber genau das kann auch der Nachteil solcher Programme sein: Es ist atmosphärisch von ganz anderer Qualität, ob ein Vorgesetzter mit seinem Mitarbeiter einen Merkmalskatalog Punkt für Punkt durchgeht, im gemeinsamen Gespräch Bewertungen vornimmt, auch Kritik in umgekehrter Richtung zulässt, oder ob er seinen Mitarbeiter dazu veranlasst, sich den Fragen eines Computers zu stellen. Ob im Grundsatz jedoch der Einsatz eines computergestützten Verfahrens zur Beurteilung von Mitarbeitern sinnvoll ist, hängt von den *Zielen* ab, die ein Unternehmen mit dem Beurteilungsverfahren verfolgt. Will es das *Potential* der gesamten Belegschaft oder einzelner Teile daraus systematisch und nach einheitlichem Muster zu 55-65 % einschätzen? Dann dürfte ein solches Computerprogramm, das alle Mitarbeiter mit denselben Aufgaben konfrontiert, dienlich sein – immer, wenn der Betriebsrat akzeptiert. Oder will das Unternehmen ganz *individuelle Leistungs-* und *Verhaltenseinschätzungen* der Mitarbeiter gewinnen? Dann dürfte das dargestellte Verfahren *nicht* zum Ziel führen. Ob schließlich ein computergestütztes Beurteilungsverfahren gerechter ist als andere Verfahren, darf bezweifelt werden. Zwar ist die Ausgangsbasis für alle Mitarbeiter gleich: Alle bekommen dieselben Fragen und die Ergebnisse werden vom Computer ausgewertet.

Doch diese Auswertung muss, wie die Vertreiber des Programms ausdrücklich feststellen, interpretiert werden. Spätestens hier kommt das subjektive Element wieder ins Spiel; erst recht dann, wenn – nach der ersten Runde am Computer – das Beurteilungsverfahren weiterläuft. Denn das Computerprogramm ersetzt kein persönliches Gespräch zwischen Mitarbeiter und Vorgesetztem.

Nachfolgend Abbildung 61:

*pro*CAPTain Analyse für Führungskräfte

Auswertung:		*Anforderungen:*	
Name, Vorname:	Beispiel, Thomas	Firma:	CNT GmbH
geb.:	23.05.62	Funktion:	Einkaufsleiter
Testdatum:	30.01.98	Datum:	26.01.98

(0-10) = CAPTain Analyse ○ = Selbstwertung [Kasten] = Muss [gepunkteter Kasten] = Wunsch

			0	1	2	3	4	5	6	7	8	9	10		
	Arbeitsleistung		0	1	2	3	4	5	6	7	8	9	10		
A1	Einstellung zur Arbeit	nützlichkeitsorientiert	•	•	•	•	•	•	6	•	⊙	•	•	sehr einsatzfreudig	6,0
A2	Zielorientierung	prozessorientiert	•	•	•	•	•	•	⑥	•	•	•	•	ergebnisorientiert	6,0
A3	Persönliche Beteiligung	überlässt seine Arbeit anderen	•	•	•	•	•	⊙	•	7	•	•	•	will alles selber tun	7,0
A4	Selbstorganisation	flexibel, anlassbezogen	•	•	•	•	•	•	•	⊙	8	•	•	sehr systematisch	8,0
A5	Detailorientierung	an Details nicht interessiert	•	•	•	•	•	⊙	•	7	•	•	•	Details im Mittelpunkt	7,0
A6	Arbeitstempo	ruhig, langsam	•	•	2	•	•	⊙	•	•	•	•	•	arbeitet sehr schnell	2,0
A7	Ausdauer	ungeduldig	•	•	•	•	•	•	•	⊙	•	9	•	ausdauernd	9,0
A8	Selbstständigkeit	will exakte Vorgaben	•	•	•	•	•	•	•	⑦	•	•	•	selbstständig, setzt Ziele selbst	7,0
A9	Arbeitsplanung	praktisch, intuitiv	•	•	•	•	•	•	⑥	•	•	•	•	theoretisch, planerisch	6,0
A10	Bedürfnis nach Abwechslung	routinefähig	0	•	•	•	⊙	•	•	•	•	•	•	sucht viel Abwechselung	0,0
A11	Beständigkeit	führt wenig zu Ende	•	•	•	•	•	•	•	•	•	⑨	•	beendigt die Aufgaben immer	9,0
	Führungseigenschaften		0	1	2	3	4	5	6	7	8	9	10		
B1	Führungsstärke	kein Interesse an Führung	•	•	•	3	•	⊙	•	•	•	•	•	autoritär, dominant	3,0
B2	Delegation	delegiert nicht	•	•	•	•	•	5	⊙	•	•	•	•	delegiert sehr	5,0
B3	Einflussnahme	wenig Einflussnahme	•	•	•	•	•	⊙	6	•	•	•	•	sehr viel Einflussnahme	6,0
B4	Autoritätsorientierung	eigenverantwortlich, unabhängig	•	•	•	3	•	⊙	•	•	•	•	•	an Autoritäten orientiert	3,0
	Entscheidungsfindung		0	1	2	3	4	5	6	7	8	9	10		
C1	Entscheidungsfreude	trifft nur schwer Entscheidungen	•	1	•	•	•	•	⊙	•	•	•	•	entscheidet intuitiv und schnell	1,0
	Persönlichkeit		0	1	2	3	4	5	6	7	8	9	10		
D1	Selbstbehauptung	wehrt sich nicht	•	•	•	•	•	•	•	⑦	•	•	•	will sich immer behaupten	7,0
D2	Ambitionen	keinerlei Ambitionen	•	•	•	•	•	•	⊙	•	8	•	•	sehr ehrgeizig, konkurrierend	8,0
D3	Selbstbeherrschung	sehr offen, gefühlsbetont	•	•	•	•	•	•	6	⊙	•	•	•	sehr beherrscht	6,0
D4	Veränderungskraft	wenig Veränderungskraft	•	•	•	•	•	5	⊙	•	•	•	•	engagiert sich für Veränderung	5,0
D5	Realisierer	kein Realisierer	•	•	•	•	•	•	•	⊙	•	9	•	will praktisch umsetzen	9,0
D6	Fitness	wenig fit	•	•	•	•	•	•	•	•	⑧	•	•	fühlt sich fit	8,0
	Teamverhalten		0	1	2	3	4	5	6	7	8	9	10		
E1	Bedürfnis nach Nähe	unbeeinflussbar, unnahbar	•	•	•	•	④	•	•	•	•	•	•	konsensorientiert	4,0
E2	Anerkennungsbedürfnis	sehr gering	•	•	•	③	•	•	•	•	•	•	•	sehr groß	3,0
E3	Bedürfnis nach Aufmerksamkeit	braucht keine Aufm.	•	•	•	3	•	⊙	•	•	•	•	•	will im Zentrum stehen	3,0
E4	Kontaktorientierung	nüchtern, sachorientiert	•	•	•	③	•	•	•	•	•	•	•	umgänglich, freundlich	3,0
E5	Gruppenorientierung	nicht eingebunden, autark	•	•	•	•	•	⊙	6	•	•	•	•	sucht die Gemeinschaft	6,0
E6	Kooperation	steht für sich	•	•	⊙	•	4	•	•	•	•	•	•	ordnet sich ein	4,0
	Basisbereiche		0	1	2	3	4	5	6	7	8	9	10		
F1	Führungsrolle	führt nicht	•	•	•	•	4	⊙	•	•	•	•	•	führt sehr	4,0
F2	Grundlagen für Führung	persönlich ungeeignet	•	•	•	•	•	⑤	•	•	•	•	•	hat viele Grundlagen	5,0
F3	Grundlagen für Verkauf	uninteressiert, ungeeignet	•	•	⊙	•	4	•	•	•	•	•	•	hat viele Grundlagen	4,0
F4	Kreativität	keine kreativen Neigungen	•	•	•	•	•	•	⑥	•	•	•	•	kreative Anlagen	6,0
F5	Unterstützungsbedarf	will keine Unterstützung	•	•	•	•	⊙	5	•	•	•	•	•	benötigt viel Unterstützung	5,0
F6	Gründlichkeit	will schnellen Erfolg	•	•	•	•	•	•	6	•	⊙	•	•	sehr gründlich und besonnen	6,0
F7	Aktivitätsniveau	bedächtig	•	•	•	3	⊙	•	•	•	•	•	•	rastlos	3,0
F8	Technische Orientierung	kein technisches Interesse	•	•	•	•	•	•	•	•	•	⑨	•	technischer Spezialist	9,0
F9	Selbstvertrauen	geringes Selbstvertrauen	•	•	•	•	4	•	⊙	•	•	•	•	von sich sehr überzeugt	4,0
F10	Teamfähigkeit	arbeitet am besten allein	•	•	•	•	•	⑤	•	•	•	•	•	kann mit andere arbeiten	5,0

Abbildung 61: Computerselbstanalyse für Führungskräfte
Quelle: Sommerhof, Barbara: Personalbeurteilung, 1999, S. 54-60

13.3. Zusammenfassung

Um den richtigen Mitarbeiter in der richtigen Qualifikation ... rationell einzusetzen, können Computer-Programme *nicht* wesentlich helfen. Bestenfalls können sie bei *Neu*einstellungen testweise mitwirken, um ein klareres Bild vom Bewerber zu bekommen.

Folgende Gründe sprechen *gegen* den EDV-Einsatz bei Leistungsbeurteilungsverfahren:

1. Ein nicht-lebendes System (Programm) kann ein lebendes System (Mensch) grundsätzlich nicht beurteilen, denn ein lebendes System ist mehr als die Summe seiner materiellen Teile.
2. Umso mehr man Beurteilungskriterien auf Programme hin zusammenfasst, um so mehr geht der individuelle Bezug zum Einzelmitarbeiter verloren. Das heißt die %-Rate des Zutreffens auf die individuellen Arbeitsplatzanforderungen sinkt – zugunsten der etwas besseren Vergleichbarkeit.
3. Beurteilen ist eine jeweils einmalig-individuelle Beziehungs- und Betrachtungssache. Das sollte nicht entpersonalisiert werden, denn jedes Anforderungskriterium und deren Erfüllung muss einzeln besprochen werden.
4. Ein kleiner Trend geht zwar in Richtung vermehrtem EDV-Einsatz, speziell bei Potentialanalysen in Form von *Selbst*tests (z. B. Self-Assessment) – aber nicht bei Leistungsbeurteilung.
5. Ein Trend geht zu zielorientierten statt merkmalsorientierten Verfahren. Da kann EDV praktisch nicht eingesetzt werden.
6. Ein anderer Trend will keine Beurteilungen – nur noch Mitarbeitergespräche.
7. Siemens führte früher einen Vergleich der Leistungsbeurteilungsergebnisse innerhalb der Arbeitsgruppen durch. Das wird nicht mehr angewendet.
8. BMW hat alle seine früher leistungsbeurteilten Akkordmitarbeiter aus der Metall-Leistungsbeurteilung herausgenommen und eine eigene Entlohnungsart eingeführt. Ebenso MTU und andere Großunternehmen.
9. Ein Trend geht zur teilautonomen Gruppenbildung statt zur Einzelbeurteilung.
10. Ob SAP mit seinem sehr komplizierten neuen Beurteilungsprogramm großen Anklang findet, ist sehr fraglich. Denn große Unternehmen haben in der Regel bereits ein eigenes Beurteilungssystem oder deren Betriebsrat würde die SAP-Beurteilungssoftware aus arbeitsrechtlichen Gründen nicht akzeptieren. Außerdem hat jeder Mitarbeiter (auch in kleineren Firmen, die keinen BR haben) sein Anrecht auf Geheimhaltung. Normalerweise kommt die Beurteilung einmalig schriftlich in die Personalakte – sonst darf sie nirgends sein, auch nicht beim direkten Vorgesetzten – und in keinem EDV-Speicher (siehe Anhang 1: Die rechtliche Entwicklung der Leistungsbeurteilung ...).

14. Zukunftstrends auf dem Arbeitskräftemarkt

1. *Knappheit an qualifizierten Fachkräften und Führungskräften absehbar* [132]
   Im Jahr 2010 wird die Zahl der Arbeitnehmer im Alter zwischen 35 und 44 Jahren um 15 % niedriger sein als heute. In der Folge werden Unternehmen um qualifizierte Kräfte konkurrieren. Viele Stellen werden nicht mehr besetzt, weil die Bewerber fehlen. Diese Arbeitskräfteknappheit wird den Firmen Probleme bereiten.

2. *Zeitarbeit wächst*
   Unternehmen werden zunehmend dazu übergehen, alles auszugründen, was als zu kostenträchtig erfasst werden wird. Sie werden nur noch eine Stammbelegschaft/eine Kernmannschaft behalten und alle Stellen „abschmelzen", die kostenmäßig nicht vertretbar sind. Infolgedessen wird der Zeitpersonalmarkt sehr anwachsen und für Saison- oder Spitzenzeiten in den Unternehmen Leiharbeitnehmer bereit halten.

   Da wird es auch sogenannte „Söldner-Truppen" als „Just-in-time-Belegschaften" geben, die Aufträge auf Zeit übernehmen

3. *Chancen für qualifizierte Fachleute*
   Einerseits deshalb, weil qualifizierte Fachkräfte fehlen werden und andererseits wird es wegen der Personalreduzierung in Firmen eine Gründerwelle von Kleinfirmen geben, welche zur Zeit in Netzwerken verbunden, bestimmte Aufträge auf Dauer (ausgegründete Teile) oder andere Aufträge auf Zeit übernehmen werden. Da wird es auch Einzelkämpfer geben, die als Spezialmanager auf Zeit gewisse Aufträge in Firmen abwickeln werden.

4. *Wissensmanagement-Pool*
   Möglicherweise wird es Netzwerke geben, die im Rahmen ihres freiberuflichen Spezialgebietes auch nur „Know how" verkaufen – eine Art „Software-Kleinbibliothek." Das mag auch bis ins Ausarbeiten von maßgeschneiderten Problemlösungskonzepten für bestimmte Kundenaufträge gehen. Gegebenenfalls wird auch noch die Umsetzung der Problemlösung (auf Zeit) übernommen.

5. *Jeder bestimmt seinen Marktwert selbst*
   Im Rahmen dieser Entwicklung muss jeder auf dem Arbeits-/Auftragsmarkt sein Wissen und Können fundiert ausgebildet haben und stets qualifiziert auf dem laufenden halten. Das heißt, jeder sich auf dem Arbeitsmarkt Anbietende muss viel mehr als jetzt für seine Weiterbildung sorgen und es selbst bezahlen, dann kann er auch mehr fordern für seinen Einsatz.

6. *Anbieter-TÜV*
   Da wird es möglicherweise einen Anbieter-TÜV geben, bei dem jeder seine Gesamtqualifikation testen und einstufen lassen kann.

---

[132] Beitz, Holger: Trendletter 2000

7. *Unternehmens-TÜV* (ISO-NORM 9000 + X)
   Die Unternehmen werden sich auch testen lassen müssen, auf welchem Kulturreifegrad sie sind und was sie Bewerbern bieten können, damit sie sich in der Konkurrenz um gute Kräfte auf dem Markt besser präsentieren können. Der Kulturreifegrad wird gemessen in: Gesamteffizienz, Humankapitalniveau, Führungskultur, Kundenzufriedenheitsgrad, Mitarbeiterzufriedenheitsgrad, etc.

15. Zusammenfassung und Ausblick

Jedes Unternehmen muss sich darum bemühen, bestmöglich *wirtschaftlich* zu arbeiten – ansonsten würde es nicht lange leben können auf dem Wettbewerbsmarkt.

Wirtschaftlich handeln heißt, mit den vorhandenen Inputs den maximal möglichen Ertrag erreichen zu können. Nun gehört das Firmen*personal* zu diesen Inputs, also müsste man mit ihm so umgehen, dass bei gegebenen Kosten ein optimaler Ertrag erwirtschaftet würde. Wird das wirklich so gehandhabt? Ich behaupte in den Kapiteln 1 + 2 Folgendes:

- Im Durchschnitt erbringen die Firmen *nicht* die Leistung, die von einem positiv eingestellten Humankapital möglich ist, denn zu viele Mitarbeiter sind unzufrieden und passiv!!
- Die meisten Vorgesetzten/Führungskräfte verfügen *nicht* über die sachlichen Hilfsmittel für effektive Personalführung. Sie sind methodisch oft nicht geschult und auch nicht bereit, geeignete Methoden oder Hilfsmittel einzusetzen.
- Sehr oft erkennt die Unternehmensleitung die erforderlichen Voraussetzungen effektiver Personalarbeit nicht an.
- Viele Unternehmen werden immer noch eher „*mechanistisch*" betrachtet und geführt, wie *nicht*lebende Systeme.
- Unternehmen sind grundsätzlich nicht beherrschbar, sie beherrschen sich selbst in einer gewissen morphogenetischen Systembiologie, weil sie lebende Systeme sind.
- Die jeweilige Ordnung auf einer Systemebene (z. B. Mitarbeiterebene) ist die Folge der Selbstorganisation auf einer höheren Systemebene (z. B. Vorgesetztenebene). Das gilt positiv wie negativ und kann Ebene um Ebene nach oben (oder unten) so betrachtet werden.
- Die Vorgesetzten sind mit Sachaufgaben überlastet und haben (fast) keine Zeit zum Führen. Das ist völlig unwirtschaftlich.

Das personalökonomische Ziel des magischen Fünfecks wurde wie folgt beschrieben:

Den richtigen *Mitarbeiter* in der richtigen *Qualifikation* zur richtigen *Zeit* am erforderlichen *Ort rationell* (= wirtschaftlich) einzusetzen. Hier schließt sich das ökonomische Prinzip wieder in seiner Logik.

Vereinfachend lässt sich aus dem vorgenannten Prinzip ableiten, dass seine Verwirklichung unbedingt das Vorhandensein einer *guten Mannschaft mit einer guten Führung* (sie steuert das ganze Fünfeck) voraussetzt.

Die nächste Überlegung war es dann zu analysieren, wie es denn mit dem Vorhandensein dieser guten Führung/guten Mannschaft aussehen würde.

Die sehr detaillierte und umfangreiche Befragung von Dieter Frey, Universität München, führte auf den Boden der Praxis-Tatsachen. Genau das, was sich seit Jahren in Unternehmen immer wieder zeigt, wurde durch Dieter Freys Ergebnisse mit Zahlen untermauert:

Wir haben überwiegend *keine* gute Führung (keine wirklich effektive) und *keine* gute Mannschaft in vielen Unternehmen!

(Mit dieser Aussage will ich nicht Menschen angreifen, sondern Zustände beschreiben.)

Dieter Frey schreibt, nach seinen Befragungen hätten über 50% der Mitarbeiter ihrer Firma *innerlich* gekündigt – sie beschwerten sich massiv über ihre Vorgesetzten. Auch verschiedene andere Aussagen (Holger Beitz, Andreas Schmidt – AOL, Gefa-Institut, Reinhard Mohn – Bertelsmann Verlag u. v. a.) beschreiben das gleiche Dilemma.

Nachdem dieses Problem nicht überall gleich ist, wurde den Fragen nachgegangen:
a) Woher kommt dieses kritisierte Führungsverhalten?
b) Welche grundsätzlichen Möglichkeiten gibt es zur Problemlösung?
c) Was tun einzelne Firmen in Richtung Problemlösung?
d) Welche Trends gibt es für Problemlösungen?
e) Welche Lösungen kann ich empfehlen?

zu a) Woher kommt dieses kritisierte Führungsverhalten?
Die sogenannte „wissenschaftliche Betriebsführung“ von F. W. Taylor hat damals bereits auch unsere Unternehmensführungen sehr einseitig obrigkeits- und sachorientiert geprägt. Auch militärisches Denken hat bis vor 10 Jahren noch unser Betriebsgeschehen erheblich beeinflusst. Durch Einführung von Assessment-Center-Tests wurde dann für das magische Fünfeck endlich etwas getan. Als in den USA allmählich Personalbeurteilungsmodelle angewendet wurden, kamen diese durch US-Tochterfirmen auch nach Deutschland. Daher wurde 1972 das Betriebsverfassungsgesetz erheblich weiterentwickelt, um Mitarbeiter vor Nachteilen durch Beurteilungssysteme mehr zu „schützen“. Dieses Gesetz schränkt die betrieblichen Gestaltungsmöglichkeiten von Leistungsbeurteilungssystemen sehr stark ein.

zu b) Welche grundsätzlichen Möglichkeiten gibt es zur Problemlösung?
20 verschiedene Verfahren, mit denen Mitarbeiter objektiv beurteilt und eingestuft werden können, wurden beschrieben. Dann wurden die grundsätzlich möglichen Vor- und Nachteile von verschiedenen Leistungsbeurteilungssystemrichtungen für Unternehmen und Mitarbeiter analysiert. Von den zwei Grundrichtungen merkmals- oder zielorientiertes Verfahren weisen beide gute Vorteile auf.
Es ist aber leichter einem merkmalsorientierten System den Zielvereinbarungsteil anzukoppeln als einem rein zielorientierten System Beurteilungsmerkmale. Außerdem ist davon auszugehen, dass den meisten Unternehmen die erste Kombination deutlich mehr bringt. Die Entscheidung fiel für die Leistungsbeurteilung mit einzelnen Beurteilungskriterien, weil sie detaillierter, objektiver und effektiver ist. Daraus wurde auch ein eigener – 30-Punkte umfassender – *Soll*-Prüfkatalog entwickelt, in dem alle wesentlichen Voraussetzungen beschrieben sind für ein optimales Beurteilungsmodell bzw. system in einer Firma X.

Das zielorientierte Leistungsbeurteilungsmodell, welches in gewisser Konkurrenz steht zum merkmalsorientierten Modell wurde ebenfalls ausführlich beschrieben – einschließlich ganz wichtiger Grundfragen zum Zielvereinbarungsmanagement.

zu c) Was tun einzelne Firmen in Richtung Problemlösung?
Mit dem vorgenannten *Soll-Prüfkatalog* analysierte ich anschließend vier verschiedene Leistungsbeurteilungsmodelle, die derzeit verwendet werden. Ergebnis:

- Das Leistungsbeurteilungsmodell der Bayerischen Metallindustrie ist zwar vor 25 Jahren ein wichtiger Schritt gewesen, aber es ist jetzt im Prinzip zu wenig geeignet als effektives Leistungsbeurteilungs- und Personalentwicklungsinstrument (23 % Effektivität). Es ist somit *kein* Beitrag zur Erreichung des magischen Personalfünfecks, sondern bremst durch sein scheintotes Vorhandensein die Entwicklung zu optimalen Personalmanagementinstrumenten in den Mitgliedsfirmen.

- Das XXL-GmbH-Leistungsbeurteilungsmodell für Tarifangestellte schnitt deutlich besser ab, ist aber nicht ausreichend (47 %). Seit ca. zwei Jahren verhandelt die Geschäftsleitung mit dem Betriebsrat über ein besseres Modell. Er hat bisher noch nicht zugestimmt.

- Das Siemens-Leistungsbeurteilungsmodell „EFA“ schnitt relativ gut ab (77 %).

- Das von mir 1994 entwickelte und ab 1.1.1995 bei der Firma Burgmann, Wolfratshausen verwendete Leistungsbeurteilungsmodell enthält zusätzlich einen Gesprächsteil und einen Zielvereinbarungsteil. Bei der 30-Sollkriterien-Skala erreichte mein Leistungsbeurteilungsmodell 90 % Erfüllung. Auch die 58 im März 2000 befragten Beurteiler/Beteilten der Firma Burgmann (nur AT-Angestellte) waren sehr zufrieden mit diesem Modell. Es gab zwar Verbesserungshinweise – aber eher zur Anwendungsart als zum Modell.

  Ich habe nun dieses Beurteilungsmodell (1994) für den AT-Bereich sowohl erheblich verbessert, als auch daraus ein verkürztes Modell für die Tarifmitarbeiter entwickelt. Vor allem die Mitarbeiterförderung und Zielvereinbarung sowie die Mitwirkung der Mitarbeiter an der eigenen Beurteilung habe ich erweitert bzw. neu eingesetzt. So existieren zwei optimale Modelle für den allerneuesten Stand der Möglichkeiten.

zu d) Welche Trends gibt es für Problemlösungen?
Ein Trend zur Aufwärtsbeurteilung (AB) der Vorgesetzten ist in größeren Unternehmen deutlich vorhanden und absolut zu begrüßen. Das ist ein wesentlicher Teil des erforderlichen Paradigmenwechsels, der geschehen muss, wenn die Mitarbeiter mündig werden und aus der inneren Kündigung herauskommen sollen. Diese AB wird in Unternehmen, wenn überhaupt, dann fast ausschließlich auf freiwilliger Basis durchgeführt; nur Siemens hat sie verpflichtend eingeführt. Die Möglichkeiten und Grenzen der AB wurden ausführlich herausgearbeitet. Denn entsprechend der Frey-Analysen haben die Führungskräfte in den Unternehmen ihre Führungspflichten sträflich verletzt. Sie benötigen Feedback über ihre Führungsergebnisse.

Des weiteren habe ich noch das neueste Beurteilungssystem, das 360°-Feedback so ausführlich beschrieben, wie es derzeit nirgends zu finden ist – vor allem in Anwendungsrichtung. Es bezieht sowohl Mitarbeiter und Vorgesetzte also auch Kollegen und Kunden als Mitbeurteiler ein. Viele Firmen wollen dieses Modell ausprobieren.

Die EDV in der Leistungsbeurteilung einzusetzen, hat sich als nicht hilfreich erwiesen, trotz gegenteiligem Anschein. Bei vielen Modellen ist es allein ablaufmäßig nicht möglich (z. B. Zielvereinbarung). Nicht selten wird der EDV-Einsatz vom Betriebsrat abgelehnt. Oft würde der EDV-Einsatz auch zu kompliziert sein und zu teuer in der Handhabung etc. – oder würde den Sinn der Leistungsbeurteilung/Personalentwicklung zerstören. Trotzdem gibt es zunehmend psychologische EDV-Programme zur Selbsteinschätzung.

zu e) Welche Lösungen kann ich empfehlen?

– *Ich rate ab* (siehe 30-Punkte-Kriterien)
  Ein ineffektives, d. h. zu einfaches oder zu schwieriges Modell für
  · Leistungsbeurteilung,
  · Zielvereinbarung,
  · Aufwärtsbeurteilung,
  · 360°-Feedback,
  ohne Beteiligung der Betroffenen und ohne ausreichende Schulung der Beurteiler und der Beurteilten einzuführen. Es würde schief gehen. Es gibt hier genügend Projektruinen.

– *Ich empfehle* (siehe 30-Punkte-Kriterien):
  Ein aus Beurteilungskriterien und Zielvereinbarungsteil sowie Mitarbeiterförderteil zusammengesetztes Modell mit Betroffenen zu entwickeln, einen Probelauf durchzuführen, es dann gegebenenfalls noch zu überarbeiten, sowie die Beurteiler intensiv zu trainieren und die Beurteilten gut zu informieren und es dann erst allgemein einzuführen. Man sollte aber zuerst Klarheit schaffen, was man damit erreichen will (Ziele) und dann erst über eine Implementierung entscheiden. Es wird normalerweise von Vorgesetzten mehr offenen oder verdeckten bzw. passiven Widerstand geben, als von Mitarbeitern. Wenn eine objektivere Entgeltpolitik, Arbeitseinsatzsteuerung, Personalentwicklung/-förderung erreicht und auch TQM, KVP, BVW-VVW u. a. betrieben werden soll, dann ist eine merkmalsorientierte Leistungsbeurteilung *mit* Zielvereinbarung und Förderteil das hilfreichste und zentrale Instrument hierzu.

  Mit der *Aufwärtsbeurteilung* empfehle ich – ebenso auch mit dem *360°-Feedback* – äußerst vorsichtig und behutsam umzugehen. Sehr viele Unternehmen sind noch nicht reif dafür! „Hier sollte kein falscher Ehrgeiz an den Tag gelegt werden."

  Der Zielansatz dieses Buches dürfte (wie folgt) erreicht sein.

  Ich habe:
  – ein *Analysemodell* (30 Kriterien) geschaffen zur Entwicklung und Einschätzung von Leistungsbeurteilungssystemen.

- durch die Burgmann-Befragung nachgewiesen, dass mein bisheriges *Leistungsbeurteilungsmodell* AT 1994 gut angenommen wurde – also eine gute Zielerreichung aufweist.
- zu dem vorgenannten Burgmann-Modell AT 1994 eine neue, sehr effektive *Zielvereinbarungs-Checkliste* entwickelt. Sie ist einfach zu handhaben.
- das bisherige Burgmann-Leistungsbeurteilungsmodell AT 1994 überarbeitet und erheblich erweitert. Es ist für die heutige Zeit ein *Optimal-Modell* – sowohl für AT-Mitarbeiter wie für Tarifmitarbeiter.

Bei der Frage, warum manche bisherigen Beurteilungssysteme in Unternehmen nicht erfolgreich waren, gibt es die klare Antwort: Erhebliche Systemmängel und erhebliche Implementierungsfehler! Die Mitarbeiter in vielen Firmen warten und hoffen darauf, endlich bessere Arbeits- und Führungsbedingungen zu bekommen. Meine Leistungsbeurteilungsmodelle bieten sie.

Somit sind Führungsinstrumente geschaffen, um optimal zur Effiziierung der Führung beizutragen sowie das magische Fünfeck der Personalwirtschaft zu erreichen. Sie müssen nur eingesetzt werden. Natürlich ist Informations- und Überzeugungsaufwand bei Vorgesetzten notwendig. Es ist bewiesen und beweisbar, dass Unternehmen sehr ökonomisch arbeiten können.

Ausblick:
Ich halte es im Sinne der Optimierung der gesamten Unternehmensabläufe und -ergebnisse, für sogar zwingend erforderlich, eine qualifizierte jährliche Mitarbeiter- und Vorgesetztenbeurteilung (Aufwärtsbeurteilung) bindend einzuführen! Diese verpflichtende Aufwärtsbeurteilung sollte derzeit zwar noch *anonym* ablaufen (zum Schutz der abhängigen Mitarbeiter) – es sollte aber mittelfristig daraus ein wechselseitiges, offenes 4-Augen-Feedback entwickelt werden. Das setzt eine nachhaltige Entwicklung/Reifung der Führungs-/Kommunikations*kultur* voraus – aber diese hohe Reife muss das langfristige *Ziel* sein. Anders kann das erforderliche Wissensmanagementniveau und die erforderlichen Motivations- und Mitwirkungsgrade des Humankapitals nicht erreicht werden. Also zuerst heraus aus dem Elfenbeinturm der Allmacht und Unfehlbarkeit die einen – und dann heraus aus dem Gleichgültigkeitstal der inneren Kündigung die anderen. Sie sind mehr *voneinander* abhängig, als ihnen oberflächig bewusst ist.

Noch ein Beispiel zum Abschluss:
Das Fraunhofer Institut für Produktionstechnik und Automatisierung (IPA-Institut) hat 2 000 Unternehmen nach Ursachen für Qualitäts- und Serviceprobleme befragt und danach, *wie* wichtig ihnen folgende Zielgrößen sind. Folgende Ergebnisse zeigten sich (siehe Abbildung 62):

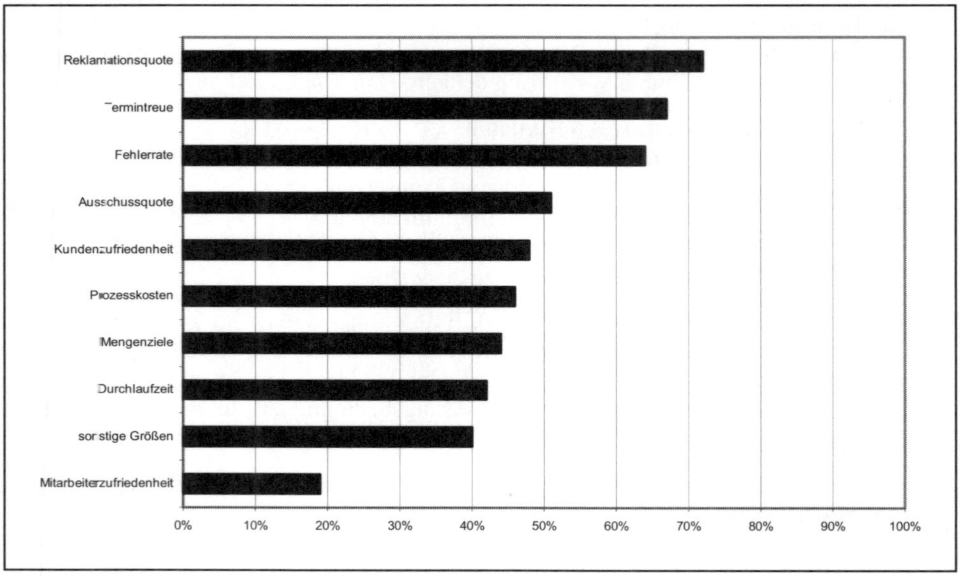

Abbildung 62: Durchschnittliche Bedeutung (Wert) der befragten Zielgrößen in den 2 000 Unternehmen: Zehn verwendete Zielgrößen – Fraunhofer Institut
Quelle: Westkämper, Engelbert/Mai, Christoph/Kaumanns, Wolfgang: TQM-KMU, Umfassendes Qualitätsmanagement in kleinen und mittleren Unternehmen, Stuttgart, 1998, S. 27/28

Die 2 000 Unternehmen *interessierten sich* im Durchschnitt u. a. zu:

– 72 % für ihre Reklamationsquote →	um 379 % wichtiger als die Mitarbeiterzufriedenheit,
– 48 % für die Zufriedenheit ihrer Kunden →	um 253 % wichtiger als die Mitarbeiterzufriedenheit,
– 19 % für die Zufriedenheit ihrer Mitarbeiter.	

Das schockiert erst einmal und beweist gleichzeitig die ernüchternden Ergebnisse von Dieter Frey über die Unwirtschaftlichkeit vieler Firmen infolge hoher innerer Kündigungsquote ihrer Mitarbeiter. Es liegt eigentlich nur am Management – sowohl die Problemursache wie die Lösungsfrage; Instrumente zur Lösung gibt es genug.

Das Fraunhofer Institut (IPA-Institut) propagiert folgenden „Dreisatz des Erfolges“:

Nur zufriedene Mitarbeiter können Qualität produzieren –
und nur Qualität macht einen perfekten Kundendienst möglich!

Wenn wir wirklich Veränderung in der Wirtschaftlichkeit und Kultur von Unternehmen wollen, dann müssen wir diesen Paradigmenwechsel zum *neuen Manager* eben bei den Führungskräften beginnen und systemisch denken. *Daher müssen Vorgesetzte künftig:*

1. sorgfältigst ausgewählt werden,
2. nach Bedarf Führungstraining und -coaching erhalten,
3. Führungsmethoden und -werkzeuge einsetzen,
4. einen größeren Entscheidungsfreiraum erhalten,
5. von Sachaufgaben erheblich entlastet werden,
6. ihre neuen Mitarbeiter sorgfältig auswählen,
7. ihre Mitarbeiter jährlich beurteilen,
8. sich von ihren Mitarbeitern jährlich beurteilen lassen,
9. „eingefahrene" Mitarbeiter zu Job rotation o. ä. anhalten,
10. gezielt Nachwuchs fördern und entwickeln,
11. ihren Mitarbeitern echte Verantwortung übertragen (MbO),
12. ihre Mitarbeiter coachen und beraten,
13. ihre Mitarbeiter zu effektiven Teams entwickeln,
14. das Wissensmanagement in ihrem Bereich effiziieren.

Über sie läuft der Wandel!

Was ist noch zu tun, nachdem man Unternehmen „nicht wirklich beherrschen" kann?

1. Flache, vernetzte Unternehmensstrukturen schaffen (keine hierarchischen Erbhöfe und Fürstentümer zulassen).
2. Das „Systembewusstsein" muss sich entwickeln können, d. h.
   - das Unternehmen muss als organisches (= lebendiges) System verstanden werden,
   - das Unternehmen sollte als lernende Ganzheit begriffen werden, die sich auf einem wachsenden Reifeniveau befinden sollte,
   - ständige Veränderungen auf allen Ebenen müssen (in einem lebenden System) als normal akzeptiert werden.
3. Die Vorgesetzten und Mitarbeiter sollten sich im systemischen Denken und Handeln qualifizieren – also: lineares Denken minimieren und ganzheitliches Denken maximieren.
4. Bei Einzelaspekten muss immer der Gesamtzusammenhang beachtet werden.
5. Führungskräfteentwicklung von Einzelkämpfern zum Mitwirkenden am Gesamtprozess.
6. Teamfähigkeit, Konfliktfähigkeit und Toleranz sind primär zu entwickeln-
7. Mitarbeiter sollten sich nicht mehr als stille, abteilungsbezogene Prozessbeobachter verhalten, sondern sich zunehmend als mitverantwortliche Gestalter der Unternehmens- und Abteilungsziele verstehen.

Führungskonzepte müssen auf eine optimale Erfüllung *ökonomischer* und *humaner Ziele* und *Bedürfnisse* ausgerichtet sein. Keines sollte dominieren!

Anhang 1: Die rechtliche Entwicklung der Leistungsbeurteilung in der BRD

1.1. Informationsrechte des Betriebsrates

1.1.1. Allgemeiner Informationsanspruch des Betriebsrates nach § 80 Abs. 2

Nach § 80 Abs. 2 BetrVG ist der Arbeitgeber verpflichtet, den Betriebsrat von sich aus *rechtzeitig* und *umfassend* über *alle Bestandteile* eines geplanten Beurteilungs*systems* zu unterrichten. Der Betriebsrat muss so informiert sein, dass er über den gleichen Wissensstand (umfassend und vollständig) verfügt wie der Arbeitgeber selbst. Die Informationen haben so rechtzeitig zu erfolgen, dass der Betriebsrat auf die inhaltliche Ausgestaltung tatsächlich Einfluss nehmen kann. Konkrete Fragen können z. B. sein:

- Welche konkreten Ziele soll das System aufweisen?
- Sollen darauf bezogen Leistungszulagen gezahlt werden?
- Wo sollen die Beurteilungen aufbewahrt werden?
- Ist an eine EDV-mäßige Erfassung und Auswertung von Beurteilungsdaten gedacht?
- Welche Beurteilungskriterien sollen eingeführt werden? Wie sind sie definiert?
- Soll mit dem Beurteilungssystem eine berufliche Förderung verbunden werden? Wie sollen konkrete Maßnahmen dazu aussehen?
- Welche Maßnahmen der beruflichen Bildung sind dazu konkret geplant?
- Wie sollen die Beurteiler/innen für die Beurteilungsgespräche qualifiziert werden?

1.1.2. Personalplanung nach § 92

Nach dieser Vorschrift hat der Arbeitgeber den Betriebsrat über die Personalplanung sowie die sich daraus ergebenden personellen Maßnahmen und Maßnahmen der Berufsbildung anhand von Unterlagen rechtzeitig und umfassend zu unterrichten. Er hat ferner mit dem Betriebsrat über Art und Umfang der erforderlichen Maßnahmen und die Vermeidung von Härten zu beraten.
Wird die Personalbeurteilung vom Arbeitgeber unter anderem zum Zwecke der Personalplanung eingeführt, so greifen die Informations- und Beratungsrechte nach § 92. Besonders naheliegend und verbreitet ist die Verwendung von Beurteilungsdaten im Bereich der:

- Personalbedarfsplanung,
- (internen) Personalbeschaffung,
- Personalentwicklungsplanung,
- Personaleinsatzplanung,
- Personalaufbauplanung.

1.2. Mitbestimmungs- und sonstige Rechte bei Beurteilungsverfahren

1.2.1. Mitbestimmung nach § 94

In § 94 BetrVG heißt es:

> „(1) Personalfragebogen bedürfen der Zustimmung des Betriebsrates. Kommt eine Einigung über ihren Inhalt nicht zustande, so entscheidet die Einigungsstelle. Der Spruch der Einigungsstelle ersetzt die Einigung zwischen Arbeitgeber und Betriebsrat.
>
> (2) Absatz 1 gilt entsprechend ... für die Aufstellung allgemeiner Beurteilungsgrundsätze."

Allgemeine Grundsätze sollen eine einheitliche Handhabung gewährleisten. Beurteilungsgegenstand müssen nicht zwingend Leistungs- und Verhaltensmerkmale sein, auch Beurteilungen zur Erfassung der Eignung von Beschäftigten (Potentialbeurteilungen) unterliegen dieser Rechtsnorm.

Die Rechtsnorm des § 94 Abs. 2 eröffnet dem Betriebsrat also einen weitreichenden Einfluss auf die Grundsätze der Personalbeurteilung. Sie eröffnet ihm die Chance einer gleichberechtigten Mitgestaltung. Er hat insbesondere mitzubestimmen über:

- Die Ziele des Systems (darüber bestehen noch verschiedene Auslegungen),
- das grundsätzliche Verfahren bzw. die Konzeption (einschließlich des Beurteilungsbogens),
- die einzelnen Beurteilungskriterien inklusive eventueller Gewichtungen sowie ihre Definitionen,
- die Beurteilungs- und Bewertungsmethoden und -maßstäbe (z. B. Verwendung von Skalen, Festlegung der Skalenlänge),
- Verfahrensfragen (z. B. Festlegung von Beurteiler/innen und zu Beurteilenden; zeitlicher Abstand der Regelbeurteilungen; andere Beurteilungsanlässe),
- Fragen der Durchführung und Gestaltung des Beurteilungsgesprächs,
- Fragen der Auswertung der Beurteilung,
- die Aufbewahrung der Beurteilungsunterlagen (z. B. Dauer der Ablage in der Personalakte),
- Rechte der betroffenen Mitarbeiter/innen (z. B. Einspruchs- und Beschwerdemöglichkeiten),
- Konfliktlösungsmechanismen bei Streitigkeiten über konkrete Beurteilungen (z. B. paritätischer Ausschuss).

Der Betriebsrat hat auch dann nach § 94 Abs. 2 mitzubestimmen, wenn die Beurteilungsgrundsätze in Form eines *Programms für eine Elektronische Datenverarbeitung* erstellt werden. Zustimmungsbedürftig ist bereits der Einsatz eines Programms, das für die Beurteilung wesentliche und maßgebliche Informationen zusammenführt; erst recht solche Programme, die Beurteilungen mit Hilfe gespeicherter Daten erstellen. Ein Initiativrecht zur Einführung steht dem Betriebsrat allerdings nicht zu.

Grenzen der Einflussnahme ergeben sich ferner daraus, dass § 94 Abs. 2 dem Betriebsrat *kein* Mitbestimmungsrecht bei den *einzelnen Beurteilungsvorgängen* zubilligt. Das Mitbestimmungsrecht ist beschränkt auf die „Infra-Struktur" des Personalbeurteilungs-*systems.*

1.2.2. Mitbestimmung nach § 87 Abs. 1 Nr. 6 BetrVG (Leistungs- und Verhaltenskontrolle)

Will der Arbeitgeber Beurteilungsdaten in ein EDV-System einspeisen, hat der Betriebsrat ein Mitbestimmungsrecht nach § 87 Abs. 1 Nr. 6 BetrVG. Dabei ist völlig unerheblich, ob die Daten von einer technischen Einrichtung erhoben oder aus einem Beurteilungsbogen in das EDV-System übertragen werden und damit einer EDV-mäßigen Auswertung zugeführt werden können.
Das Mitbestimmungsrecht des Betriebsrates besteht deshalb, weil es sich in jedem Fall um eine *technische* Einrichtung handelt, mit der das Verhalten oder die Leistung von Beschäftigten kontrolliert werden können. Es kommt dabei nicht auf den subjektiven Willen des Arbeitgebers an; vielmehr ist für das Mitbestimmungsrecht ausschlaggebend, dass der/dem einzelnen Beschäftigten „objektiv" verhaltens- oder leistungsbezogene Daten zugeordnet werden können. Schon die bloße Erhebung von Beurteilungsdaten einzelner Beschäftigter ist mitbestimmungspflichtig, um den Schutz der Persönlichkeitssphäre der Arbeitnehmer/innen zu gewährleisten.

1.2.3. Mitbestimmung nach § 87 Abs. 1 Nrn. 10 und 11 BetrVG (Zulagengestaltung)

Es gibt Unternehmen, in denen die Personalbeurteilung mit der Zahlung von übertariflichen Zulagen verbunden wird. Wie bereits an anderer Stelle ausgeführt, liegen sogar in einigen Branchen bzw. Regionen Tarifverträge zur Leistungsbeurteilung zum Zwecke der Absicherung übertariflicher Entgeltbestandteile vor. Die Tarifverträge regeln z. B. den betroffenen Personenkreis, das Beurteilungsverfahren, die Beurteilungsmerkmale und -stufen, die Ermittlung und Ausweisung der Leistungszulage sowie ein Beanstandungsverfahren. Liegt kein geltender Tarifvertrag zur Leistungsbeurteilung vor, kann der Arbeitgeber von sich aus die Vergabe einer Leistungszulage mit der Einführung eines Beurteilungssystems verbinden. Der Betriebsrat hat dann aber ein Mitbestimmungsrecht bei der Festlegung von Grundsätzen und Struktur der Zulagenermittlung nach § 87 Abs. 1 Nrn. 10 und 11 BetrVG. Dieses Recht bezieht sich auf die Ausgestaltung der gesamten Verfahrenskomponenten inklusive der Kriterien, nach denen die Zulagenhöhe differenziert ist.

1.2.4. Mitbestimmung nach § 95 BetrVG (Auswahlrichtlinien)

§ 95 Abs. 1 BetrVG gewährt dem Betriebsrat ein Mitbestimmungsrecht bei der *Aufstellung von Auswahlrichtlinien.* Dabei handelt es sich um Grundsätze, die allgemein oder für bestimmte Arten von Tätigkeiten festlegen, welche Voraussetzungen bei der Durchführung von personellen Einzelmaßnahmen vorliegen müssen oder nicht vorliegen dürfen und welche sonstigen Gesichtspunkte bei ihnen im Hinblick auf die Arbeitnehmer weiter zu berücksichtigen sind oder außer Betracht zu bleiben haben.

1.2.5. Beschwerdeverfahren nach § 85 BetrVG (mit Einigungsstelle)

Die einzelnen Beschäftigten haben nach § 85 Abs. 1 BetrVG des individuelle Recht, sich beim Betriebsrat z. B. über *ihr Beurteilungsergebnis,* ein *unsachgemäß durchgeführtes Beurteilungsgespräch* oder dergleichen zu *beschweren.* Der Betriebsrat hat die Beschwerde zu prüfen und – falls er sie für berechtigt erachtet – beim Arbeitgeber auf Abhilfe hinzuwirken. Bestehen zwischen Betriebsrat und Arbeitgeber Meinungsverschiedenheiten über die Beschwerdeberechtigung, so kann der Betriebsrat (und nur er) die Einigungsstelle anrufen, soweit der Gegenstand der Beschwerde kein Rechtsanspruch (z. B. aus Gesetzen oder Tarifvereinbarungen) der Arbeitnehmerin/des Arbeitnehmers ist.

1.2.6. Diskriminierungsverbot nach § 75 Abs. 1 BetrVG

Nach dieser Norm haben Arbeitgeber (!) und Betriebsrat darüber zu wachen, dass alle im Betrieb tätigen Personen nach den *Grundsätzen von Recht und Billigkeit* behandelt werden und dass insbesondere niemand wegen Abstammung, Religion, Nationalität, Herkunft, politischer oder gewerkschaftlicher Betätigung oder Einstellung, wegen des Geschlechts oder wegen der Überschreitung bestimmter Altersstufen benachteiligt wird. *Beurteilungssysteme* müssen sich daran messen lassen, ob sie geeignet sind, bestimmte Personengruppen in diskriminierender Weise zu beeinträchtigen oder zu benachteiligen. Die in § 75 Abs. 1 BetrVG genannten Merkmale (z. B. wenn sich eine Arbeitnehmerin gewerkschaftlich betätigt, oder wenn ein Mitarbeiter das 55. Lebensjahr erreicht hat) dürfen nicht ausschlaggebend für die Qualität der Beurteilungsergebnisse sein.

1.2.7. Schutz der Persönlichkeit nach § 75 Abs. 2 BetrVG

Betriebsrat und Arbeitgeber haben gemäß § 75 Abs. 2 BetrVG die freie Entfaltung der Persönlichkeit der im Betrieb beschäftigten Arbeitnehmer/innen zu schützen und zu fördern. Diese Norm bedeutet für die hier in Rede stehenden Zusammenhänge insbesondere, dass durch die Einführung und Anwendung von Personalbeurteilungs-Verfahren das allgemeine Persönlichkeitsrecht und die Würde des Menschen (vgl. auch Art. 1 und 2 des Grundgesetzes sowie § 823 Abs. 1 des Bürgerlichen Gesetzbuches) nicht verletzt werden dürfen. Vor allem dürfen Beurteilungs*grundsätze* nicht den arbeitenden Menschen zum Objekt herabwürdigen.

Es ist nur zulässig, die Beschäftigten nach ihrer tätigkeitsrelevanten fachlichen und persönlichen Eignung zu beurteilen. Durch diesen Anspruch werden der *Einbeziehung persönlichkeitsbezogener Merkmale* klare Grenzen gesetzt. Die beruflichen Entwicklungs- und Entfaltungsmöglichkeiten dürfen nicht von Kriterien abhängen, die keinerlei unmittelbaren Bezug zu(r) derzeitigen oder zukünftigen Tätigkeit(en) erkennen lassen. Die Einbeziehung von Merkmalen wie Lebensauffassung, Gesamtperson, Ich-Anspruch, Lebensreife, Privateinflüsse, Wesensfestigkeit oder dergleichen ist *unzulässig*.

Aus § 75 Abs. 2 BetrVG werden sich nötigenfalls auch starke rechtliche Argumente für die *Verhinderung* der *Abspeicherung umfassender Beurteilungsdaten* auf EDV ableiten lassen.

1.2.8. Unterrichtungs- und Erörterungspflicht des Arbeitgebers siehe 42 *nach § 81 BetrVG*

(1) Der Arbeitgeber hat den Arbeitnehmer über dessen Aufgabe und Verantwortung sowie über die Art seiner Tätigkeit und ihre Einordnung in den Arbeitsablauf des Betriebs zu unterrichten. Er hat den Arbeitnehmer vor Beginn der Beschäftigung über die Unfall- und Gesundheitsverfahren, denen dieser bei der Beschäftigung ausgesetzt ist, sowie über die Maßnahmen und Einrichtungen zur Abwendung dieser Gefahren und die nach § 10 Abs. 2 des Arbeitsschutzgesetzes getroffenen Maßnahmen zu belehren.

(2) Über Veränderungen in seinem Arbeitsbereich ist der Arbeitnehmer rechtzeitig zu unterrichten. Absatz 1 gilt entsprechend.

(3) In Betrieben, in denen kein Betriebsrat besteht, hat der Arbeitgeber die Arbeitnehmer zu allen Maßnahmen zu hören, die Auswirkungen aus Sicherheit und Gesundheit der Arbeitnehmer haben können.

(4) Der Arbeitgeber hat den Arbeitnehmer über die auf Grund einer Planung von technischen Anlagen, von Arbeitsverfahren und Arbeitsabläufen oder der Arbeitsplätze vorgesehenen Maßnahmen und ihre Auswirkungen auf seinen Arbeitsplatz, die Arbeitsumgebung sowie auf Inhalt und Art seiner Tätigkeit zu unterrichten. Sobald feststeht, dass sich die Tätigkeit des Arbeitnehmers ändern wird und seine beruflichen Kenntnisse und Fähigkeiten zur Erfüllung seiner Aufgaben nicht ausreichen, hat der Arbeitgeber mit dem Arbeitnehmer zu erörtern, wie dessen berufliche Kenntnisse und Fähigkeiten im Rahmen der betrieblichen Möglichkeiten den künftigen Anforderungen angepasst werden können. Der Arbeitnehmer kann bei Erörterung ein Mitglied des Betriebsrats hinzuziehen.

Hinweispflicht des Arbeitgebers auf Arbeitsanforderungen nach § 81 BetrVG

Aus dieser Norm kann ein Anspruch der Arbeitnehmer/innen abgeleitet werden, rechtzeitig und umfassend über *Beurteilungskriterien und Bewertungsmaßstäbe*, die für seinen/ihren Arbeitsplatz und damit auch für das Personal maßgeblich sind, bzw. deren Veränderung informiert zu werden.

1.2.9. Allgemeines Anhörungsrecht und Vorschlagsrecht für die Gestaltung des Arbeitsplatzes und des Arbeitsablaufes nach § 82 Abs. 1 BetrVG

§ 82 Abs. 1 BetrVG gibt der/dem Beschäftigten grundsätzlich das Recht, bei sie/ihn betreffenden betrieblichen Angelegenheiten gehört zu werden. Sie sind berechtigt, zu sie betreffenden Malnehmen des Arbeitgebers, *Stellung* zu nehmen und *Vorschläge für die Gestaltung* von Arbeitsplatz und Arbeitsablauf zu machen.
Aus dieser Vorschrift kann ein Recht der Mitarbeiter/innen abgeleitet werden, im Rahmen des *Beurteilungsgesprächs* (und nicht nur dort) mit der/dem Vorgesetzten nicht nur über Leistung und Verhalten, sondern auch über die damit oft zusammenhängenden Fragen der Arbeitsbedingungen und notwendige oder wünschenswerte Veränderungen des Arbeitsplatzes zu sprechen. Die/der Vorgesetzte ist verpflichtet, die Mitarbeiter/innen anzuhören und auf Fragen, Stellungnahmen oder Vorschläge einzugehen. Das Anhörungs- und Erörterungsrecht ist während der Arbeitszeit unter Weiterzahlung des Entgelts auszuüben.

1.2.10. Recht auf Erörterung der Leistung sowie beruflicher Entwicklungsmöglichkeiten im Betrieb nach § 82 Abs. 2 BetrVG

Gemäß § 82 Abs. 2 BetrVG kann die/der Beschäftigte während der Arbeitszeit die Durchführung von Beurteilungsgesprächen verlangen. Die zuständige Stelle (in der Regel die/der Vorgesetzte) ist – *un*abhängig davon, ob ein Personalbeurteilungsverfahren existiert oder ob ein bestehendes System die Durchführung eines solchen Gesprächs vorsieht – nach entsprechender Aufforderung durch/die den Mitarbeiter/in verpflichtet, *die Beurteilung der Leistungen, die beruflichen Entwicklungsmöglichkeiten* sowie die Berechnung und Zusammensetzung des Entgelts mit ihr/ihm zu *erörtern*. Dabei kann die/der Beschäftigte ein Mitglied des Betriebsrates nach seiner/ihrer Wahl hinzuziehen. Demnach müssen der/dem Beurteilten insbesondere *bei schlechten Bewertungen stichhaltige Gründe* (d. h. unter Angabe von Tatsachen) mitgeteilt werden, die eine solche Beurteilung rechtfertigen.
Probleme hinsichtlich der *Erörterung* der beruflichen Entwicklungsmöglichkeiten können dahingehend auftauchen, dass die/der Vorgesetzte nicht in der Lage ist, hierzu kompetente Aussagen zu treffen, besonders was die Darlegung der zu erwartenden betrieblichen Situation in der Zukunft und die sich daraus ergebenden Folgen für die beruflichen Entwicklungschancen angeht. Diese Schwierigkeit ändert jedoch nichts an dem *Anspruch der Mitarbeiter/innen,* ein solches Gespräch mit einer mit entsprechenden Kompetenzen ausgestatteten Person führen zu können. Es besteht aber kein Anspruch auf verbindliche Zusagen hinsichtlich der beruflichen Förderung und Entwicklung.

1.2.11. Recht auf Einsicht in die Personalakte und Beifügung von Stellungnahmen der Arbeitnehmer/innen nach § 83 BetrVG

Schriftliche Beurteilungen werden in der Regel zu den Personalakten genommen. Nach § 83 Abs. 1 BetrVG hat jede/r Mitarbeiter/in das Recht, Einsicht in die Personalakte zu nehmen und dabei ein Mitglied des Betriebsrates hinzuzuziehen. Unter den rechtlichen Begriff „Personalakte" fallen dabei selbstverständlich auch in elektronischen Datenbanken abgespeicherte Personal- und *Beurteilungsdaten*. „Personalakte im Sinne dieser Vorschrift ist jede Sammlung von Unterlagen über einen bestimmten Arbeitnehmer des Betriebs, und zwar ohne Rücksicht auf die Form und die Stelle, an der die Sammlung geführt wird". Damit sind auch Sonder- und Nebenakten, z. B. entsprechende Aufzeichnungen der Vorgesetzten, Bestandteil der Personalakte und damit einsehbar. In diesen Fällen muss in der Hauptakte ein entsprechender Hinweis auf die Existenz der Sonder- oder Nebenakte erfolgen. Das Führen von Geheimakten ist *un*zulässig. Im Falle der EDV-Speicherung hat die/der Beschäftigte Anspruch auf Ausdruck aller über sie/ihn gespeicherten Daten, und zwar in einer entschlüsselten und lesbaren Form.

Fühlt sich der Mitarbeiter/die Mitarbeiterin im Rahmen der *Beurteilung ungerecht* behandelt, so kann er/sie seine *Gegendarstellung verfassen*, die der Arbeitgeber auf Verlangen der Personalakte beifügen muss (§ 83 Abs. 2 BetrVG). Auch hat sie/er einen Rechtsanspruch auf Entfernung unrichtiger Angaben in den Personalakten, der notfalls auf dem Klageweg durchgesetzt werden kann.

1.2.12. Beschwerderecht nach §§ 84 und 85 BetrVG

Schließlich besteht prinzipiell die Möglichkeit, gegen eine als unzutreffend empfundene Beurteilung Beschwerde einzulegen. Es genügt schon das „Gefühl", ungerecht behandelt worden zu sein, um vom Beschwerderecht Gebrauch machen zu können. Den Beschwerdeführenden werden also zunächst keine anspruchsvollen Beweisführungspflichten auferlegt.
Es ist der /dem Betroffenen wahlweise überlassen sich mit der Beschwerde an die „zuständigen Stellen des Betriebes" (§ 84 BetrVG) oder den „Betriebsrat" (§ 85 BetrVG) zu wenden. Auch kann im Falle des Beschwerdeweges nach § 84 ein Betriebsratsmitleid zur Unterstützung oder Vermittlung hinzugezogen werden. Da zumeist der/die beurteilende Vorgesetzte selbst die „zuständige Stelle im Betrieb" ist, an die die Beschwerde zu richten ist, ist der Beschwerdegang nach § 84 nicht unproblematisch. Man wird sich nach erfolglosen Einigungsversuchen daher besser gleich an die/den Vorgesetzten wenden.

Die/der Beschäftigte hat Anspruch, über die Behandlung der Beschwerde informiert zu werden. Hält der Arbeitgeber im Verfahren nach § 84 die Beschwerde für berechtigt, muss er ihr auch abhelfen (Abs. 2). Wegen der Beschwerdeerhebung darf der Mitarbeiterin/dem Mitarbeiter kein Nachteil erwachsen (Abs. 3).

Anhang 2: Innere Kündigung

OBERBAYERISCHES VOLKSBLATT

Samstag/Sonntag, 19./20. September 1998

„Innerlich gekündigt“

München (dpa) – Die Hälfte der deutschen Arbeitnehmer hat nach Ansicht des Münchner Psychologen Dieter Frey innerlich gekündigt. „Sie sind oft krank, arbeiten unmotiviert, bringen keine eigenen Ideen mehr ein und lassen alles liegen, sobald die offizielle Arbeitszeit zuende ist“, sagte Frey im Vorfeld des 41. Kongresses der Deutschen Gesellschaft für Psychologie.

Frey befragte rund 3000 Arbeitnehmer nach ihrer Arbeit. „Das Ergebnis ist alarmierend“, sagte er. Nur die Hälfte der Befragten sei bereit, sich für den Job einzusetzen. Alle anderen klagten über mangelnde Transparenz, fühlten sich von den Chefs schlecht behandelt. Unternehmen, rät der Psychologe, sollten dafür sorgen, daß ihre Angestellten motiviert bleiben.

Warum nahezu jeder zweiter Arbeitnehmer innerlich gekündigt hat und was man dagegen tun kann – darüber schreibt Dieter Frey, Professor am Institut für Sozial- und Wirtschaftspsychologie der Universität München wie folgt:

Warum nahezu jeder zweite Arbeitnehmer innerlich gekündigt hat und was man dagegen tun kann

Je mehr ein Unternehmen im nationalen oder internationalen Wettbewerb steht, um so mehr braucht es eine professionelle Mitarbeiterführung um Mitarbeiter zu haben, die motiviert sind. Denn nur dadurch läßt sich letztlich Kundenzufriedenheit sowie eine permanente Verbesserung von Dienstleistungen, Produkten und Prozessen erreichen.

Unsere zentrale These ist folgende: In unseren gesellschaftlichen Institutionen, egal ob in sozialen oder kommerziellen (Wirtschaft, Verwaltung, Schulen, Krankenhäuser, öffentlicher Dienst), hat ein extrem hoher Prozentsatz von Mitarbeitern innerlich gekündigt.

Verschiedene eigene durchgeführte Untersuchungen sowie Analysen der relevanten Literatur führen uns zur Schlußfolgerung, daß ein sehr hoher Prozentsatz von Mitarbeitern (vermutlich über 50%) innerlich gekündigt hat.

Unseres Erachtens ist ein großer Teil dieser inneren Kündigung auf schlechte bzw. unprofessionelle Mitarbeiterführung zurückzuführen. Zurecht hat darauf auch Herr Mohn von Bertelsmann hingewiesen, der sagte: „Die meisten deutschen Führungskräfte haben keine Ahnung, wie man Menschen führt. Sie haben keine Ahnung von deren Sorgen, Hoffnungen, Ängsten und Wünschen - und behandeln ihre Mitarbeiter dadurch oft wie Maschinen. Dies zeigt eine Vielzahl der von uns selbst durchgeführten Untersuchungen, genauso aber die Aufarbeitung der Literatur.

Ein Teil der relevanten Untersuchungen bezieht sich auf vertrauliche Mitarbeiterumfragen. Firmennamen können deshalb aus verständlichen Gründen nicht genau genannt werden.

Im folgenden geben wir einen Überblick über Erkenntnisse aus eigenen Befragungen und Workshops und empirischen Untersuchungen, die wir mit Mitarbeitern und Führungskräften verschiedener Branchen der Wirtschaft, der Verwaltung und des Gesundheitswesens (Krankenhäuser) seit ca. 10 Jahren durchgeführt haben. Diese Erkenntnisse lassen - wie oben vermerkt - vermuten, daß etwa die Hälfte aller Arbeitnehmer innerlich gekündigt haben. Diesen Schluß ziehen wir auf der Basis sowohl qualitativer wie quantitativer Daten.

Ein zentraler Kausalfaktor zur Verhinderung bzw. Förderung innerer Kündigung sind die de facto bestimmenden Unternehmenskulturen. Insbesondere fehlende Professionalität der Mitarbeiterführung ist für innere Kündigung verantwortlich zu machen. Der Tatbestand der inneren Kündigung stellt einen immensen Kostenfaktor für soziale und kommerzielle Unternehmen dar; durch innere Kündigung gehen Unternehmen große Summen an Mehrwert verloren.

Was bedeutet innere Kündigung?

Unter innerer Kündigung versteht man eine Anpassung in Form von nur mehr bloßen Reagierens. Eigenes Agieren hat aus Resignation aufgehört - weil sich ja doch nichts ändert...

Innere Kündigung ist gleichbedeutend mit einer gewissen inneren Resignation: in der Überzeugung, daß man ja doch nichts ändern kann, werden die bestehenden Verhältnisse passiv hingenommen; die Zukunft wird pessimistisch eingeschätzt.

Innere Kündigung verläuft meist in ruhigen Bahnen. Man möchte möglichst nicht auffallen, denn dies wäre zu gefährlich. Man erscheint nach außen angepaßt und hilfsbereit, ist aber nicht motiviert, sich über einen bestimmten Punkt hinaus zu engagieren.

Wer innerlich gekündigt hat, wird in Zukunft eine Doppelstrategie fahren: Einerseits nicht auffallen. Kopf einziehen um nicht abgesägt zu werden. Andererseits aber auch keine Begeisterung und kein Engagement mehr...

Hinweise auf innere Kündigung

Unsere eigenen Untersuchungen qualitativer und quantativer Art sowie der Untersuchungsbefunde der Literatur sind die folgenden Phänomene als Hinweise auf innere Kündigung aufzufassen:

- Eine niedrige Teilnehmerquote bei Mitarbeiterbefragungen von teilweise nur 10%. Im öffentlichen Dienst und in Krankenhäusern besteht eine besonders niedrige Aktivierungsquote. Forschungen belegen Partizipationsraten für Mitarbeiterbefragungen von teilweise nur 20 bis 25%. Unsere eigenen Forschungen lieferten Teilnahmequoten von teilweise gar nur 10% (Krankenhausstichprobe) bis hin zu 70% (Pharmazie). Im allgemein liegt die Quote ganz selten höher als 50%.
- Fragt man nach, warum Mitarbeiter nicht teilnehmen, so wird sehr oft geantwortet, diese Mitarbeiterbefragung bringe ja doch keine Veränderung zum Positiven. Warum also teilnehmen?
- Niedrige Teilnehmerquote am Vorschlagswesen (2%). Es gilt, daß das Vorschlagswesen besonders in staatlichen Institutionen unter 1% der Mitarbeiter aktiviert. In Firmen sind dagegen 30% eine sehr gute Beteiligungsrate; meistens ist auch dort die Aktivierungsquote (jener Prozentsatz der Mitarbeiter, die sich aktiv am Vorschlagswesen beteiligen) geringer als 10%. Dies bedeutet nicht, daß die Mitarbeiter generell keine Verbesserungsideen haben; doch ihre Ideen werden häufig nicht abgerufen bzw. die Mitarbeiter sind frustriert und demotiviert, da sie wiederholt gesehen haben, daß ihre (guten) Ideen sich totliefen, daß sich nichts geändert hat.
- Geringe Beteiligung bei Betriebsversammlungen: Ganz selten erzielen Betriebsversammlungen - zu welcher Jahreszeit und an welchem Tag sie auch durchgeführt werden - Teilnahmequoten über 30%. Ausnahmen sind nur gegeben, wenn akute Ereignisse wie Bedrohung bzw. bevorstehende Schließung des Betriebes bevorstehen.
- Geringe Aktivierung bei außerbetrieblichen Aktivitäten. In vielen sozialen und kommerziellen Organisationen gibt es keine außerbetrieblichen Aktivitäten, da diese in der Vergangenheit nicht erfolgsversprechend waren - zum Teil auch, weil die Vorteile nicht gesehen werden. Wo dennoch solche Veranstaltungen angeboten werden, nimmt nur eine Minderheit der Mitarbeiter teil. Für sich alleine gesehen, mag dies nicht problematisch sein. In der Summe ist aber auch dieser Tatbestand ein Hinweis darauf, daß sich Mitarbeiter nur begrenzt für ihren Arbeitsplatz engagieren.
- niedrige Teilnahmequote an Angeboten wie „answers and questions". Wird beispielsweise von Topmanagement oder Geschäftsführung eine Informationsveranstaltung angeboten, dann ist die Besucherquote selten mehr als 10% der Mitarbeiter, oft sogar weniger als 1%.
- kaum vorhandene Bereitschaft zur freiwilligen Weiterbildung - z.B. am Wochenende oder an einem Urlaubstag. Sicherlich ist die Bereitschaft, sich in der Freizeit weiterzubilden je nach Branche unterschiedlich . Man kann in etwa sagen: Je höher der internationale Wettbewerbsdruck in einer Branche, umso höher ist auch die Bereitschaft sich am Wochenende weiterzubilden. Ein Grund für die gering ausgeprägte Bereitschaft ist nicht durch Faulheit zu begründen, sondern durch Resignation bzw. Enttäuschung darüber, was die Firma bietet (und entsprechender Unwilligkeit, freiwillig Freizeit einzubringen).
- sehr geringe Unterstützung von Veränderungsprozessen; stattdessen allgemeines Festhalten am status quo. Es ist sehr schwierig Mitarbeiter in Unternehmen zu motivieren, denn sonst müßten sie ja Veränderungsprozessen gegenüber positiver eingestellt sein. De facto ist es aber so, daß diese überwiegend scheitern. Sie scheitern unter anderem natürlich deshalb, weil das Gesamtmanagement es versäumt hat, die Veränderungsprozesse zu erklären (Warum ist es notwendig?), eine Zeitperspektive zu geben (In welche Richtung geht der Veränderungsprozeß und wie lange wird er dauern?) und die Mitarbeiter einzubinden. In der Konsequenz werden Veränderungsprozesse boykottiert; die Informations- und Aufklärungspolitik ist zu schlecht.
- allgemeine Lethargie
- Nur ein geringer Prozentsatz von weniger als 10% erreicht im öffentlichen Dienst die Altersgrenze von 65 Jahren am Arbeitsplatz. Auch in Unternehmen besteht eine hohe Bereitschaft, das Angebot eines Vorruhestandes anzunehmen. Weiterhin zeugt das verbrei-

tete Sprechen - schon von Vierzigjährigen - über die Rente von innerer Kündigung. Dies ist in vielen Abteilungen, Firmen, Schulen usw. zu beobachten.

Unsere Befragungen von Mitarbeitern, die ihre Führungskräfte und ihr Unternehmen einstufen sollten, liefert - zusammen mit den qualitativen Interviews - eindeutige Hinweise darauf, daß ein Prozentsatz von ca. 50% innerlich gekündigt hat. Indikatoren dafür sind:

- Fehlender Optimismus bei bis zu 50% der Abteilungsmitarbeiter, daß sich durch Führungskräfteworkshops etwas ändern könnte.
- Ein ebenso hoher Prozentsatz (über 50%) gibt an, Führungskräfte seien nicht fähig, ihr Verhalten zu ändern.
- Ein hoher Prozentsatz der Befragten fühlt sich bei Veränderungsprozessen wie auch insgesamt nicht genügend informiert[1].
- Auf einer 10-Punkte-Skala gibt ein sehr hoher Prozentsatz hier niedrige Skalenwerte an. Wenn man dies also dichotom abfragen würde (im Sinne von „Kann Ihr Vorgesetzter sein Führungsverhalten ändern? - Ja vs Nein"), so würde ein hoher Prozentsatz von der Nichtveränderbarkeit der Führungspersonen ausgehen.
- In der Kernfrage „Halten Sie die Dinge in Ihrer Umgebung für veränderbar - oder nicht?" sagt die Mehrheit der Befragten, daß sie (etwa bei strukturellen Bedingungen) von „nicht veränderbar" oder „schwierig veränderbar" ausgehen.
- Ein hoher Prozentsatz der Mitarbeiter gibt an, ihr direkter Vorgesetzter sei nicht an Verbesserungsvorschlägen interessiert.
- Auf einer 7-Punkte-Skala sehr niedrige Werte zur Umsetzung bestimmter Führungsprinzipien wie etwa der Sinn- und Visionsvermittlung, des Prinzips konstruktive Rückmeldung, der Transparenz und der wahrgenommenen Partizipation.
- Gleichgültigkeitskognitionen: In vielen Firmen, Schulen und Krankenhäusern herrschen Gleichgültigkeitskognitionen wie

  Kollege kommt gleich!
  Geht mich nichts an!
  Ich bin nicht zuständig!
  Es ist mir letztlich alles egal!
  Auch das werden wir noch überstehen...

Die Unfähigkeit, Kundenorientierung in die Abteilungen zu transportieren, hängt häufig eng damit zusammen , daß Mitarbeiter nicht motivierbar sind.

<u>Keine Indikatoren für innere Kündigung...</u>
Kein Indikator für innere Kündigung muß die Krankheitsquote sein; diese ist sehr stark von der Konjunkturlage abhängig: Wenn die Konjunkturlage schlecht ist - und die Sorge um den eigenen Arbeitsplatz aktiviert wird - so sinkt die Krankheitsquote dramatisch; dies war beispielsweise im Jahr 1998 zu beobachten. Die Krankheitsquote hatte 1998 historische Tiefen erreicht und lag im Durchschnitt bei 6,1%.

Trotzdem gilt, daß innere Kündigung natürlich auch die Bereitschaft erhöht, schon bei minimalen Krankheitsanzeichen zu Hause zu bleiben.

Auch die Angaben der Teilnehmer mit paper und pencil zur Fragen wie Arbeitszufriedenheit und Identifikation sind keine guten Indikatoren für innere Kündigung: Einerseits gibt es - vor allem bei sehr allgemeinen Fragen - so etwas wie eine resignative Arbeitszufriedenheit (vgl. Brüggemann, 19..). Man neigt also dazu, sich im Sinne einer „Ja-Sage-Tendenz" für zufrie-

---

[1] Dabei ist die Art der Frageformulierung relevant. Gibt man eine Dichotomie vor (z.B. „Wird hier überwiegend gut kommuniziert? Oder wird eher schlecht kommuniziert?"), so wird dies andere Ergebnisse liefern als die Bitte um Ankreuzen auf einer 5-Punkte-Skala. Sobald Menschen dichotomisieren müssen („Wie ist die Informationspolitik? Ist sie gut? Oder ist sie schlecht? ..."), so gibt ein relativ hoher Prozentsatz eine schlechte Informationspolitik an.

den zu erklären. Ähnliches gilt für Idealeinschätzungen (der Abteilung bzw. des Unternehmens).

Andererseits ist im Sinne der Dissonanzreduktion (vgl. Frey & Gaska, 1993) anzunehmen, daß Menschen unangenehme Zustände eher verdrängen und auf solche Fragen eher im oberen Skalenbereich (zumindest aber oberhalb des Skalenmittelwertes) antworten.

Meist sind es entsprechend schlechte Erfahrungen mit dem Vorgesetzten, mit dem Vorgesetzten des Vorgesetzten oder mit Kollegen, die zu innerer Kündigung führen - aber auch fehlende bzw. nicht wahrgenommene Perspektiven, schlechte Informationspolitik in der Firma, hierarchische (unsachliche) Kommunikation usw. können ursächlich sein.

Geheime Spielregeln und innere Kündigung

Geheime Spielregeln sind ein besonders guter Indikator für innere Kündigung. Inoffizielle Äußerungen („off the record") - das also, was die Menschen hinter vorgehaltener Hand sagen, nach dem dritten Bier, beim Kaffee oder auf die Frage „Was würdest Du Deinem besten Freund erzählen?" von sich geben - sind entscheind. Weniger entscheidend ist, was dieselben Menschen offiziell in einem Fragebogen ankreuzen. Sehr häufig fallen „inoffizielle" Äußerungen wie

Hier läuft nichts.
Hier herrscht Doppelmoral.
Hier werden Konflikte nicht angesprochen.
Es gibt viele Tabuthemen.
Den Chef darf niemand kritisieren.
Falle möglichst nicht negativ auf.

Innere Kündigung in öffentlichen Verwaltungen und Krankenhäusern

Besonders ausgeprägt sind Resignation und innere Kündigung natürlich in den öffentlichen Verwaltungen und öffentlichen Krankenhäusern usw. Vermutlich war dieses in den zentralistisch geführten Betrieben des Kommunismus analog. Die meisten öffentlichen und sozialen Einrichtungen stehen nicht unter Wettbewerbs- und Marktdruck, denn sie haben entweder eine Monopolstellung oder werden staatlich subventioniert. Dadurch leiden sowohl die Professionalität der Unternehmensführung wie die Professionalität der Mitarbeiterführung.

Die Konsequenz ist sehr oft: Wir haben in vielen staatlichen Schulen und Krankenhäusern Krankheitsquoten von bis zu 25%, ein gegen Null ausgeprägtes Vorschlagswesen, einen äußerst geringen Prozentsatz von Personen, die bis zur Pensionsgrenze arbeiten, und insgesamt auch wenig Aktivitäten im außerbetrieblichen Bereich.

Unprofessionelle, schlechte Mitarbeiterführung als zentraler Kausalfaktor innerer Kündigung - die Gefahr des negativen Erlebniskontos in der Vorgesetztenbeziehung

Unsere zentrale These lautet: Es besteht ein enger Zusammenhang zwischen der Professionalität der Mitarbeiterführung und dem Ausmaß der inneren Kündigung. Dabei spielen immer wieder das negative „Erlebniskonto" sowie Probleme mit dem Vorgesetzten bzw. dem Vorgesetzten des Vorgesetzten eine wichtige Rolle.

Ein beträchtlicher Anteil von Mitarbeitern berichtet über zahlreiche Negativerfahrungen im Arbeitsleben: ihr „Erlebniskonto" weist also ein mehr oder weniger gravierendes Defizit (an Positiva) auf: Sie erleben immer wieder, daß ihre Führungsperson sie nicht informiert, und ihre Arbeit weder anerkennt noch kritisch würdigt, daß der Vorgesetzte eher mit Druck und Angst führt und unfair ist bis hin zur Doppelmoral. In der folgenden Liste sind entsprechende Äußerungen von Mitarbeitern zusammengestellt.

Im einzelnen geben Mitarbeiter zum Thema „Führungskräfte" (entsprechend unserer qualitativen Interviews) folgende Fehler und Probleme an:

- Führungskräfte sind oft zu arrogant und geben sich keine Mühe, Perspektivenwechsel gegenüber dem Mitarbeiter zu zeigen.

- Viele Führungskräfte sind aufgestiegen durch eine gute Fachlaufbahn, aber sie haben keine Führungs- und oft auch keine menschlichen Qualitäten. Sie sind häufig zu kleinlich; es fehlt Generösität in Kleinigkeiten.
- Zu oft wird nur nach dem Haudrauf-Prinzip gearbeitet und damit viel kaputt gemacht.
- Sie können oft nicht strategisch denken.
- Sie sind sehr schlecht in der Mitarbeiterführung und auch schlecht in der Unternehmensführung.
- Sie sind nicht generös in Kleinigkeiten.
- Sie sind oft zu verbissen und halten an dem fest, was sie einmal gesagt haben, weil sie jedes Zurückweichen als Schwäche statt auch mal als Stärke interpretieren.
- Sie bestrafen oft alle, nur weil einer ein Fehlverhalten gemacht hat.
- Viele Führungskräfte sind nicht konfliktfähig im Sinne der Fähigkeit Konflikte konstruktiv auszutragen, bereit zu sein, Kritik zu empfangen und Kritik konstruktiv zu geben.
- Führungskräfte vergreifen sich oft im Ton. Sie sind unfähig, sich zu entschuldigen.
- Sie erkennen sehr oft gar nicht, wie sie mit Angst und Druck führen und wie andere über sie reden.
- Führungskräfte sind zu dominant, zu narzißtisch und eitel und glauben, alles sei von ihnen abhängig.
- Sie vertuschen Schwächen, geben Fehler nicht zu und sind nicht in der Lage, eigene Schwächen durch den ausgleichenden Beitrag anderer Personen aufzufangen.
- Viele Führungskräfte sind keine Menschenfreunde. Sie versuchen nicht, das Herz zu erreichen, vielleicht manchmal den Kopf.
- Sie haben noch gemerkt, daß das Umfeld sich verändert hat.
- Viele Führungskräfte sind nicht souverän, lassen Mitarbeiter nicht groß werden.
- Zu oft „Werner"-Typen.
- Man nimmt wenig Mitwirkungs- und Mitgestaltungsmöglichkeiten wahr. Entscheidungen werden vielmehr oft vorgeknallt - ohne Begründungen.
- Es erfolgt wenig Lob. Aber auch die Korrektur ist defizitär.
- Man ist unzufrieden mit der finanziellen Entlohnung, mit den Fort- und Weiterbildungsmöglichkeiten usw.

Man fragt sich, warum die Führungspersonen einen so starken Einfluß auf innere Kündigung haben. Zahlreiche Forschungen zeigen, daß das Betriebsklima sehr stark von der Führungsperson abhängt; der Fisch fängt nun einmal vom Kopf her zu stinken an...

„Mensch statt Maschine"

Das Problem ist, daß die meisten Führungskräfte gute Fachkräfte sind, nicht aber gute Führungskräfte: Sie verstehen zu wenig von professioneller Menschen- und Mitarbeiterführung. Sie wissen nicht, welche Prinzipien menschlichem Verhalten zugrunde liegen, welche Sorgen und Ängste Menschen wirklich haben und was sie langfristig motiviert.

Ebenso wissen wir auch aus anderen Bereichen - zum Beispiel der Schule -, daß die Glaubwürdigkeit und gesunde Autorität des Englisch- oder Geschichtslehrers einen sehr starken Einfluß darauf hatte, wie motiviert und begabt wir waren Englisch oder Geschichte zu lernen. Es sind also immer Menschen, die motivieren und demotivieren - und weniger die Sachen an sich.

Dabei sind 80% der befragten Führungskräfte überzeugt, sie selbst seien besser als der Durchschnitt; es ist also nicht die Ausnahme, sondern die Regel, sich im eigenen Führungsverhalten zu überschätzen.

Es mangelt den Chefs an zutreffender Selbsteinschätzung. Sie halten sich für Partner und handeln wie Diktatoren. Das ergab eine Umfrage des Münchner Geva-Instituts bei 150 Chefs und 900 Mitarbeitern: Danach schätzten sich nur 29% der Vorgesetzten selbst als autoritär ein, ihre Mitarbeiter hielten dagegen 70% für autoritäre Typen. Diese mangelnde Selbsteinschätzung auf Seiten der Chefs ruft mittelbar die innere Kündigung der Mitarbeiter hervor (vgl. Bärbel Schwertfeger, Handelsblatt, 16.11.98: Blinde Flecken im Selbstbild von Managern und Unternehmen).

Ein wichtiger Faktor bei der Analyse und dem Verständnis des Phänomens „innere Kündigung" ist der Unterschied zwischen Selbst- und Fremdeinschätzung. Viele Führungskräfte schätzen sich selbst durchaus positiv ein bezüglich relevanter Führungskompetenzen wie Loben, Korrigieren, Kommunizieren, Delegieren. Eine Vielzahl von Forschungen verdeutlich jedoch, daß Selbst- und Fremdeinschätzung sehr stark voneinander abweichen - auf einer 7-Punkte-Skala oft um ein bis zwei Punktwerte.

Als Konsequenz ergibt sich, daß die betroffenen Führungskräfte die Problematik häufig gar nicht sehen, da sie Fremdeinschätzungen überhaupt nicht einholen. Besonders gravierend wird dieser Aspekt dann, wenn die Führungskraft zusätzlich noch Signale von sich gibt, daß sie nicht korrigiert und kritisiert werden darf - daß sie ein solches Verhalten vielmehr mit negativen Konsequenzen für den Mitarbeiter beantwortet. Unter diesem Aspekt gedeiht innere Kündigung. Es herrscht nun Schweigen - und Aktivität hört auf. Hier gilt aber wirklich die Aussage „Wer schweigt klagt an".

Innere Kündigung erfolgt nicht nur auf falsches Führungsverhalten der Vorgesetzten. Es entwickelt sich auch aufgrund typisch menschlicher Probleme - also immer dort, wo Menschen zusammenkommen: Unterschiedliche Werte, unterschiedliche Temperamente, Egoismen, Ellenbogenverhalten, Empfindlichkeiten und personale Faktoren wie mangelnde Durchsetzungskraft, Abhängigkeiten etc. spielen hier eine Rolle und bewirken Demotivation und Resignation.

Die Konsequenzen permanenter Unzufriedenheit

Anhaltende relative Unzufriedenheit mit der bestehenden Situation verbunden mit der Angst, Veränderungen einzuleiten und so womöglich noch „vom Regen in die Traufe" zu gelangen, geht in vielen Fällen mit schleichender Entkräftung einher. Man traut sich immer weniger zu, je länger man in unglücklichen bzw. unbefriedigenden Situationen verharrt, ohne sie zu verlassen. Damit sinken der Selbstwert und das eigene Kompetenzgefühl - mit der Folge, daß die Unzufriedenheit weiter zunimmt. Dieser unglückliche Kreislauf ist im Sinne von Adorno zu interpretieren als: „Es gibt kein richtiges Leben im falschen." (bzw. „Der Ziegenbock gibt halt keine Milch.")

Die Relevanz des Wertwandels für innere Kündigung

Der Wertewandel hat in den letzten Jahrzenten eine Veränderung traditioneller Werte ausgelöst. Man beobachtet eine Veränderung von sogenannten Pflicht- und Akzeptanzwerten hin zu Selbstentfaltungswerten (vgl. Rosenstiel ###, Klages ###).

Viele Firmen haben dieses noch nicht begriffen - und haben es versäumt, durch eine Änderung ihrer Unternehmenskulturen und ihrer Führungsprinzipien diesem Wandel Rechnung zu tragen. Nach wie vor müssen nämlich viele Mitarbeiter ihre Persönlichkeit am Werkstor aufgeben; außerhalb können sie ihre Talente entfalten, bauen ihre Häuser, organisieren ihren Urlaub, erziehen ihre Kinder und entwickeln höchste Kreativität in ihren privaten Unternehmen. Innerhalb der Firmen werden sie aber sehr oft entmündigt.

Gerade der Wertewandel in Richtung Selbstentfaltung, Selbstverantwortung und Selbstverwirklichung würde eine Chance bieten mehr Freiräume zu gewähren, die de facto aber in vielen Firmen bislang nicht gegeben werden: die Strukturen sind zu hierarchisch, zu bürokratisch, zu zentralistisch und zu menschenunfreundlich. Und eben dadurch werden Kreativität und Motivationspotential vergeudet.

Innere Kündigung - tatsächliche Kündigung?

Viele werden sich fragen, warum bei einem so hohen Prozentsatz an vermuteter innerer Kündigung die tatsächlich gezeigte Kündigung nicht häufiger ist. Ein Blick in das Austauschmodell von Thibaut und Kelley (19..) gibt die Antwort: Danach sind Zufriedenheit und

Unzufriedenheit mit Austauschbeziehungen (also beispielsweise auch mit dem Arbeitsplatz) davon abhängig, welches Vergleichsniveau Personen haben - und vor allem auch, welches Vergleichsniveau für Alternativen. Das Vergleichsniveau gibt an, welcher Zustand mindestens erreicht sein muß, um zufrieden zu sein. Je mehr die tatsächlichen Ergebnisse über diesem Vergleichsniveau liegen, umso zufriedener sind Menschen (vgl. Mikula, 1985; Müller & Hassebrauck, 1993).

Nun ist der typische Zustand bei innerlicher Kündigung ja der, daß die Ergebnisse niedriger sind als das Vergleichsniveau (also schlechter als das, was man gemeinhin erwartet hat bzw. erwarten konnte). Hier kommt das Vergleichsniveau der Alternativen ins Spiel: Man wird eine Beziehung so lange nicht aufgeben, wie sie immer noch besser ist als die nächstbeste Alternative. Und die nächstbeste Alternative für viele Mitarbeiter, die innerlich gekündigt haben, wäre die, möglicherweise einen noch ungünstigeren Arbeitsplatz oder gar keine Arbeit zu haben. Folglich führt man - wie im ganz alltäglichen Leben - Interaktionen fort, obwohl man eher unzufrieden ist und resigniert hat.

Am Beispiel der Partnerbeziehung heißt dies verdeutlicht: daß man eine Beziehung, in der man mißbraucht oder ausgenutzt wird, nicht beendet, weil das hohe Maß an Unzufriedenheit geringer bewertet wird als die beträchtliche Angst vor Beendigung der Beziehung - in geringer Selbstachtung und geringem Selbstwert/Kompetenz-gefühl erkennt man keine mögliche Alternative. Da man in der Beziehung aber - quasi ohne Gegenwehr - laufend verletzt wird und zusätzlich chronisch unzufrieden ist, sinken Selbstwert und Kompetenzgefühl laufend weiter. Im Sinne der gelernten Hilflosigkeit verliert man an Kraft und Zutrauen zu sich selbst - mögliche Alternativen erscheinen ferner denn je, die Angst vor Veränderung wächst.

Somit ist zu erklären, daß auch ein immer unbefriedigenderer Status quo noch toleriert wird - das „falsche Leben" im Sinne Adornos führt zu Entkräftung.

Die Konsequenz: Fortschreitende Ernüchterung, Resignation bis hin zur Depression, die sich über angepaßtes Verhalten, (ja nicht negativ auffallen, abwarten), Arbeitsleistung mit 75% oder gar nur 50% der eigenen Kraft äußern - nach dem Motto: Mein Leben beginnt außerhalb des Betriebes! Demgemäß sind dann auch Motivation und Engagement für Veränderungsprozesse schwach ausgeprägt bis nicht vorhanden.

Vermutlich sind alle Faktoren, die Absentismus begünstigen, auch bezüglich innerer Kündigung relevant.

„Ca. 50% innere Kündigung in Betrieben" - viel oder wenig?

Unsere qualitativen Interviews - die unsere quantitativen Analysen ergänzen - lassen uns bei einer Gesamtstichprobe von mehr als 1000 Mitarbeitern aus unterschiedlichen Branchen zur Schlußfolgerung kommen, daß von einer Quote von 50% innerer Kündigung auszugehen ist. Möglicherweise sogar mehr.

Nimmt man die Teilnehmer-Antworten und die reinen Beteiligungszahlen bei Meinungsumfragen, außerbetrieblichen Aktivitäten und Vorschlagswesen, so ist ein postulierter Prozentsatz von 50% der Mitarbeiter, die innerlich gekündigt haben, eher noch zu niedrig als zu hoch gegriffen! Der Prozentsatz derjenigen, die innerlich gekündigt haben, ist natürlich abhängig von der Firmen- und Abteilungskultur, vom Verhalten des Vorgesetzten – und davon, wie differenziert man mißt. Innere Kündigung muß auch nicht immer und in jeder Situation sichtbar werden.

Die Bewertung unseres Befundes, nach dem etwa 50% der Mitarbeiter innerlich gekündigt haben, ist allerdings auch von der Sichtweise abhängig; so kann man ein halbgefülltes Glas als „halbleer" bezeichnen, genauso aber als „halbvoll". Analog könnte man auch sagen: Man hat viele begeisterte und motivierte Mitarbeiter. Oder: 50% der Mitarbeiter sind engagiert, identifizieren sich stark mit der Führungskraft und dem Unternehmen und sind willig und begierig, sich weiterzuentwickeln.

Ein anderes Beispiel: 50% der Deutschen treiben Sport. Ist dies viel oder wenig? Was ist das Kriterium für „gut" in diesem Bereich? So gibt es Firmen, Krankenhäuser und Ämter, in denen möglicherweise 80% innerlich gekündigt haben. Demgegenüber sind in anderen Firmen 80 bis 100% höchst motiviert. (Beispiel??)

Aus der Behauptung „50% innerlich gekündigt!" könnte man allerdings auch positiv ableiten: 50% sind höchst motiviert! Wenn dieses tatsächlich der Fall wäre, so wäre das ja auch eine positive Aussage. Aber es gibt mit Sicherheit Firmen, in denen 80% innerlich gekündigt und resigniert haben, weil sie letztlich keine Perspektive mehr sehen und vor allem keine Änderungsmöglichkeiten.

Innere Kündigung in Ehen

Wir wollen also nicht ohne weiteres aufrechterhalten, daß 50% eine außergerwöhnlich hohe Quote ist: Geht man in andere zwischenmenschliche Bereich, so dürfte dieses nicht anders sein. Jede dritte deutsche Ehe wird geschieden - und man kann annehmen, daß auch diejenigen Ehen, die nicht geschieden werden, nicht alle geprägt sind von hoher Harmonie und Lebendigkeit. Also kann man auch hier davon ausgehen, daß eine innere Kündigungsquote von mindestens 50% realistisch ist, wobei eben nur die Extremformen zur Trennung führen.

Vermutlich ist es sogar leichter die Ehe zu wechseln als die Firma zu wechseln; denn mit dem Firmenwechsel sind oft existentielle Nachteile verbunden, während bei materieller Absicherung die Trennung vom Ehepartner materiell eher noch getragen werden kann.

Wir wollen mit diesem Exkurs aber nur verdeutlichen, daß der Aspekt der inneren Kündigung möglicherweise nicht nur ein Phänomen ist, daß innerhalb von Betrieben auftritt, sondern genauso in Ehen, Freundschaften usw. Dies schmälert allerdings das Problem der inneren Kündigung in der Arbeitswelt nicht, denn Firmen können sich innere Kündigung schon aus materiellen Gründen kaum leisten (für Ehen ist es natürlich genauso tragisch, vor allem wenn Kinder zur Familie gehören, die durch die Unstabilität der Partnerschaft möglicherweise zu seelischem Leiden kommen).

Das Wegschauen bei Verletzungen von Spielregeln

Es kommt aber noch ein weiterer ganz anderer Aspekt hinzu: Die Unfähigkeit vieler Menschen, sich zu artikulieren, wenn sie sich verletzt fühlen, Gefühle zu zeigen und Stopsignale zu setzen dort, wo unfair und egoistisch gehandelt wird. Zu oft sieht man weg - und beschwert sich nur hintenrum. Aus Bequemlichkeit, aus Angst oder aus Opportunismus spricht man den oder die Betroffene nicht direkt an. So entsteht die absurde Situation, daß jeder über jeden frustriert ist und sich bei Dritten beklagt, im direkten Kontakt jedoch geschwiegen wird - und daß natürlich jeder meint, der andere sei das Problem.

Ein hoher Prozentsatz innerer Kündigung beruht also auch auf dem Phänomen der fehlenden Klärung des sich-nicht-Artikulierens und des Wegschauens - als auf einem Phänomen fehlender Zivilcourage, bestehende Mißstände offen anzusprechen.

Dieses Verschweigen und Versteckspiel nährt die (berechtigte) Wahrnehmung von Maskenhaftigkeit und Doppelmoral.

Gegenstrategien zur inneren Kündigung

Gegenstrategie kann nur sein, eine offene Kultur des Feedbackholens und -gebens einzuführen, eine konstruktive Konfliktkultur, aber auch eine Lob- und Anerkennungskultur mit einem hohen Grad an Wertschätzung auf und nach allen Seiten.

Unsere Forschungen zeigen eindringlich, daß die Umsetzung moderner Führungsprinzipien zentrale Voraussetzung für motivierte und begeisterte Mitarbeiter ist. Es geht dabei um Sinn- und Visionsvermittlung, um Transparenz durch Information und Kommunikation, um Autonomie und Partizipation, um Passung und Eignung bei der Stellenbesetzung, um konstruktive Rückmeldung über Lob und hilfreiche Kritik, um die Möglichkeit persönlichen Wachstums, um faire materielle Vergütung und um Führungspersonen, die menschlich und fachlich Vorbild sind.

Wir haben an anderer Stelle (vgl. Frey, 1994, 1996, 1998) die notwendigen Bedingungen dafür spezifiziert, daß Menschen motiviert sind und nicht innerlich kündigen. Diese Bedingungen lassen sich in folgende 11 Prinzipien fassen (Kasten 1).

<u>**Das Prinzipienmodell der Führung von Frey**</u>
Ziel: mündiger und motivierter Mitarbeiter, Unternehmer im Unternehmen

	Prinzip der ...:
1	Sinn- und Visionsvermittlung
2	Passung und Eignung (Aufgabe/Team)
3	Transparenz (Information und Kommunikation)
4	Autonomie und Partizipation
5	Zielvereinbarung und Prioritätenfestsetzung
6	konstruktiven Rückmeldung (Lob und Korrektur)
7	sozialen Einbindung und sozialen Unterstützung
8	des persönlichen Wachstums
9	situativen Führung (androgynes Führungsverhalten)
10	des guten Vorbildes der Führungsperson
11	fairen materiellen Vergütung

Alle Prinzipien sind eine Bring- wie eine Holschuld.

<u>**Fazit**</u>
Das Phänomen der inneren Kündigung läßt sich nur bedingt durch die Frage nach der Arbeitszufriedenheit erfassen. Hier sind auf einer 10-Punkte-Skala meistens Durchschnittswerte zwischen 6 und 8 zu beobachten. Dies liegt aber häufig daran, daß die befragten Mitarbeiter ihre eigene Nische geschaffen haben. Die relativ hohen Werte können laut vorliegender Literatur auch durch sogenannte resignative Arbeitszufriedenheit erklärt werden; dies bedeutet, daß der Mitarbeiter sich mit den gegebenen Situationen abfindet - nach dem Motto „So ist es halt, jetzt mache ich das Beste daraus".

Die durchgeführten Untersuchungen zeigen jedoch im Kern, wie hoch das Verbesserungspotential in Unternehmen, Krankenhäusern und Verwaltungen tatsächlich ist.

Innere Kündigung führt dazu, daß man sich anpaßt, daß man nicht widerspricht, daß man sich arrangiert. Allerdings hängen viele Probleme auch mit mangelnder Zivilcourage zusammen: Von vornherein sind viele Mitarbeiter nicht zivilcouragiert und wagen nicht, bestimmte Dinge einzuklagen. Man sollte also nicht immer nur die Führungskräfte verantwortlich machen.

Anhang 3: Aufwärtsbeurteilung „Mein Meister und ich“ (BMW-Praxisbeispiel)

Programm

Mein Meister und ich

Um was geht´s?

Meinung der Mitarbeiter zum Führungsverhalten des Meisters (Aufwärtsbeurteilung)

Wie funktioniert´s?

- Freiwillige Teilnahme für alle - für Meister und Mitarbeiter
- Mitarbeiter kreuzen ihre Meinung im Fragebogen an - ohne Namen
- Fragebögen bearbeitet nur der Datenschutzbeauftragte - vertraulich
- Auswertung geht direkt an den Meister - klare Anknüpfungspunkte für ein Gespräch mit der Mitarbeitergruppe

Beispiel für eine Frage:

	☺	☺	☹	☹
Der Meister beurteilt meinen Leistungsbeitrag richtig	stimmt völlig	stimmt weitgehend	stimmt teilweise	stimmt nicht

Die Auswertung an den Meister sieht dann z. B. so aus:

Beispiel: 17 Mitarbeiter

Der Meister beurteilt meinen Leistungsbeitrag richtig	8x stimmt völlig	6x stimmt weitgehend	2x stimmt teilweise	1x stimmt nicht

Was bringt´s?

- Mitarbeitermeinung zum Führungsverhalten des Meisters und zum Klima in der Gruppe wird deutlich
- Verbesserung der Zusammenarbeit und Kommunikation im Team

Wir sind überzeugt: das ist eine lohnende Erfahrung.

Interessiert?

Meister rufen einfach beim Datenschutz (PS) an (Hochhaus München):

☎ **23720**

Ansprechpartner: Herr Neunert

Er sendet die Unterlagen gerne zu
(zusätzlich mit einer Gesprächshilfe für Mitarbeitergespräche).

Ihr Personal- und Sozialwesen

Die neue Aufwärtsbeurteilung für Meister

„Mein Meister und ich“

Vorgesetzter
Vorgesetzten-
beurteilung
(Tarifliche Leistungsbeurteilung)
Meister
Mein Meister und ich
Meinung des Teams
- freiwillig
- anonym
Mitarbeiter
Mitarbeiter
Mitarbeiter

Mein Meister und ich

Beurteilung des Meisters durch die Mitarbeiter

Hauptzielsetzungen

* Unterstützen der Neuen Arbeitsstrukturen

* Weiterentwickeln des Meisteranforderungsprofils

* Erhöhen der Führungsleistung und Verbessern der Zusammenarbeit

Mein Meister und ich

Beurteilung des Meisters durch die Mitarbeiter

Grundsätze

* Freiwilligkeit der Teilnahme für alle Beteiligten

* Wahrung der Anonymität des einzelnen Beurteilers und seiner Beurteilung

* Vertrauliche Behandlung der Beurteilungsergebnisse (Abwicklung PS)

Mein Meister und ich

Beurteilung des Meisters durch die Mitarbeiter

Was ist neu?

* Aufgabenspektrum und Rollenverständnis des „Meisters“ für alle Standorte einheitlich gefaßt

* Der (instrumentelle) Titel „Aufwärtsbeurteilung“ geändert in:
„Mein Meister und ich“

* nur 1 Blatt, weniger Fragen, aber erfolgreich erprobt

* Bewertungsschema inhaltlich und optisch neu entwickelt; Ergebnisdarstellung für den Meister transparenter und aussagefähiger

* Flexibles IV-System bei PS installiert (anstelle Großrechner)

* Unterstützung des Prozesses Beurteilung und Gespräch

Mein Meister und ich

Beurteilung des Meisters durch die Mitarbeiter

Technischer Ablauf

* Anforderung der Unterlagen bei PS

* Zuordnung einer geheimen Code-Nr. durch PS

* Versand an Anforderer durch PS
  Anschreiben an Meister
  x-mal Anschreiben für die Mitarbeiter

* Anonymer Rücklauf an PS

* Datenerfassung und Auswertung zum Quartalsende durch PS und Versand des Ergebnisses an Beurteilten (IV-technisch erstelltes Ergebnisblatt, keine Gesamtnote)

Unterstützung des Prozesses Beurteilung und Gespräch

- Gesprächsleitfaden/Gesprächshilfe
  - Einstiegshilfen ins Mitarbeitergespräch
  - Fehlerquellen
- Unterstützung durch Organisationsentwickler
  - Vorbereitung auf Gespräche
  - Teilnahme an Gesprächen (Moderation)
- Kommunikation in "Meisterrunden (läuft standortbezogen, bei PM-2 bereits erfolgt)
- Integration eines Qualifizierungsbausteines in das "Meisterkolleg" (Treffen mit FKD-Verantwortlichen im Nov. 95)
- Artikelserie im "Meisterbrief" (Start geplant für Okt./Nov.)
- Artikel in der BMW Zeitung (geplant bis ca. Ende 1995)
- Veröffentlichung im Personalhandbuch (Ende Okt. 95)

ABUGespr.ppt

Anschreiben an die Meister:

Mein Meister und ich

Beurteilung des Meisters durch die Mitarbeiter

An: «Kurzzeichen» **«Ausdruck1»**

Wir freuen uns, daß Sie sich entschlossen haben, an dem Programm **„Mein Meister und ich“** (Aufwärtsbeurteilung) teilzunehmen. Für Sie als Verantwortlichen eines Meisterbereichs ist fachlich und menschlich überzeugendes Führungsverhalten entscheidend. Es ist die Grundlage für eine aufgeschlossene und vertrauensvolle Zusammenarbeit zwischen Ihnen und Ihren Mitarbeitern sowie Basis für gemeinsame Leistung, Erfolg und Zufriedenheit.

Ziel Die Beurteilung ist für Sie ein Spiegelbild Ihrer Führungsleistung. Sie erfahren Stärken, aber auch unter Umständen Schwächen in Ihrem Verhalten. Diese Einsichten ermöglichen es Ihnen, sich Ihrer Stärken bewußt zu werden und diese zielführend weiterzuentwickeln. Bitte setzen Sie sich aber auch ernsthaft mit Ihren weniger starken Seiten auseinander.

Darüberhinaus erhalten Sie vielfältige Anknüpfungspunkte für Ihr Gespräch mit Ihren Mitarbeitern, um die gegenseitige Zusammenarbeit zu verbessern.

Grundsätze Die Teilnahme an der Aufwärtsbeurteilung ist **freiwillig**. Diese Freiwilligkeit gilt für Sie wie für Ihre Mitarbeiter.

Die Beurteilung ist **streng vertraulich.** Sie erhalten ein Ergebnis zu jeder Frage - die Einzelbeurteilung Ihrer Mitarbeiter können Sie daraus nicht erkennen. Bei weniger als drei Teilnehmern wird der Prozeß abgebrochen. Dieser Ablauf und die strenge Vertraulichkeit werden durch den Datenschutzbeauftragten der BMW AG (PS) gewährleistet.

Vorgehen Beigefügt erhalten Sie die gewünschte Anzahl an Beurteilungsbögen und Anschreiben an Ihre Mitarbeiter. Nehmen Sie sich bitte Zeit, Ihren Mitarbeitern Ziele und Grundsätze sowie den Ablauf zu erklären. Dazu dient der beigefügte Text, den Sie gerne mit einer passenden Anrede versehen und unterschreiben können. Überlegen Sie bitte auch die weitere Unterstützung für Ihre Mitarbeiter, zum Beispiel ggf. durch Hauspostkuverts, Erinnerung an Abgabetermin usw.

Es hat sich als hilfreich erwiesen, wenn Sie sich vorab anhand des Blattes **„Selbsteinschätzung für Meister“** selbst beurteilen, um diese Eigeneinschätzung später mit dem Gesamtergebnis vergleichen zu können.

Die Auswertung bei PS erfolgt in der Regel zum Quartalsende. Das Ergebnis pro Fragestellung wird Ihnen schnellstmöglich persönlich, selbstverständlich verschlossen, zugesandt. Niemand außer Ihnen erfährt Ihr Beurteilungsergebnis.

Ergebnisse Das Ergebnis zeigt Ihnen, wie Ihr Verhalten bei Ihren Mitarbeitern ankommt und ermöglicht Ihnen persönliche Rückschlüsse auf Ihr künftiges Führungsverhalten.

Bitte bedenken Sie, daß Ihre Mitarbeiter auf eine Reaktion warten. Nur in einem offenen Dialog haben Sie die Chance, ein vertieftes Verständnis für das Beurteilungsergebnis zu gewinnen und daraus gemeinsam Verbesserungsvorschläge abzuleiten. Respektieren Sie auch in diesem Gespräch die zugesicherte Vertraulichkeit der Einzelbeurteilung des Mitarbeiters.

Es ist Ihnen freigestellt, ob Sie das Ergebnis oder mögliche Verhaltensänderungen mit Personen Ihres Vertrauens, zum Beispiel mit Ihrem Vorgesetzten, Ihrem Personalreferenten oder Ihrem Organisations-Entwickler, diskutieren wollen.

Die Ergebnisse verschiedener Meister werden untereinander nicht verglichen.

Wir wünschen Ihnen viel Erfolg mit **„Mein Meister und ich“** und bei der Umsetzung der Ergebnisse zur Verbesserung Ihrer persönlichen Führungsleistung.

Personal- und Sozialwesen BMW AG

Selbsteinschätzungsbogen für den Meister

Seite: 1

«Codenummer»

Zutreffendes ankreuzen ☒

Information / Kommunikation				
1. Ich liefere den Mitarbeitern umgehend die Informationen, die für die Gruppe wichtig sind (z.B. Unternehmens-, Bereichs-, Kostensituation, Arbeitszeiten)	stimmt völlig	stimmt weitgehend	stimmt teilweise	stimmt nicht
2. Ich fördere den Gedanken- und Erfahrungsaustausch in und zwischen den Gruppen	stimmt völlig	stimmt weitgehend	stimmt teilweise	stimmt nicht
3. Ich fördere die Zusammenarbeit der Gruppe mit anderen Fachstellen	stimmt völlig	stimmt weitgehend	stimmt teilweise	stimmt nicht
Qualitätsverantwortung				
4. Ich informiere über den aktuellen Stand der Qualität (z.B. Audit, Fehlerschwerpunkte)	stimmt völlig	stimmt weitgehend	stimmt teilweise	stimmt nicht
5. Ich vereinbare mit meinen Mitarbeitern Qualitätsziele	stimmt völlig	stimmt weitgehend	stimmt teilweise	stimmt nicht
6. Ich schaffe dafür die Rahmenbedingungen (z.B. Qualitätsverständnis, Werkzeug, Schulung ...)	stimmt völlig	stimmt weitgehend	stimmt teilweise	stimmt nicht
Zusammenarbeit / Gruppenarbeit				
7. Ich erarbeite gemeinsam mit meinen Mitarbeitern Ziele und helfe ihnen, diese Ziele zu erreichen	stimmt völlig	stimmt weitgehend	stimmt teilweise	stimmt nicht
8. Ich setzte mich im Rahmen der Möglichkeiten für regelmäßige Gruppengespräche ein	stimmt völlig	stimmt weitgehend	stimmt teilweise	stimmt nicht
9. Ich unterstützte meine Mitarbeiter bei der Lösung von Konflikten und Spannungen innerhalb der Gruppe	stimmt völlig	stimmt weitgehend	stimmt teilweise	stimmt nicht
10. Ich gebe meinen Mitarbeitern den nötigen Spielraum und die Verantwortung, um als Gruppe selbständig zu arbeiten	stimmt völlig	stimmt weitgehend	stimmt teilweise	stimmt nicht
11. Ich stehe hinter den Entscheidungen, die meine Mitarbeiter gemeinsam getroffen haben	stimmt völlig	stimmt weitgehend	stimmt teilweise	stimmt nicht

Zutreffendes ankreuzen ☒

Verbesserungsprozeß

12.	Ich frage meine Mitarbeiter nach Problemen bei der Arbeit	stimmt völlig	stimmt weitgehend	stimmt teilweise	stimmt nicht
13.	Ich ermuntere meine Mitarbeiter, Ideen und Verbesserungsvorschläge für ihre Arbeit einzubringen	stimmt völlig	stimmt weitgehend	stimmt teilweise	stimmt nicht
14.	Ich gebe Gelegenheit, neue Ideen auszuprobieren	stimmt völlig	stimmt weitgehend	stimmt teilweise	stimmt nicht
15.	Ich treibe die Umsetzung ihrer Vorschläge bei den beteiligten Fachstellen voran, z.B. hole ich bei Bedarf die Spezialisten vor Ort	stimmt völlig	stimmt weitgehend	stimmt teilweise	stimmt nicht

Qualifizierung der Mitarbeiter

16.	Ich trage selbst zur Qualifizierung der Mitarbeiter bei	stimmt völlig	stimmt weitgehend	stimmt teilweise	stimmt nicht
17.	Ich unterstütze notwendige Qualifizierungsmaßnahmen (z.B. Schulungen)	stimmt völlig	stimmt weitgehend	stimmt teilweise	stimmt nicht

Zufriedenheit mit dem Meister

18.	Ich beurteile den Leistungsbeitrag jedes einzelnen Mitarbeiters richtig	stimmt völlig	stimmt weitgehend	stimmt teilweise	stimmt nicht
19.	Ich lobe die Arbeit meiner Mitarbeiter	stimmt völlig	stimmt weitgehend	stimmt teilweise	stimmt nicht
20.	Meine Kritik ist positiv für meine Mitarbeiter	stimmt völlig	stimmt weitgehend	stimmt teilweise	stimmt nicht
21.	Ich nehme die Sorgen und Beschwerden meiner Mitarbeiter ernst und setze mich für meine Mitarbeiter ein	stimmt völlig	stimmt weitgehend	stimmt teilweise	stimmt nicht
22.	Ich vertrage auch die Kritik meiner Mitarbeiter	stimmt völlig	stimmt weitgehend	stimmt teilweise	stimmt nicht
23.	Meine Mitarbeiter bekommen <u>nicht</u> zu spüren, wenn ich Ärger habe	stimmt völlig	stimmt weitgehend	stimmt teilweise	stimmt nicht

BMW Group

Mein Meister und ich

Feedback für Führungskräfte

„Ständige Verbesserung“ ist bei uns nicht nur ein Schlagwort. Wir wollen uns gemeinsam weiterentwickeln.

Mit diesem Fragebogen haben Sie die Möglichkeit, mir **Ihre Meinung** zu meinem Verhalten als Meister und Vorgesetzter sowie zu unserer Zusammenarbeit zu sagen. Wie Sie persönlich mich einschätzen, bleibt geheim. Jeder Bogen trägt die gleiche Leitzahl. Er bekommt keinen Namen und keine Unterschrift und wird maschinell ausgewertet.

Grundsätze

Ihre Teilnahme ist **freiwillig.** Ich erfahre nicht, wer teilgenommen hat und wer nicht. Ich erhalte keine Einzelergebnisse von Ihnen, sondern später nur ein Gesamtergebnis pro Frage für meinen Meisterbereich. Ich kann somit nicht erkennen, wie mich jeder Einzelne von Ihnen eingeschätzt hat. Laufen weniger als drei Bögen ein, wird keine Auswertung vorgenommen; die Bögen werden vernichtet.

Wie gehen Sie vor?

Sie brauchen etwas **ungestörte** Zeit.

- Lesen Sie zuerst alle Fragen in Ruhe durch.
- Bitte arbeiten Sie mit einem schwarzen Stift (Kugelschreiber oder Filzstift, kein Bleistift), um die maschinelle Auswertung zu erleichtern.
- Überlegen Sie, was nach Ihrer Meinung zutrifft und machen Sie ein kräftiges Kreuz in das betreffende Gesicht.
  - Nur **ein** Gesicht pro Frage ankreuzen. Kein weiterer Text, kein Name.

z.B.:

stimmt völlig	**stimmt weitgehend**	**stimmt teilweise**	**stimmt nicht**

- Falls Sie falsch gekreuzt haben: Das richtige Gesicht kreuzen und zur Sicherheit nochmals einkreisen.

Und dann?

Diese Textseite abreißen. Die restlichen zwei Blätter in einen Hauspostumschlag stecken, Empfänger **PD–12 F** (kein Absender). Hauspostumschläge gibt es in der Meisterei. Abschicken bis **spätestens** zu dem Termin, der auf dem Bogen steht. Beachten Sie bitte den eingedruckten Termin, sonst kann Ihr Bogen nicht mehr berücksichtigt werden.

Falls Sie noch Fragen haben, wenden Sie sich bitte an mich. Wenn mir die Auswertung vorliegt, werden wir die Ergebnisse miteinander besprechen und gemeinsam an Verbesserungen arbeiten.

Vielen Dank für Ihre Bereitschaft, aktiv mitzuwirken.

Feedback für Führungskräfte

Mein Meister und ich

abschicken bis:

Bitte kreuzen Sie pro Frage nur **ein** Gesicht an

stimmt völlig – **stimmt weitgehend** – **stimmt teilweise** – **stimmt nicht**

Information/Kommunikation

1. Mein Meister liefert uns/mir umgehend die Informationen, die für unsere Gruppe wichtig sind (z.B. Unternehmens-, Bereichs-, Kostensituation, Arbeitszeiten)
2. Er unterstützt den Gedanken- und Erfahrungsaustausch in und zwischen den Gruppen
3. Er fördert die Zusammenarbeit der Gruppe mit anderen Fachstellen

Qualitätsverantwortung

4. Er informiert über den aktuellen Stand der Qualität (z.B. Audit, Fehlerschwerpunkte)
5. Er vereinbart mit mir/uns Qualitätsziele
6. Er schafft dafür die Rahmenbedingungen (z.B. Qualitätsverständnis, Werkzeuge, Schulung)

Zusammenarbeit/Gruppenarbeit

7. Mein Meister erarbeitet gemeinsam mit uns Ziele und hilft uns, diese Ziele zu erreichen
8. Er setzt sich im Rahmen der Möglichkeiten für regelmäßige Gruppengespräche ein
9. Er unterstützt uns bei der Lösung von Konflikten und Spannungen innerhalb der Gruppe
10. Er gibt uns den nötigen Spielraum und die Verantwortung, um als Gruppe selbständig zu arbeiten
11. Er steht hinter den Entscheidungen, die wir gemeinsam getroffen haben

M 01 1

Feedback für Führungskräfte

Mein Meister und ich

abschicken bis:

Bitte kreuzen Sie pro Frage nur **ein** Gesicht an

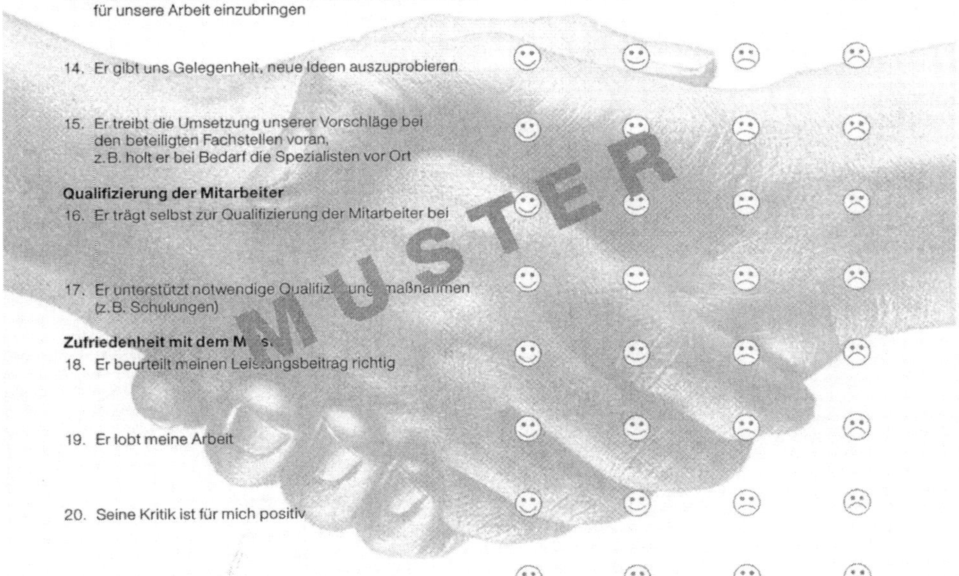

	stimmt völlig	stimmt weitgehend	stimmt teilweise	stimmt nicht
Verbesserungsprozess				
12. Er fragt nach unseren Problemen bei der Arbeit	☺	☺	☹	☹
13. Er ermuntert uns, Ideen und Verbesserungsvorschläge für unsere Arbeit einzubringen	☺	☺	☹	☹
14. Er gibt uns Gelegenheit, neue Ideen auszuprobieren	☺	☺	☹	☹
15. Er treibt die Umsetzung unserer Vorschläge bei den beteiligten Fachstellen voran, z.B. holt er bei Bedarf die Spezialisten vor Ort	☺	☺	☹	☹
Qualifizierung der Mitarbeiter				
16. Er trägt selbst zur Qualifizierung der Mitarbeiter bei	☺	☺	☹	☹
17. Er unterstützt notwendige Qualifizierungsmaßnahmen (z.B. Schulungen)	☺	☺	☹	☹
Zufriedenheit mit dem Meister				
18. Er beurteilt meinen Leistungsbeitrag richtig	☺	☺	☹	☹
19. Er lobt meine Arbeit	☺	☺	☹	☹
20. Seine Kritik ist für mich positiv	☺	☺	☹	☹
21. Mein Meister nimmt meine Sorgen und Beschwerden ernst und setzt sich für mich ein	☺	☺	☹	☹
22. Er verträgt auch meine Kritik	☺	☺	☹	☹
23. Ich bekomme **nicht** zu spüren, wenn mein Meister Ärger hat	☺	☺	☹	☹

Vielen Dank.

M 01 **2**

Anhang 4: Praxisbeispiele zu Leistungsbeurteilungsmodellen

4.1. Metall-Modell in Bayern

Beurteilungsbogen für die Leistungsbeurteilung der bayerischen Metallindustrie

Quelle: Bildungswerk der Bayerischen Wirtschaft e.V. (Hrsg.), Leistungsbeurteilung - Programmierte Unterweisung -, Seite 28

München, 1975

Beurteilungsbogen für die Leistungsbeurteilung

gem. Anhang 6 MTV/gewerbliche Arbeitnehmer und Anhang 3 MTV/Angestellte
Bayerische Metallindustrie

1

Name, Vorname:	Personal-Nr:
Kostenstelle / Abteilung / Werkstatt	Beschäftigt als:
Datum der letzten Beurteilung:	Lohn- / Gehaltsgruppe:
Beurteilt von:	Punktsumme:

2

Personal-Nr:

Zutreffendes bitte ankreuzen = ⊗

Beurteilungs-merkmale	Zu beurteilen zum Beispiel an Hand von:	Beurteilungsstufen A Die Leistung ist für eine Leistungszulage nicht ausreichend	B Die Leistung entspricht im allgemeinen den Anforderungen	C Die Leistung entspricht in vollem Umfang den Anforderungen (mittleres Leistungsniveau)	D Die Leistung übertrifft die Anforderungen erheblich	E Die Leistung übertrifft die Anforderungen in hohem Maße
I Arbeits-quantität	- Umfang des Arbeitsergebnisses - Arbeitsintensität - Zeitnutzung	○ 0	○ 7	○ 14	○ 21	○ 28
II Arbeits-qualität	- Fehlerqote - Güte	○ 0	○ 7	○ 14	○ 21	○ 28
III Arbeits-einsatz	- Initiative - Belastbarkeit - Vielseitigkeit	○ 0	○ 4	○ 8	○ 12	○ 16
IV Arbeits-sorgfalt	- Verbrauch und Behandlung von Arbeitsmitteln aller Art - Zuverl., rationell., kostenbewußtem Verhalten	○ 0	○ 4	○ 8	○ 12	○ 16
V Betriebliches Zusammen-wirken	- Gemeinsamer Erledigung von Arbeitsaufgaben - Informations-austausch	○ 0	○ 3	○ 6	○ 9	○ 12

3

Erreichte Punktsumme:	LZ in %:
Datum der Beurteilung:	
Unterschrift des Beurteilenden:	Datum:
Raum für Vermerke:	

VBM 01/IV/75

4.2. BMW-Befragung zu Metall-Leistungsbeurteilung

4.3. XXL-GmbH-Modell Leistungsbeurteilung-Tarifarbeiter

XXL-GmbH	vertraulich-personenbezogene Daten **Leistungsbeurteilung Tarifangestellte**	Beurteilungszeitraum von bis	gültig ab	Beurt.-Art

Name, Vorname	Abteilung	Kosten-stelle	AP-Nr.	Tätigkeitsbezeichnung	Wichtungs-kennzeichen	Tarifgruppe	X	Arbeitneh-mergruppe	Personal-Nr.

Stufenbild / **Beurteilungsmerkmale**	nicht zufriedenstellende, aber gerade noch tragbare Leistungen	gute durchschnittliche Leistungen	überdurchschnittliche Leistungen	hervorragende Leistungen
1. Arbeitsmenge	10	11	12	13
2. Arbeitsgüte und Zuverlässigkeit	20	21	22	23
3. Arbeitseinsatz und Selbstständigkeit	30	31	32	33
4. Eigenkontrolle	40	41	42	43
5. Betriebswirtschaftliches Verhalten	50	51	52	53
6. Verhalten im Betrieb	60	61		Bemerkungen:
7. Führungsverantwortung	70	71	72	
Unterschrift Datum	Beurteiler	Vorgesetzter des Beurteilers	Kenntnisnahme des Mitarbeiters	Personalabteilung

4.4. Siemens: Aufzeichnungen zum Mitarbeitergespräch im Tarifkreis

SIEMENS

Vertraulich (verschlossen zu versenden)

Aufzeichnungen zum Mitarbeitergespräch im Tarifkreis

Mitarbeiter:			**Führungskraft:**
Zuname, Vorname		Personal-Nr.	Zuname, Vorname
Geburtsdatum	Organisationseinheit		Organisationseinheit
Funktionsbezeichnung		Tarifgruppe	**Funktionsbezeichnung**

Der Mitarbeiter ist der Führungskraft zugeordnet seit::

A Durchsprache der Aufgaben, Arbeitsziele und -ergebnisse

I. Wofür ist der Mitarbeiter verantwortlich?

II. An welchen Aufgaben und Zielen hat der Mitarbeiter in dem Zeitraum von bis hauptsächlich gearbeitet?

III. Welche Arbeitsergebnisse wurden dabei erzielt? Worauf sind besonders gute oder weniger befriedigende Ergebnisse zurückzuführen?

Sofern die Protokollierung des Mitarbeitergespräches DV-maschinell unterstützt wird, ist zur Vermeidung unberechtigten Zugriffes folgendes zu beachten:
1. Zugehörige Dateien sind mit Kennwortschutz zu speichern.
2. Die Speicherung sollte ausschließlich auf Diskette erfolgen.
3. Nach Abschluß des Mitarbeitergespräches sind die Daten umgehend zu löschen. Ein Aufbewahren bis zum nächsten Mitarbeitergepräch hat zu unterbleiben.

H43-P3343 Aufzeichnungen zum Mitarbeitergespräch im Tarifkreis 3000 5.94 1816

Mitarbeiter:		**Führungskraft:**
Zuname, Vorname	Personal-Nr.	Zuname, Vorname

IV. Welche Folgerungen für die weitere Arbeit und Zusammenarbeit können daraus gezogen werden?

B Hinweise zum weiteren Einsatz des Mitarbeiters (Nur ausfüllen, wenn sich gegenüber früheren Aufzeichnungen neue Gesichtspunkte ergeben.)

I. Welche besonderen Fähigkeiten und Interessen des Mitarbeiters können für Überlegungen zum weiteren Einsatz ins Gewicht fallen?

II. Welche konkreten Maßnahmen (Aufgabenänderung, Versetzung, Weiterbildung) werden für die nächsten zwei bis vier Jahre empfohlen, um die Fähigkeiten des Mitarbeiters besser zu nutzen oder zu erweitern?

Mitarbeiter:	Führungskraft:	Von nächsthöherer Führungskraft zur Kenntnis genommen:
		Zuname
Unterschrift und Datum	Unterschrift und Datum	Unterschrift und Datum

Wird von dem Mitarbeiter eine gesonderte schriftliche Erklärung zu diesen Aufzeichnungen abgegeben? ja*) ☐ nein*) ☐

*) bitte die zutreffende Antwort ankreuzen

4.5. Siemens: EFA-Gesprächsbogen

SIEMENS

Förderung im Dialog

EFA-Gespräch

Vertraulich (Verschlossen zu versenden)

Mitarbeiter:

Name	Vorname	Personal-Nr.	Organisationseinheit	Funktion/Funktionsstufe

Führungskraft:

Name	Vorname	Organisationseinheit	Funktion

Datum letztes EFA-/Mitarbeitergespräch

1. Verantwortungsbereich des Mitarbeiters

Welcher Art und von welchem Umfang ist die fachliche, geschäftliche und gegebenenfalls personelle Verantwortung des Mitarbeiters? **(Angaben in Stichworten, wenn sich seit der letzten Aufzeichnung Wesentliches geändert hat)**

Erscheint aus den beschriebenen wesentlichen Änderungen eine Überprüfung der Funktionsstufe notwendig?
(Wenn ja, bitte ankreuzen; Überprüfung durch Führungskraft und Personalorganisation)

☐ **Überprüfung notwendig**

2. Ziele und Ergebnisse

An welchen Zielen und Aufgaben hat der Mitarbeiter seit der letzten Aufzeichnung hauptsächlich gearbeitet?
(Angabe einzelner Ziele und Aufgaben in Stichworten, oder auf vorhandene Ziel- oder Projektvereinbarungen verweisen)

Welche Arbeitsergebnisse wurden dabei erzielt? Worauf sind besonders gute oder weniger befriedigende Ergebnisse zurückzuführen?
(Angabe zu den einzelnen Zielen und Aufgaben in Stichworten, oder vorhandene Ziel- oder Projektvereinbarungen kommentieren)

H43-L3340 Aufzeichnungsbogen EFA-Gespräch 02.97 50.000 973

3. Folgerungen für die weitere Arbeit und Zusammenarbeit

(Angabe in Stichworten oder Verweis auf vorhandene Ziel- oder Projektvereinbarungen)

4. Fähigkeiten des Mitarbeiters

Welche Fähigkeiten sind beim Mitarbeiter besonders ausgeprägt? In welchen Bereichen sollte der Mitarbeiter Fähigkeiten verstärken oder aufbauen; auch zu neuen Zielen und Aufgaben? **(Angaben in Stichworten)**

- **Fachkompetenz**

- **Methodenkompetenz (z.B. Projektmanagement, Moderationstechnik)**

- **Sozialkompetenz (z.B. Teamverhalten, Kommunikation und Information, Führungsqualität bei Personalverantwortung)**

- **Sprachkenntnisse**

5. Vorstellungen des Mitarbeiters zu seiner beruflichen Entwicklung

(z.B. Veränderungen innerhalb der aktuellen Aufgabe, Einkommen, Funktions- oder Ortswechsel, Zeitpunkt der Veränderung, langfristige Entwicklungsziele etc.)

5. (Noch zu 5.) Vorstellungen des Mitarbeiters

6. Potentialeinschätzung

Welche Funktionen könnte der Mitarbeiter aus heutiger Sicht im Unternehmen erreichen?
(Mögliche Zielfunktionen und langfristig erreichbare Funktionsstufe konkret angeben)

7. Geplante Maßnahmen

Welche Maßnahmen des Kompetenzaufbaus sollen im Hinblick auf die aktuelle Aufgabe und die berufliche Entwicklung durchgeführt werden? **(ggf. Verweis auf vorliegende Planungen)**

Maßnahme	Zeitrahmen	Verantwortlich für die Umsetzung?

Sind Aufgabenänderungen, Aufgabenerweiterungen oder eine Versetzung möglich oder notwendig?
Wenn ja, bitte Maßnahme beschreiben. **(möglich/notwendig?)**

Wann kann diese Veränderung erfolgen? Wo kann die neue Aufgabe wahrgenommen werden?
(Am Standort, im Inland, im Ausland)

Wurden Maßnahmen bei Einkommen, IP und Vertragsgruppe besprochen? Wenn ja, bitte Maßnahmen beschreiben.
(Planungsaussagen aus heutiger Sicht)

8. Bemerkungen/Sonstiges **(ggf. auf der Rückseite fortsetzen)**

Wird vom Mitarbeiter eine gesonderte Stellungnahme zu diesen Aufzeichnungen abgegeben?

(bitte ankreuzen) nein ja

Ort/Datum:

Unterschrift Mitarbeiter: **Führungskraft:**

(Unterschriebener EFA-Gesprächsbogen an Personalorganisation; Kopien verbleiben bei Mitarbeiter und Führungskraft. Gesonderte Stellungnahme des Mitarbeiters auf der Rückseite oder beifügen, wenn gewünscht)

Raum für Bemerkungen / Sonstiges bzw. Stellungnahme des Mitarbeiters
Unzutreffendes bitte streichen

Bei DV-maschineller Unterstützung des EFA-Gesprächs ist zur Vermeidung unberechtigten Zugriffes folgendes zu beachten:

1. Zugehörige Daten sind mit Kennwortschutz zu speichern.
2. Die Speicherung sollte ausschließlich auf Diskette erfolgen.
3. Nach Abschluß des EFA-Gesprächs sind die Daten umgehend zu löschen.
   Ein Aufbewahren bis zum nächsten EFA-Gespräch hat zu unterbleiben.

Hinweise zur Durchführung der EFA-Gespräche:

Umgang mit dem EFA-Gesprächsbogen:

- Der EFA-Gesprächsbogen führt als „roter Faden" durch das Gespräch und dient der Dokumentation der Gesprächsergebnisse
- Zur Vorbereitung des EFA-Gesprächs steht der EFA-Gesprächsbogen mit Hinweisen zur Durchführung entweder als Leerformular oder im Intranet (ZP-Homepage) zur Verfügung
- Im EFA-Gespräch liegt die Aufzeichnungspflicht bei der Führungskraft, welche auch die Verantwortung für die Durchführung des EFA-Gesprächs trägt.
- Bei abweichenden Auffassungen hat der Mitarbeiter die Möglichkeit, eine Stellungnahme abzugeben bzw. beizufügen

Feld 1.): **Hinweise zu den Inhalten:**

Verantwortungsbereich des Mitarbeiters: Nach Diskussion dieses Gesprächsfeldes haben Führungskraft und Mitarbeiter Klarheit über Art und Umfang der Verantwortung im Berichtszeitraum. Insbesondere bei der erstmaligen Durchführung des EFA-Gesprächs sollte auf die Angabe des Verantwortungsbereiches in Stichworten nicht verzichtet werden (unter Hinweis auf die erstmalige Durchführung des EFA-Gesprächs). Sofern sich zum letzten Mitarbeiter-/EFA-Gespräch wesentliche Veränderungen im Verantwortungsbereich ergeben haben, kann auch die Notwendigkeit zur Überprüfung der Funktionsstufe dokumentiert werden. Diese Überprüfung findet jedoch nicht im EFA-Gespräch statt, sondern zu einem späteren Zeitpunkt durch Führungskraft und Personalorganisation.

Mögliche Fragestellungen: Für welches Fachthema ist der Mitarbeiter veranwortlich? Welches Geschäft/Projekt mit welchem Volumen wird verantwortet? Wieviele Mitarbeiter mit welcher Qualifikation werden geführt? Wie ist die Einbindung in Prozeßkette und Organisation?

Feld 2.): **Ziele und Ergebnisse: Hier sollte Klarheit zwischen Mitarbeiter und Führungskraft über erreichte Ergebnisse und die Leistung des Mitarbeiters erzielt werden.** Ziele und Aufgaben, an denen der Mitarbeiter im Berichtszeitraum gearbeitet hat, sollen hier abgeglichen und in Stichworten dargestellt werden. Falls bereits Ziel- oder Projektvereinbarungen existieren, kann auf diese verwiesen werden. Hier soll auch besprochen und dokumentiert werden, in welchem Maße die vorher beschriebenen Anforderungen erfüllt, übertroffen oder auch nicht erreicht wurden. Ebenso sollte analysiert werden, wodurch diese Arbeitsergebnisse im wesentlichen zustande gekommen sind.

Mögliche Fragestellungen: An welchen konkreten Zielen und Aufgaben/Projekten hat der Mitarbeiter im Berichtszeitraum gearbeitet? Wurden alle beschriebenen Aufgaben gelöst bzw. wurden die Ziele erreicht, übertroffen oder auch nicht erreicht (z.B. Qualität, Kosten, Ergebnis, Termine etc.)? Sind noch Aufgaben offen? Welche Faktoren haben die Ergebnisse besonders beeinflußt (Fähigkeiten des Mitarbeiters, Marktbedingungen, organisatorisches Umfeld etc.)?

Feld 3.) **Folgerungen für die weitere Arbeit und Zusammenarbeit: Nach Abschluß dieses Gesprächsteils soll zwischen Mitarbeiter und Führungskraft Klarheit über die Aufgaben und Zielrichtungen für die absehbare Zukunft bestehen.** Gleichzeitig soll die zukünftige Zusammenarbeit zwischen Mitarbeiter und Führungskraft und im Team besprochen werden. Eine detaillierte Arbeits- oder Zielplanung ist nicht Gegenstand dieser Aufzeichnungen, sondern Inhalt separater Zielgespräche und Vereinbarungen (ggf. Hinweis auf bestehende Ziel- oder Projektvereinbarungen).

Mögliche Fragestellungen: Welche Zielrichtungen und Akzentuierungen haben die zukünftigen Aufgaben? Wie sollen die Prioritäten in Zukunft gesetzt werden? Sind Verbesserungen in der Zusammenarbeit oder Kommunikation zwischen Führungskraft und Mitarbeiter oder im Team möglich? Besteht Verbesserungsbedarf bei der Beziehung zu internen und externen Kunden?

Feld 4.): **Fähigkeiten des Mitarbeiters: Hier soll Klarheit darüber geschaffen werden, welche Fähigkeiten beim Mitarbeiter derzeit besonders ausgeprägt sind und wo noch Kompetenzen verstärkt oder aufgebaut werden sollen.** Hier sind nicht nur die für die aktuellen Aufgaben relevanten Kompetenzen zu nennen, sondern alle für die weitere berufliche Entwicklung relevanten Fähigkeiten.

Mögliche Fragestellungen: Siehe EFA-Gesprächsbogen

Hinweise zur Durchführung der EFA-Gespräche:

Feld 5.): **Vorstellungen des Mitarbeiters zu seiner beruflichen Entwicklung: In diesem Themenfeld kann der Mitarbeiter seine Vorstellungen zu seiner beruflichen Entwicklung, insbesondere auch seine Bereitschaft zu einem Funktionswechsel oder Wechsel des Einsatzortes (Inland/Ausland) einbringen.** Ebenfalls kann der Mitarbeiter seine Vorstellungen zu Einkommen, individueller Pensionszusage oder Vertragsgruppe darstellen. Der Mitarbeiter soll dafür Sorge tragen, daß die Führungskraft über seine Vorstellungen informiert ist und diese z.B. in der Diskussion mit anderen Führungskräften und der Personalorganisation zur Förderung (z.B. EFA-Runde) einbringen kann.

Mögliche Fragestellungen: Siehe EFA-Gesprächsbogen

Feld 6.): **Potentialeinschätzung: Ziel dieses Feldes ist es, dem Mitarbeiter transparent zu machen, wie sein Entwicklungspotential eingeschätzt wird.** Konkrete Funktionen im Unternehmen, die vom Mitarbeiter möglicherweise erreicht werden können, sollen (wenn absehbar, mit Funktionsstufe) hier genannt werden. Diese Einschätzung basiert auf den bisher gemachten Aussagen zu Leistung und Kompetenzen des Mitarbeiters und sollte nicht nur die Sicht der direkten Führungskraft, sondern auch anderer Führungskräfte aus dem Umfeld des Mitarbeiters einbeziehen(z.B. in der EFA-Runde). Die getroffene Einschätzung ist eine Aussage aus heutiger Sicht, die sich in Abhängigkeit von den zukünftigen Leistungen wieder ändern kann.

Mögliche Fragestellung: Siehe EFA-Gesprächsbogen

Feld 7.): **Geplante Maßnahmen: Hier sollen Führungskraft und Mitarbeiter geplante Fördermaßnahmen besprechen.** Damit erhält der Mitarbeiter Klarheit darüber, ob bzw. welche Fördermaßnahmen aufgrund der vorher gemachten Aussagen geplant werden. Der Mitarbeiter erkennt, für welche Maßnahmen und deren Umsetzung er Mitverantwortung übernimmt und kann seine Planungen entsprechend gestalten. Die Entscheidungen sollen transparent und nachvollziehbar sein. Zu den Inhalten gehören ein möglicher nächster Schritt (Aufgabenänderung/ Versetzung), insbesondere der Zeitpunkt, wann die Veränderung erfolgen kann, Maßnahmen zum Kompetenzaufbau (z.B. Führungskräftetraining, Projektmitarbeit, Patenfunktion etc.) und Einkommensmaßnahmen, falls geplant. Die hier dokumentierten Aussagen sind Planungsaussagen aus heutiger Sicht und haben keine Rechtsverbindlichkeit.

Fragestellungen: siehe EFA-Gesprächsbogen;

Feld 8.) **Bemerkungen/Sonstiges: Weitere offene Punkte bzw. Gesprächsinhalte können in diesem Feld dokumentiert werden; hier jedoch nicht eine abweichende Stellungnahme des Mitarbeiters, falls gewünscht.**

Stellungnahme des Mitarbeiters
Für eine mögliche Stellungnahme des Mitarbeiters zu den dokumentierten Inhalten steht die Rückseite des Gesprächsbogens zur Verfügung. Falls nötig, können auch zusätzliche Blätter beigefügt werden.

Bei DV-maschineller Unterstützung des EFA-Gesprächs ist zur Vermeidung unberechtigten Zugriffes folgendes zu beachten:

Zugehörige Dateien sind mit Kennwortschutz zu speichern.

Die Speicherung sollte ausschließlich auf Diskette erfolgen.

Nach Abschluß des EFA-Gesprächs sind die Daten umgehend zu löschen.

Ein Aufbewahren bis zum nächsten EFA-Gespräch hat zu unterbleiben.

4.6. Burgmann Leistungsbeurteilungs-/Zielvereinbarungssystem ab 1995

Stellenbezeichnung: ____________________

Name: ____________________

A. Kurz-Stellenbeschreibung

I. Grundsätzliches

1. Name: ____________________
2. Stellenbezeichnung: ____________________
3. Unterstellung: ____________________
4. Überstellung: a) disziplinarisch ____________________
   b) fachlich ____________________
5. Vollmachten: ____________________
6. Vertreten durch: ____________________
7. ……………………: ____________________

II. 1. Ziel der Stelle: (Zeit, Menge, Personen, Qualität, Führung etc.)

1.1. ____________________
1.2. ____________________
1.3 ____________________
1.4. ____________________

2. Hauptaufgaben der Stelle:

2.1. ____________________
2.2. ____________________
2.3. ____________________

3. Einzelaufgaben:

3.1. Linienaufgaben: (er entscheidet.., , er bestimmt.., er legt fest.., er ordnet an.., er genehmigt..)

- ____________________
- ____________________
- ____________________
- ____________________
- ____________________
- ____________________
- ____________________
- ____________________

3.2 Stabsaufgaben: (er arbeitet aus.., er schlägt vor.., er berät.., er informiert..)

- ____________________
- ____________________
- ____________________
- ____________________

3.3 Bemerkungen: (Dienstleistungsfunktionen, wesentliche Nebenaufgaben etc.)

- ____________________
- ____________________
- ____________________

(Modell 1995)

Stellenbezeichnung: ______________________

Name: ______________________

B Anforderungen und Qualifikation

I. Anforderungen	199_ II. Rang d. A. (1-9) *) (eintragen)	199_ III. Erfüllungsgrad d.A. x) (eintragen)	IV. Bemerkung zu II. u. III.
1. Fachliche Fähigkeiten: (bitte eintragen)			
1.1			
1.2			
1.3			
1.4			
1.5			
2. Verhaltensbezogen und geistige Fähigkeiten:			
2.1 Problemverständnis,-durchdringung (sachbez.)			
2.2 Flexibilität, Beweglichkeit			
2.3 Kreativität, Vorstellungskraft			
2.4 Überzeugungskraft, Sprachl. Ausdruck			
2.5 Einsatzbereitschaft, Initiative			
2.6 Planvolles Arbeiten, Systematik			
2.7 Arbeitstempo, Schnelligkeit			
2.8 Genauigkeit, Qualität d. Leistung			
2.9 Ausdauer, Belastbarkeit, Ausgeglichenheit			
2.10 Kooperationsbereitschaft, Teamfähigkeit			
2.11			
2.12			
3. Führungsbezogene Fähigkeiten:			
3.1 Delegationsvermögen			
3.2 Motivationsfähigkeit			
3.3 Beurteilungsvermögen (pers.-bez.)			
3.4 Mitarbeiterförderungsbereitschaft			
3.5 Zielsetzungs- und durchsetzungsvermögen			
Σ			
Ø			

*)
9 = sehr hohe, maximale Anforderung an
8 = hohe weit überdurchschnittliche Anfo.
7 = im großen und ganzen über dem Durchschnitt liegende A.
6 = teilweise über dem Durchschnitt liegende A
5 = rein durchschnittliche Anforderungen an
4 = teilweise unter dem Durchschnitt liegende A.
3 = im großen und ganzen unter dem Durchschnitt liegende A
2 = niedrige, geringe Anforderungen an
1 = sehr geringe, nur ganz selten benötigte Anforderungen an

x) (bitte die zutreffende Ziffer eintragen, Einstufungen in 1, 2, 3 oder 7, 8, 9)

Wird den Anforderungen in diesem Merkmal nicht gerecht	Erfüllt im allgemeinen die Anforderungen in diesem Merkmal. Die Mehrzahl der mit vergleichbaren Aufgaben betrauten Mitarbeiter entspricht den Anforderungen besser	Wird den Anforderungen in diesem Merkmal voll gerecht. Er ragt hier aus der Mehrzahl der mit vergleichbaren Aufgaben betrauten Mitarbeiter nicht hervor und bleibt hinter ihnen nicht zurück	Entspricht den Anforderungen in diesem Merkmal deutlich besser als die Mehrzahl der mit vergleichbaren Aufgaben betrauten Mitarbeiter	Überragt in diesem Merkmal weit die mit vergleichbaren Aufgaben betrauten Mitarbeiter
1	2 3	4 5 6	7 8	9

(Modell 1995)

Stellenbezeichnung: ______________

Name: ______________

C. Folgerungen für Einsatz und Förderung

(bitte die jeweils zutreffende Ziffer ◯ ankreuzen)

1. Wie ist der Beurteilte prinzipiell am effektivsten einzusetzen?

(1.) Eine Führungsaufgabe sollte ausgefüllt werden.
(2.) Eine Fachreferenten/-spezialistenaufgabe sollte ausgefüllt werden.
(3.) Ist noch nicht genügend klar erkennbar.

2. Wie entspricht der Mitarbeiter den Anforderungen seiner derzeitigen Aufgaben?

(1.) Übereinstimmung von Anforderungen und Befähigung
(2.) Zeitweilige Überforderung, kann durch weitere Einarbeitung ausgeglichen werden.
(3.) Anforderungen und Befähigung stimmen nicht befriedigend überein: Aufgabenwechsel erscheint notwendig. (Anforderungsreduzierung)
(4.) Befähigung übersteigt die Anforderungen; Übertragung qualifizierter Aufgaben erscheint geraten.

3. Ist eine Änderung der Aufgaben des Mitarbeiters im Dispositionsbereich des beurteilenden Vorgesetzten vorgesehen?

(1.) Keine wesentliche Änderung der derzeitigen Aufgaben
(2.) Reduzierung/Vereinfachung der derzeitigen fachlichen Aufgaben
(3.) Reduzierung der derzeitigen Führungsaufgaben
(4.) Ausweitung der derzeitigen fachlichen Aufgaben
(5.) Probeweises Heranführen an / Schulen für Übernahme von - Führungsaufgaben
(6.) Übernahme welcher anderer Aufgaben, wann: ______________

4. Sollte der Mitarbeiter in absehbarer Zeit innerhalb des Unternehmens versetzt werden?

(1.) Nein
(2.) Ja, aus welchen Gründen bzw. mit welchem Ziel, wann: ______________

____

5. Kommt der Mitarbeiter grundsätzlich für einen Auslandseinsatz in Betracht?

(1.) Ja, für welche Aufgaben, wann: ______________

____

(2.) Nein, was spricht dagegen: ______________

6. Sind für die Weiterbildung des Mitarbeiters bestimmt Anregungen zu geben oder Maßnahmen vorzuschlagen? Gegebenenfalls welche:

(1.) Fachlich: ______________
(2.) Verhaltensorientiert: ______________
(3.) Führungsorientiert: ______________

7. Verfügt der Mitarbeiter über weitere Interessen, Fähigkeiten, Erfahrungen und Kenntnisse, die für seinen Einsatz Bedeutung erlangen können? Gegebenenfalls welche:

____

____

 (Modell 1995)

Stellenbezeichnung: ______________________

Name: ______________________

D. Gespräch mit dem Mitarbeiter: Protokoll

I. Positive Rückmeldungen zum abgelaufenen Jahr (IST):

1.) ______________________
2.) ______________________
3.) ______________________
4.) ______________________

II. Klärungsbedürftige Themen bzw. Fragen/Probleme (IST):

1.) ______________________
2.) ______________________
3.) ______________________
4.) ______________________

III. Zielvereinbarungen/Maßnahmen insbesondere für das kommende Jahr (WEG): siehe Blatt B + C
(evtl. Ergänzungen auf Anlageblatt)

	Erreichung: 1–9.
1.)	
2.)	
3.)	
4.)	
5.)	
6.)	
7.)	

V. Finanzielle/vergütungsmäßige Vereinbarungen für das kommende Jahr:

1.) Zieleinkommen 199_ : DM ______________ 199_ : DM ______________
2.) Variabler Anteil 199_ : DM ______________ 199_ : DM ______________

Mit den Zielvereinbarungen einverstanden: **Mitarbeiter** (Datum, Unterschrift) **Vorgesetzter** (Datum, Unterschrift)	Vom nächsthöheren Vorgesetzten zur Kenntnis genommen: (Datum, Unterschrift)

(Modell 1995)

4.7. Burgmann-Befragung zum Leistungsbeurteilungs-/Zielvereinbarungssystem ab 1995 (Fragebogen und Auswertung)

Fragebogenaktion zu

LEISTUNGSBEURTEILUNG, PERSONALENTWICKLUNG, ZIELVEREINBARUNG

Sehr geehrte Damen und Herren,

heute komme ich mit einem besonderen Anliegen auf Sie zu. Ich bitte Sie, den anhängenden Fragebogen (4 Seiten) auszufüllen und an *Frau Gebhart* per Hauspost weiterzuleiten oder bei ihr abzugeben - im geschlossenen Umschlag (liegt bei.). Ich hole mir alle Bögen bei ihr ab.

Wie komme ich zu dieser Bitte?

1. Im Jahr 1994 habe ich in Abstimmung mit Herrn Dr. Steinbach Ihr Beurteilungs- und Zielvereinbarungssystem entwickelt, welches seit 1995 bei Ihnen eingesetzt wird. Es ist nun nach 5 Jahren Anwendung sehr wichtig zu wissen, welche Erfahrungen Sie mit diesem System (Blatt A-D) an sich und der Anwendung in jährlichen Gesprächen gemacht haben - bzw. welche Anregungen Sie haben.

2. Weil es zu der o.g. Thematik kaum praxisrelevante Literatur gibt, aber der Bedarf groß ist, möchte ich mit meiner Dissertation hierzu Neues einbringen. D.h., Ihre ausgefüllten Bögen gehen direkt zu mir und verbleiben bei mir und Ihre Befragung/Beantwortung wird wissenschaftlich verwendet. Die Anonymität wird voll gewahrt. Die Geschäftsleitung von Burgmann erhält die Gesamtauswertung (von 140 Bögen), welche ich Ihnen in einer Infoveranstaltung ebenfalls präsentieren werde. Haben Sie also bitte keine Sorge, daß durch die Art der Fragen auch darauf gezielt sein könnte, herauszufinden, von wem welcher Fragebogen ausgefüllt wurde.

Nachdem die Fragebogenaktion zügig ablaufen soll, ist es erforderlich, daß Sie innerhalb einer Woche - also bis **spätestens Freitag, den 24.03.2000** den Fragenbogen (4 S.) im Briefumschlag abgeben. Antworten Sie bitte so offen und ausführlich wie möglich - nichts weglassen. Im Bedarfsfall rufen Sie mich an.

Herzlichen Dank.

- Josef M. Fersch -

Leistungsbeurteilung + Zielvereinbarung

(Anonyme Erhebung zu einer Dissertation)

I. Fragen an *Beurteiler* und *Beurteilte:*

Ich antworte hier als: ☐ Beurteiler ☐ Beurteilter

1. Durchführung der Mitarbeiterbeurteilung/des EZV*)-Gespräches

1.1 Wird bei der Erstellung der 1. Beurteilung (Blatt B) eine verbindliche Stellenbeschreibung als Soll-Basis verwendet? Ja ☐ Nein ☐

1.2 Werden aus der 1. Beurteilung und den jährlichen EZV-Gesprächen Ziele abgeleitet und vereinbart? (*)**EZV = Entwicklungs- u. Zielvereinbarung**) Ja ☐ Nein ☐

1.2.1 Sind diese Ziele sehr konkret formuliert (wer, was, wieviel, bis..., wo, womit....)? Ja ☐ Nein ☐

1.2.2 Werden auch Ziel<u>erreichungsmeßgrößen</u> abgeleitet, besprochen, vereinbart? Ja ☐ Nein ☐

1.2.3 Werden die Zielvereinbarungen jeweils nach 1 Jahr bzw. nach Projektende auf ihre Erreichung effektiv überprüft? Ja ☐ Nein ☐

1.3 Wird die Zielerreichung vom VG in der Regel bereits <u>vor</u> dem neuen EZV-Gespräch beurteilt? Ja ☐ Nein ☐

1.3.1 Wird diese Zielerreichungs-Beurteilung dem Mitarbeiter beim EZV-Gespräch zur Einsicht vorgelegt? (siehe: Positive Rückmeldungen und klärungsbedürftige Themen = Blatt D/oben) Ja ☐ Nein ☐

1.3.2 Werden die neuen Jahresziele vom VG bereits vor dem EZV-Gespräch formuliert? Ja ☐ Nein ☐

1.3.3 Wird der Mitarbeiter aufgefordert, selbst auch die Zielerreichung zu beurteilen bzw. selbst Ziele vorzuschlagen? Ja ☐ Nein ☐
ggfls. Bemerkung: ....

2. Betriebliche Umsetzung der Beurteilungsergebnisse

2.1 Für wie wichtig halten Sie generell die Beurteilung der <u>erbrachten</u> Leistung?

2.2 Für wie wichtig halten Sie die Beurteilung der möglichen Leistungs<u>fähigkeit?</u>

2.3 Kann man bei der Erstbeurteilung (Blatt B: Anforderungs- u. Qualifikationsvergleich) und den folgenden EZV-Gesprächen bei den Vorgesetzten klassische Beurteilungs*fehler* ausschließen (zu streng, zu mild, Mitte-Nivellierung, Vorurteile, Protektion, etc.)? Ja ☐ Nein ☐
ggfls. Bemerkung: ....

2.3.1 Wenn nein, was spricht Ihrer Meinung nach dagegen, eine Kontrolle bzgl. Beurteilungsfehler durchzuführen?
....

2.4 Wie hoch schätzen Sie die Akzeptanz des Beurteilungs- und EZV-Systems in Ihrem Betrieb ein?

2.5 Ist es für das Unternehmen wirtschaftlich vertretbar, jährlich 1 x <u>mit jedem</u> MA ein persönliches EZV-Gespräch zu führen?

2.6 **Wie schätzen sie die <u>Handhabung</u> des derzeit verwendeten Systems ein? (Blatt A-D)**

2.7 **Ist eine Veränderung im Beurteilungs<u>verfahren</u> (-ablauf) wünschenswert?** **Ja ☐ Nein ☐**
(Sollten zur Erleichterung z.B. Formulierungsbeispiele für Ziele oder die Gesprächsphasen auf Formblättern vorgedruckt sein usw.)

2.7.1 **Wenn ja, <u>wie</u> soll eine solche Veränderung aussehen? (Ergänzung/Kürzung)**

- **Im Teil A „Kurz-Stellenbeschreibung":** ....
  ....
- **Im Teil B „Anforderung und Qualifikation":** ....
  ....
- **Im Teil C: „Folgerungen für Einsatz und Förderung":** ....
  ....
- **Im Teil D: „Gespräch mit dem MA + Zielvereinbarungen":** ....
  ....
- **Im Teil D: „Finanzielle Vereinbarungen":** ....
  ....
- **Sonstiges:** ....

2.8 **Was spricht <u>für</u> eine <u>regelmäßige</u> systematische Beurteilung (Blatt B) - was <u>dagegen</u>?**

dafür + ____
____

dagegen - ____
____

2.8.1 **Welche jeweils 5 Merkmale sehen <u>Sie</u> als unabdingbare *„Schlüsselqualifikationen"* an ? (siehe Blatt B)**

a) für <u>Mitarbeiter</u>-Ebene
1 ________________________
2 ________________________
3 ________________________
4 ________________________
5 ________________________

b) für <u>Vorgesetzten</u>-Ebenen
1 ________________________
2 ________________________
3 ________________________
4 ________________________
5 ________________________

2.9 **Sehen Sie es für wichtig an, die Zielerreichung finanziell zu honorieren?** **Ja ☐ Nein ☐**
ggfls. Bemerkung: ....

2.10 **Sehen Sie es für wichtig an, daß die Ziel-Nichterreichung zu entsprechenden Konsequenzen führt?** **Ja ☐ Nein ☐**
ggfls. Bemerkung: ....

2.11 **Halten Sie es für erforderlich, die Erreichung der Anforderungsstufen (Blatt B) nicht nur einmalig, sondern jährlich dezidiert zu besprechen, und daraus *jährlich* die persönliche MA-Entwicklung abzuleiten?** **Ja ☐ Nein ☐**
ggfls. Bemerkung: ....

2.12 **Halten Sie es für erforderlich, daß auch der über dem beurteilenden direkten Vorgesetzten stehende, <u>höhere Vorgesetzte</u> die Beurteilungen vorgelegt bekommt und ebenfalls unterzeichnet?** **Ja ☐ Nein ☐**
ggfls. Bemerkung: ....

2.13 **Soll dieser <u>übernächste Vorgesetzte</u> auch ein *Vetorecht* gegen die Einstufungen und Zielvorgaben des direkten Vorgesetzen haben?** **Ja ☐ Nein ☐**
ggfls. Bemerkung: ....

2.14 Werden in Ihrer Firma auch die Vorgesetzten von ihren Mitarbeitern beurteilt? Ja ☐ Nein ☐

2.14.1 Halten Sie es für sinnvoll, daß in Ihrer Firma auch die VG von den MA`n beurteilt werden? Ja ☐ Nein ☐
ggfls. Bemerkung: ....

2.15 Halten Sie es für:

richtig	notwendig	unnötig	zu aufwendig

bitte ankreuzen
daß der beurteilte MA eine Stellungnahme zu seiner Beurteilung/seinem EZV-Gespräch abgibt, die dort vermerkt oder angehängt wird?
ggfls. Bemerkung: ....

2.16 Sind Sie der Meinung, daß wenigstens halbjährlich ein sog. Mitarbeitergespräch mit jedem Mitarbeiter geführt werden sollte? Ja ☐ Nein ☐
ggfls. Bemerkung: ....

→

2.17 Beurteilungen und EZV-Gespräche sind sehr wichtig und erforderlich zur Optimierung der (des):

	Rang I→V
1. Personaleinsatzsteuerung	
2. Personalführung individuell/ insgesamt	
3. Mitarbeitermotivation	
4. Zusammenarbeit VG/MA	
5. Gerechten Entgeltfindung	
6. Personalförderung	
7. MA-Eigenentwicklung	
8. Informationsaustausches	
9. Beziehung VG/MA	
10. Arbeitsgruppeneffektes (Teamförderung)	
11. Führung durch Zielvereinbarung (MbO)	
12. Entlastung der Vorgesetzten	
13. Bindung von Mitarbeitern an das Unternehmen	
14. Nachwuchsförderung	
15. Personalfreisetzungsplanung	

a) Suchen Sie bitte die, für Sie wichtigsten 5 Kriterien heraus und setzen Sie diese in die Ränge I. → V.

b) Wenn Sie wollen, dann fahren Sie fort und setzen die restlichen 10 Kriterien in die Ränge VI. → XV.

II. Fragen an *Beurteiler:*

1. Persönliche Fragen

1.1 Sie haben Ihre MA 1 x beurteilt und führen nun jährlich EZV-Gespräche durch. Wie hoch schätzen Sie die Akzeptanz der Erfüllungsgrade von Anforderungen (Blatt B) ein, die Sie bei der Erstbeurteilung Ihren Mitarbeitern zugeordnet haben?

1.2 Wie lange dauern Ihre EZV-Gespräche etwa im Durchschnitt? bitte ankreuzen
☐ 20 Min. ☐ 30 Min. ☐ 45 Min. ☐ 60 Min. ☐ 90 Min. ☐ 120 Min. und länger.

1.3 Was schätzen Sie, wie weit akzeptieren Ihre Mitarbeiter den Verlauf und das Ergebnis der EZV-Gespräche?
....

1.4 Was würden Sie am EZV-Gesprächsablauf ändern wollen?
....
....

1.5 **Was ist über 1.4 hinaus generell oder speziell erforderlich, damit eine höhere Akzeptanz der Beurteilungsergebnisse und EZV-Gespräche erreicht werden kann?**

....

....

III. Fragen an *Beurteilte:*

1. Persönliche Fragen

1.1 Sie wurden einmalig von Ihrem direkten VG beurteilt (Blatt B).
Wie weit akzeptieren Sie Ihre persönliche Beurteilung?
(Siehe Blatt B: Anforderungs- und Qualifikationsvergleich) ....

1.2 Es wird mit Ihnen regelmäßig ein EZV-Gespräch geführt?
Wie lange dauern diese Gespräche etwa im Durchschnitt? bitte ankreuzen
□ 20 Min. □ 30 Min. □ 45 Min. □ 60 Min. □ 90 Min. □ 120 Min. und länger.

1.3 Wie weit akzeptieren Sie den Verlauf und das Ergebnis der jährlichen EZV-*Gespräche* insgesamt?

1.3.1 Konnten Sie Ihre Meinung, Erwartungen etc. in den Gesprächen zufriedenstellend einbringen? Bemerkung? .... Ja □ Nein □

1.4 Wurden mit Ihnen Folgerungen (Blatt C) für Ihren weiteren Einsatz und Ihre Förderung vereinbart? Ja □ Nein □

1.4.1 Wie weit akzeptieren Sie diese Folgerungen?

1.5 Wurden mit Ihnen klare, realistische, akzeptable Ziele vereinbart - einschl. Kontrollkriterien ? Ja □ Nein □

....

1.5.1 Wie weit akzeptieren Sie die mit Ihnen getroffenen Zielvereinbarungen auch innerlich?

1.5.2 Hätten Sie sich eher andere Ziele gewünscht? Ja □ Nein □
ggfls. Bemerkung:..

1.6 Was würden Sie am gesamten Jahres-EZV-Ablauf ändern wollen?

....

....

IV. Was ich noch sagen wollte, ist:

....

....

Statistische Hilfen für die Auswertung in der Dissertation:

Ihr Alter bitte:	bis 20 J.	bis 30 J.	bis 40 J.	bis 50 J.	bis 60 J.
Betriebszugehörigkeit:	bis 5 J.	bis 10 J.	bis 20 J.	bis 30 J.	über 30 J.
Lehre in der Firma	Ja □	Nein □			
Schulabschluß:	Hauptschule	Mittlere Reife	Abitur o.ä.		
Studium:	Ja □	Nein □			
Sind Sie MA'n vorgesetzt?	Ja □	Nein □			

Danke für Ihre Mühe!
Josef M. Fersch

Übersicht der Antworten

zu 1.1.:
weiß nicht ·

zu 1.2.1:
Balanced Scorecard ist besser ·

zu 1.2.2:
wenn möglich

zu 1.3.1:
Mit ihm diskutiert ·

zu 1.3.2:
zum Teil ·

zu 1.3.3:
Beim ZVG · 1.3 Bei Zielerreichung wird Vorgesetzter (VG) von mir informiert; · Selbst Ziele vorschlagen · Zusätzliche Ziele, Hauptziele werden vorgegeben · Mitarbeiter soll ca. vier Ziele vorschlagen und die Zielerreichung nachweisen · Selbst Ziele vorzuschlagen ja, selbst die Zielerreichung zu beurteilen, nein · teils, teils ·

zu 2.3:
Beurteilung erfolgt subjektiv · Evtl. zu wenig Erfahrung in Beurteilung · Kapazität wird nicht berücksichtigt · Man spricht darüber · Ist nicht absolut auszuschließen · Ist von Abteilung zu Abteilung nicht nivelliert · Beurteilungen sind immer subjektiv · Punkte werden miteinander besprochen · ja, jedoch nicht zu 100 % · Individuelle Beurteilung · Mitarbeiter (MA) die gezielt gesucht bzw. angefordert werden – immer Beurteilungsbonus · sehr subjektiv ·

zu 2.3.1:
nichts · Die Kontrolle ist möglicherweise ebenso subjektiv · Welcher Maßstab soll angesetzt werden? Wer soll mit wem verglichen werden? · Das Gespräch ist persönlich und vertraulich · Fehlende Sachkenntnisse · nichts · Zeitaufwand · Fehlende Einsicht · Die Kontrolle erfolgt durch Unterschrift des nächsten VG · nichts · möglicherweise zu aufwendig · nichts · nichts · einverstanden · Auch eine Kontrolle von Beurteilungsfehlern wäre subjektiv · Verunsichert den VG noch mehr · Es liegen keine Kandidatenprofile vor, aus denen Abweichungen zum Soll(Anforderung) der Stelle hervorgehen. Blatt B Erfüllungsgrad · Nichts, aber wer solle diese Kontrolle durchführen · Subjektivität des Beurteilers, Maßlatte ist der Beurteiler – sollte der Beurteilte sein · Wer? Wie? · In vielen Bereichen gibt es Anforderungen, die schwer messbar sind und oft wird die Bewertung durch den eigenen Stil des Vorgesetzten beeinflusst · Der Aufwand · Zeitnot, längere Beobachtungszeit unter gleichen Voraussetzungen notwendig · Ihre Frage · Kontrollinstanz · Kompetenz des Vorgesetzten, technisch und menschlich? ·

Wer sollte dies tun? · Sehr subjektiv, Leistung nicht messbar · Wenn ein Vorgesetzter schon Probleme bei der Beurteilung hat, wie soll dann die Kontrolle aussehen, hat der Kontrolleur überhaupt Einblicke in die Fähigkeiten ·

zu 2.6:
Verbesserungsfähig ·

zu 2.7.1: (Sonstiges)
Der VG kann die Unterteilungen nicht abgrenzen! · Alle Formulare im PC und nicht von Hand ausfüllen. Dabei natürlich Datensicherheit bzw. Zugangsberechtigung klären · Das Beurteilungsverfahren soll erst einmal getestet werden, bevor weitere Änderungen kommen · Das Ausfüllen per Hand ist sehr zeitaufwendig · Weiterbildungsmöglichkeiten zu wenig berücksichtigt · Forderungen des AG bestimmen das Gespräch, Vergütung des AN ist nur noch lästige Nebensache ·

zu 2.7.1: (Teil A:)
Vereinheitlichung abteilungsübergreifend · Kürzung ab Punkt 3 · ist o.k. · Präziser formulieren · Nach der Erstbeurteilung eingedruckt für folgende Jahre · Meistens eigene beigelegt, Formblatt eigentlich unnötig · Istzustand; wird abgehackt da sich nichts ändert · Personelle Eigenschaften des MA mehr berücksichtigen · Die Stellenbeschreibung sollte vorhanden sein und vom Vorgesetzen erstellt werden (nicht vom Mitarbeiter) ·

zu 2.7.1: (Teil B)
Genauere Beschreibung der Merkmale (separates Blatt, Arbeitskopie) · o.k. · Anforderungen besser formulieren (Profil), Abgleich mit Mitarbeiterprofil zur Aufdeckung von Defiziten oder Überqualifikation · Punkt 1 Fachliche Fähigkeiten erweitern · wird erhöht, Folge: Stress · Anforderungen für die meisten Stellen sehr unterschiedlich, Vergleiche kaum möglich, Zeugnisse und Beurteilungen für Qualifikation zu „mager“ ·

zu 2.7.1: (Teil C)
unnötig · Kürzung (z. B. bei 3.) · Mehr Vorbereitung des Beurteilenden · C 1 wurde aus Bogen entfernt · Förderung nur bei Freizeit, Opfer und teilweise Kostenübernahme · Mehr individuelle Förderungsmaßnahmen für MA → nicht jeder kann alles → nicht jeder voll ersetzt/austauschbar · Förderungsmaßnahmen sollen auch durchgeführt werden (und durchführbar sein ⇒ zeitlich) ·

zu 2.7.1: (Teil D): Gespräch
Wird über BSC abgedeckt · Mehr „Kleinziele“, Bessere Kontrollzyklen, mehr Raum! · Bessere Schulung/Vorbereitung für MA + VG, zu viel eigene Interpretation möglich · Nicht laufend während des Jahres neue zusätzliche Aufgaben und Ziele definieren ·

zu 2.7.1: (Teil D) Fin.
Trennung in eigenen Gesprächsterminen dafür · Verstärken · Sollte vor der Bedarfsplanung erfolgen · Die finanziellen Vereinbarungen entsprechen nicht den erreichten Zielen · Mögliche Beteiligung an Umsatz/Ertrag · Heute wird der Gehaltsfrage nur noch ½ % der EZV-Zeit zugestanden. · Mehr Rücksicht auf persönliche Erfolge, keine anschl. Beurteilung und finanzielle Vergütung auf Gruppen-/Abteilungserfolg · Gerechte, einheitliche Regelung (z. B. Firmenwagen) · Gibt es Vereinbarungen nach dem ersten Gespräch? Ab dem zweiten Gespräch wird von der GF ohnehin alles vorgegeben ·

zu 2.8: dafür:
Löst von Details, erweitert Blick auf Gesamtaufgabengebiet · Motivation; wissen wo man steht · Zeit für ein Gespräch mit dem Vorgesetzten · Meinungs- und Gedankenaustausch in ruhiger Atmosphäre · bessere Kontrolle, Anpassung an äußere Rahmenbedingungen möglich · klare Einschätzung, Vermittlung der Ziele · Leistungskontrolle; die VGn sehen die erbrachte Leistung · Neuerworbene Fähigkeiten, Persönlichkeitsänderungen · Einzige existente Kontrolle über das Niveau der geleisteten Arbeit · Austausch der gegenseitigen Vorstellungen, Zeit für offenes Gespräch · Klare Definition der Aufgabenstellung, individuelle Bewertung · nichts · gerechtere Beurteilung · Ansporn um Ziele zu erreichen · Rückmeldung Zielerreichung/Karriereplanung · Leistungsgerechte Einstufung, Bezahlung, Planung von Schulung/Weiterbildung · Man ist immer auf dem aktuellen Stand. Bessere und schnellere Einflussmöglichkeit bei Abweichungen · Festlegen der Anforderungen im ersten Gespräch, selten danach Anpassungen · Feedback, Wertschätzung, Systematik · Transparenz · Der Mitarbeiter weiß, wo er steht bzw. erfährt, was er besser machen kann · Vergleich von mehreren Jahren; Leistungseinbrüche werden erfasst und bewertet; Motivation für Leistungssteigerung; Erkennen des Leistungsstandes · Bessere Verfolgung der Ziele · bei nicht momentaner Erreichung – von Wirtschaftslage abhängig, aktueller Stand · Verfolgung der Ziele; Statusüberprüfung · Es werden klare Verhältnisse geschaffen · Guter Durchschnitt über das ganze Jahr · Nach Fortbildung sollte eine neue Beurteilung stattfinden · Defizite erkennen, Abhilfemaßnahmen ergreifen · Leistungsüberblick, theoretische Förderungsmöglichkeit · Guter Vergleich von Leistung und Entgelt · Kontinuierliche Standortbestimmung und Reflektion. Ansonsten gäbe es evtl. gar keine MA-Gespräche · Beurteilter soll wissen wo er steht · Kontrolle auf Weiterbildungsmaßnahme · wird praktiziert · Wird jedes Jahr überprüft auf das Ziel · Bessere Überprüfung/Feststellung von Leistung und Arbeitsbelastung · gerechtere, überprüfbare, objektivere Beurteilung, mehr Motivation, mehr Zielstrebigkeit, oft variieren Ziele während eines Jahres durch Marktänderungen, dann Anpassung nötig · aus der Personal-Nr. wird ein Mitarbeiter · zwingt zur Auseinandersetzung mit der Person und zur Formulierung der Gedanken · Der Mann weiß wo man steht · bessere Erkenntnis über tatsächlichen Leistungsstand · Diskussion über Veränderungen im Anforderungsprofil/Erfüllungsgrad · Ablauf- und

Erfüllungsüberwachung · Aktueller Leistungsstand · jährliche Statusbestimmung, gute Information · Formulierung von Zielen fürs laufende Jahr, Schwerpunkte setzen · „Zwang" zu Gespräch über Leistungsstand · Es muss regelmäßig ein Gespräch geführt werden · Der Vorgesetzte muss wenigstens ein mal im Jahr die Leistung beurteilen · Eigenkontrolle des Leistungsniveaus ·

zu 2.8: dagegen:
nichts · Weder Gehalt noch werden durch den Fragebogen und der Zielerreichung beeinflusst → überflüssig · Zeitaufwand, sich schnell ändernde Rahmenbedingungen, kaum einheitliche und gerechte Beurteilung möglich, Messgrößen schwierig · zu ungenau, keine Prüfung ob Ziele erreichbar sind · Zeitaufwand · zu hoher Zeitaufwand · ständiger Druck · nichts · kaum bzw. keine Veränderungen der Anforderungen · Aufwand · Leistungsdruck erhöht, evtl. bis zur Überbeanspruchung; Konkurrenzverhalten innerhalb der Abteilung; Demotivation anstelle Motivation · Zeitaufwand · Kaum Gewichtungen berücksichtigt · Beurteilungsqualität ist zweifelhaft. Überqualifikation des Stelleninhabers kann zum Verlust dieses Mitarbeiters führen · Zeitaufwand, Zielumsetzungsprobleme · nichts · nichts · nichts · Zeitaufwand · Oft ist Instrument nur „Bestätigung" des Eindruckes vom VG · nichts, wenn die Beurteilung zum Dialog wechselt · zeitmäßiger Aufwand, Ablehnung durch MA durch ständigen Druck beobachtet zu werden, groß · Nasenfaktor · Zeitaufwand · nichts · Durch häufiges „Muss", Nivellierung zur Mitte · Blatt B ändert sich spätestens nach dem dritten Durchlauf nicht mehr · Zeitaufwand; Frust durch offensichtliche Ungleichbehandlung · eigentlich nichts, außer wenn das Gespräch für den VG nur notwendiges Übel ist · Subjektivität · Arbeitstempo, Schnelligkeit ·

zu 2.8 1: a)

1. Produktionskenntnis · Genauigkeit · Einsatzbereitschaft, Initiative · Einsatzbereitschaft, Initiative · fachliche Fähigkeit · Problemverständnis · Problemverständnis · Flexibilität · Ausdauer, Belastbarkeit, Ausgeglichenheit · Problemverständnis · Fachliche Kompetenz · Problemverständnis · Ausdauer, Belastbarkeit, Ausgeglichenheit · Problemverständnis · Teamfähigkeit · Fremdsprachen · Ausbildung, Dipl.-Ing. · Effektives Arbeiten, Systematik und Arbeitstempo · Fachliche Kompetenz · Fachliche Fähigkeit · Kooperationsbereitschaft · Problemverständnis · Flexibilität · Einsatzbereitschaft · Einsatzbereitschaft · Problemverständnis · Fachlich · Problemverständnis · Problemverständnis · Kooperationsbereitschaft, Teamfähigkeit · Teamfähigkeit · Flexibilität · Problemverständnis · Problemverständnis · Technischer, allgemeiner Background · Teamfähigkeit · Genauigkeit, Qualität · Fachliche Fähigkeiten „Handwerkszeug · Ausbildung · Fachliche Fähigkeiten · Problemverständnis · Loyalität und Einsatzbereitschaft · allgemein technische Grundkenntnisse · Problemverständnis · Problemverständnis · Fachliche Fähigkeiten · Fachliche Fähigkeiten · Problemverständnis · Technische Ausbildung ·

2. Markterkenntnis · Strukturiertes Arbeiten · Genauigkeit · Problemverständnis · Problemverständnis · Überzeugungskraft, Sprachlicher Ausdruck · Flexibilität, Beweglichkeit · Einsatzbereitschaft · Einsatzbereitschaft · Kreativität · Einsatzbereitschaft · Planvolles Arbeiten · Problemverständnis · Kreativität · Einsatzbereitschaft · Problemverständnis · Fremdsprachen · Einsatzbereitschaft, Initiative · Flexibilität · Gesamter Punkt 2 · Einsatzbereitschaft · Planvolles Arbeiten, Systematik · Einsatzbereitschaft · Teamfähigkeit · Teamfähigkeit · Genauigkeit, Qualität der Leistung · Problemverständnis · Einsatzbereitschaft · Einsatzbereitschaft · Einsatzbereitschaft, Initiative · Kommunikationsfähigkeit · Einsatzbereitschaft · Flexibilität · Einsatzbereitschaft · Selbständigkeit · Rücksicht · Systematik · Kommunikationsfähigkeit · Kenntnisse intern · Problemverständnis · Flexibilität · Fachwissen · Marktkenntnisse/Ausland · Einsatzbereitschaft · Einsatzbereitschaft · Problemverständnis · Problemverständnis · Kreativität · Erfahrung in der Dichtungstechnik ·

3. Einsatzbereitschaft · Stehauf-Männchen · Ausdauer, Belastbarkeit, Ausgeglichenheit · Flexibilität · Einsatzbereitschaft · Ausdauer, Belastbarkeit, Ausgeglichenheit · Planvolles Arbeiten · Planvolles Arbeiten · Flexibilität, Beweglichkeit · Einsatzbereitschaft · Planvolles Arbeiten · Flexibilität, Beweglichkeit · Kreativität, Vorstellungskraft · Einsatzbereitschaft · Flexibilität · Einsatzbereitschaft · Teamfähigkeit · Belastbarkeit, Ausgeglichenheit · Einsatzbereitschaft · Motivationsfähigkeit · Planvolles Arbeiten · Kooperationsbereitschaft · Problemverständnis · Problemverständnis · Qualität der Leistungen · Kreativität · Flexibilität, Beweglichkeit · Arbeitstempo, Schnelligkeit · Planvolles Arbeiten · Problemverständnis, -durchdringung (sachbezogen= · Kritikfähigkeit – Fähigkeit zu Kritisieren · Arbeitstempo oder Ausdauer · Initiative · Planvolles Arbeiten, Systematik · Leistungsbereitschaft · Fleiß · Flexibilität · Belastbarkeit (Kritik + Entwicklungsfähigkeit · Flexibilität · Einsatzbereitschaft · Ausdauer, Belastbarkeit · Wille, sich weiter zu entwickeln · Sprachkenntnisse Ausland · Genauigkeit · Arbeitstempo · Flexibilität · Flexibilität · Kooperationsbereitschaft · Flexibilität, Beweglichkeit ·

4. Kooperationsbereitschaft · Flexibilität, Beweglichkeit · Planvolles Arbeiten, Kooperationsbereitschaft, Teamfähigkeit · Ausdauer · Kooperationsbereitschaft, Teamfähigkeit · Kreativität, Vorstellungskraft · Problemverständnis · Kreativität, Vorstellungskraft · Qualität und Menge der Leistung · Genauigkeit · Arbeitstempo, Schnelligkeit · Einsatzbereitschaft · Planvolles Arbeiten · Genauigkeit · Genauigkeit · Überzeugungskraft · Teamfähigkeit, Kooperation · Teamfähigkeit · Flexibilität · Qualität der Leistungen · Genauigkeit · Arbeitstempo · 1.2 · Kreativität, Vorstellungskraft · Kooperationsfähigkeit · Teamfähigkeit · Flexibilität, Beweglichkeit · Einsatzbereitschaft · Qualität · Belastbarkeit · Zielsetzungs- und Durchsetzungsvermögen · Teamfähigkeit · Teamfähigkeit · Flexibilität · Ausdauer ·

Genauigkeit, Qualität der Leistung · Kooperationsbereitschaft · Teamfähigkeit · Schnelligkeit · Ausdauer, Belastbarkeit · Ausdauer · Überzeugungskraft · Initiative · Überzeugungskraft · Einsatzbereitschaft, Initiative ·

5. Flexibilität · Planvolles Arbeiten · Belastbarkeit · Zielsetzungsvermögen · Zielsetzungs- und Durchsetzungsvermögen · Kooperationsbereitschaft · Arbeitstempo, Schnelligkeit · Motivationsfähigkeit · Motivationsfähigkeit · Kooperationsbereitschaft, Teamfähigkeit · Planvolles Arbeiten · Genauigkeit · Belastbarkeit · Kooperationsbereitschaft · Initiative · Motivationsbereitschaft · Belastbarkeit · Flexibilität · Kooperationsbereitschaft · Flexibilität · Kooperationsfähigkeit · Arbeitstempo, Schnelligkeit · Flexibilität, Beweglichkeit · Qualität der Leistung · Überzeugungskraft, sprachlicher Ausdruck · Initiative · Teamfähigkeit · Teamfähigkeit · Überzeugungskraft · Englisch · Kooperation und Teamfähigkeit · EDV · Ausdauer · Einsatzbereitschaft · Verantwortungsbewusstsein · Teamfähigkeit · Kooperationsbereitschaft · Qualität der Leistung · Kooperationsbereitschaft, Teamfähigkeit · Teamfähigkeit · Motivationsfähigkeit · Genauigkeit, Qualität der Leistung ·

zu 2.8.1 b)

1. Motivationsfähigkeit · Delegationsvermögen → nicht nur Arbeit, sondern auch Verantwortung und Entscheidungsvollmacht · Motivationsfähigkeit · Kooperationsbereitschaft, Teamfähigkeit · Fachliche Fähigkeit · Problemverständnis · Delegationsvermögen · Delegationsfähigkeit · Delegationsvermögen · Belastbarkeit → rationelle Beurteilung (kann in Überlastung ausarten) · Mitarbeiterförderungsbereitschaft · MA fördern · Delegationsvermögen · Motivationsfähigkeit · Delegationsvermögen · Ausbildung Dipl.-Ing. · Überzeugungskraft, Motivation · Motivationsfähigkeit · Fachliche Fähigkeit · Motivationsfähigkeit · Delegationsvermögen · Motivationsfähigkeit · Motivationsfähigkeit · Motivationsfähigkeit · Überzeugungskraft, Sprachlicher Ausdruck · Flexibilität · Motivationsfähigkeit · Motivationsfähigkeit · Kommunikationsfähigkeit · Überzeugungskraft, Sprachlicher Ausdruck · Delegationsvermögen · Delegationsvermögen · Mitarbeiterführung statt Dienstreisen · Flexibilität · Verantwortung (Führungsv.) übernehmen · Problemverständnis · Fachliche Fähigkeit · Motivationsfähigkeit · Delegationsvermögen · Beurteilungsvermögen · Fachliche Fähigkeit · Motivationsfähigkeit · Ehrlichkeit ·

2. Delegationsvermögen · Motivation · Beurteilungsvermögen · Belastbarkeit · Problemverständnis · Ausdauer, Belastbarkeit, Ausgeglichenheit · Motivationsfähigkeit · Motivationsfähigkeit · Motivationsfähigkeit · Planvolles Arbeiten · Zielsetzungs- und Durchsetzungsvermögen · Kommunikationsverhalten · Motivationsfähigkeit · Kritikfähigkeit · Motivationsfähigkeit · Fremdsprachen · Belastbarkeit, Ausgeglichenheit in Stresssituationen · Zielsetzungs- und Durchsetzungsvermögen · Problemverständnis · Organisationsfähigkeit · Motivationsfähigkeit · Beurteilungsver-

mögen · Teamfähigkeit · Zielsetzungs- und Durchsetzungsvermögen · Planvolles Arbeiten · Motivationsfähigkeit · Beurteilungsvermögen · Beurteilungsvermögen · Mitarbeiternähe · Planvolles Arbeiten · Motivationsfähigkeit · Führungstätigkeit · Vorbild am Arbeitsplatz · Teamfähigkeit · Loyalität · Kreativität · Kreativität · Mitarbeiterförderungsbereitschaft · Motivationsfähigkeit · Problemverständnis · Delegationsvermögen · Beurteilungsvermögen · Beurteilungsvermögen ·

3. Zielsetzungsvermögen, Durchsetzung · Zielsetzungs- und Durchsetzungsvermögen · Beurteilungsvermögen · Kreativität · Kooperationsbereitschaft · Beurteilungsvermögen · Kooperationsfähigkeit · Beurteilungsvermögen · Teamfähigkeit · Motivationsfähigkeit · Perspektiven aufzeigen · Beurteilungsvermögen · Teamfähigkeit · Beurteilungsvermögen · Motivationsfähigkeit · Mitarbeiterförderungsbereitschaft · Fachliche Fähigkeiten · Kooperationsbereitschaft · Delegationsvermögen · Beurteilungsvermögen · Mitarbeiterförderungsbereitschaft · Teamfähigkeit · Ausdauer, Belastbarkeit, Ausgeglichenheit · Beurteilungsvermögen · Zielsetzungsvermögen · Mitarbeiterförderungsbereitschaft · Kritikfähigkeit · Delegationsvermögen · Kreativität, Vorstellungskraft · Teamfähigkeit · Lächeln · Motivationsfähigkeit · Motivationsfähigkeit · Motivationsfähig · Überzeugungskraft · Zielsetzungs- und Durchsetzungsvermögen · Beurteilungsvermögen · Delegationsvermögen · Beurteilungsvermögen · Delegationsvermögen · Einfühlungsbereitschaft ·

4. Personalführung · Überzeugungskraft · Mitarbeiterförderungsbereitschaft · Motivationsfähigkeit · Motivationsfähigkeit · Mitarbeiterförderungsbereitschaft · Planvolles Arbeiten · Mitarbeiterförderungsbereitschaft · Einsatzbereitschaft · 3.1 · Visionär sein · Mitarbeiterförderungsbereitschaft · Delegationsvermögen · Beurteilungsvermögen · Mitarbeiterförderungsbereitschaft · Durchsetzungsvermögen · Mitarbeiterförderungsbereitschaft · Motivationsfähigkeit · Zielsetzungsvermögen · Ausdauer, Belastbarkeit, Ausgeglichenheit · Zielsetzungs- und Durchsetzungsvermögen · Überzeugungskraft · Delegationsvermögen · Zielsetzungs- und Durchsetzungsvermögen · Mitarbeiterförderung · Ausdauer, Belastbarkeit, Ausgeglichenheit · Bereitschaft zu Vertrauen · Motivationsfähigkeit · Problemverständnis · Leistungswillen und -fähigkeit · Information von oben nach unten permanent · Fachliche Fähigkeit · Beurteilungsvermögen · Beurteilungsvermögen · Delegationsvermögen, Beurteilungsvermögen · Delegationsvermögen · Mitarbeiterförderungsbereitschaft · Vorstellungskraft · Mitarbeiterförderungsbereitschaft · Fachliche Fähigkeit · Flexibilität, Beweglichkeit ·

5. Einsatzbereitschaft · Einsatzbereitschaft · Problemverständnis · Zielsetzungsvermögen · Beurteilungsvermögen · Zielsetzungs- und Durchsetzungsvermögen · Zielsetzungs- und Durchsetzungsvermögen · Tempo · Beurteilungsvermögen · Ziele setzen · Zielsetzungs- und Durchsetzungsvermögen · Durchsetzungsvermö-

gen · Zielsetzung, Fähigkeit ein Beurteilungsgespräch sachlich-kritisch und motivierend zu führen · Delegationsvermögen · Planvolles Arbeiten, Systematik · Teamfähigkeit · Mitarbeiterförderungsbereitschaft · Einsatzbereitschaft · Kooperationsbereitschaft · Delegationsfähigkeit · Mitarbeiterförderungsbereitschaft · Ausdauer, Belastbarkeit, Ausgeglichenheit · Delegationsvermögen · Überzeugungskraft, sprachlicher Ausdruck · Motivationsbereitschaft · Zielsetzungs- und Durchsetzungsvermögen · Kooperationsbereitschaft · Menschenkenntnis und Konfliktbearbeitung · Flexibilität · Mitarbeiterförderungsbereitschaft · Zielsetzungs- und Durchsetzungsvermögen · Beurteilungsvermögen · Zielsetzungs- und Durchsetzungsvermögen · Teamfähigkeit · Zielsetzungs- und Durchsetzungsvermögen · Teamfähigkeit !! · Überzeugungskraft, sprachlicher Ausdruck ·

zu 2.9:
hängt von der Definition der Ziele ab · Trotz allg. guter Leistung wird manches Ziel nicht erreicht · wenn sie vom jeweiligen MA wirklich beeinflussbar ist · Wie soll man sonst mehr verdienen. Sonst Benachteiligung für Tarifangestellte! · Ist bereits geplant i. R. eines Balanced Score Card Systems · Als zusätzliche variable Größe zu generellen Zielen (Umsatz, Gewinn) · ja + nein; ja bei überdurchschnittlichem Erreichen · Bisher wurde das Gehalt festgelegt, bevor das Gespräch stattfindet · Bestrafungen vermeiden · Es gibt bessere Belohnungsmethoden · Motivation · Sehr von der Art der Ziele und der Beeinflussbarkeit des Zieles durch den MA abhängig · Das Tagesgeschäft stellt auch viele Ziele dar · Eine Bewertung ergibt die Antwort - nicht jedes Ziel ist gleich · ja, aber leider nicht bei jedem machbar, da nicht direkt am Verkauf dran (nur technische Hilfsmittel für Töchter) · wenn rechenbar · je nach Wertigkeit des Ziels ·

zu 2.10:
hängt von der Definition der Ziele ab · Oft werden Ziele von Vorgesetzten vorgegeben und sind nicht realisierbar. Da das Gespräch keine Bedeutung hat, ist es auch wurst · Ziel-Nichterreichung liegt nicht am Mitarbeiter · Besitzstandswahrung beachten! · Kann nicht pauschal beantwortet werden · Wenn der MA dies zu vertreten hat · Maßnahmen zur Schulung/Motivierung · Man muss die Umstände betrachten · Konsequenzen bezüglich Aufklärung, warum das Ziel nicht erreicht wurde · z. T. hat man selbst keine Einflussmöglichkeiten direkt auf die Zielerreichung; sonst JA! · siehe 2.9 finanziell · Ausgewogen! Es gibt durchaus Begründungen für Nichterreichung, die vor dem EZV anzuzeigen sind · Die Gründe für die Ziel-Nichterreichung sollten ergründet werden · Gespräche führen, Hilfestellung anbieten · Hinterfragung warum Nichterreichung · Hintergrund klären, z. B. durch Überlastung Ziel nicht erreicht · muss sehr genau überprüft werden · Kommt auf die Gründe der Ziel-Nichterreichung an · Nicht bei einmaligem Nichterreichen · nur dann, wenn Ziele trotz Unterstützung des VG nicht erreicht wurden · Was sind „entsprechende Konsequenzen"? · Es muss ergründet werden warum · Suche nach Ursachen, Abstellen für nächstes Jahr · Welche

Konsequenzen? · Das Tagesgeschäft ist viel wichtiger, ein verpasstes Ziel nachrangig, kann aufgeschoben werden · z. B. Weiterbildung, Überprüfung der Ziele · Außer bei angeordneter Umdisponierung · Bei Berücksichtigung aller Gründe · Es könnten ja wirtschaftliche Gründe sein, diese nicht vorher zu erkennen · Kommt auf die Konsequenzen an · Gespräch, Begründung · welche Konsequenzen? ·

zu 2.11:
kann sich ändern · wird so praktiziert · Vielleicht alle zwei bis drei Jahre · wird auch praktiziert · wir machen dies jedes Jahr · bisher so gehandhabt · mindestens gemeinsame Durchsicht · Blatt B ändert sich spätestens nach dem dritten Durchlauf nicht mehr · Nur wenn der Aufgabenbereich geändert wird ·

zu 2.12:
Sonst weiß er nicht was los ist · Die Kontrolle erfolgt durch Unterschrift des nächsten VG · Kann kaum entscheiden, da zu wenig Info · Kann kaum entscheiden, da zu wenig Info · wird so gehandhabt · Unterzeichnen alleine reicht nicht · ist gegeben · Keinen direkten Kontakt zum Mitarbeiter · bei Problemfällen · nur falls vom MA gewünscht ·

zu 2.13:
nicht generell · Es muss vorher geklärt sein · Er sollte das Recht haben, Vorschläge zu machen bzw. evtl. andere Beurteilungen zu geben · Nicht grundsätzlich, es muss aber die Beschwerdemöglichkeit mit Kompromissfindung gewährt sein · nur bei Differenzen · Zielvorgaben sollten vor dem MA-Gespräch bereits abgestimmt sein · bedingt · Er pflegt sonst auch keinen Kontakt · „Nasenfaktor“ darf nicht bestimmend sein · In beide Richtungen · evtl. Schiedsrichterfunktion · Hat keine Detail-Infos, sieht nur Kostenreduzierung · bei Problemfällen ·

zu 2.14:
Nicht offiziell ·

zu 2.14.1
Teilweise wird dies im Gespräch durchgeführt – jedoch nicht strukturiert · Pauschal in Umfange MA-Zufriedenheit · sollte auf jeden Fall durchgeführt werden · jedoch ein Versuch wagen · Beim Zielvereinbarungsgespräch lässt sich vieles klären · Auch VGe sollen wissen, wie sie gesehen werden · Auch für CG ist Feedback nötig · Aber anonym um objektive Beurteilung des MA zu gewährleisten · Manche VG leben sonst im machtrauschenden „Ivory Towers“ · unpopuläre Maßnahmen werden oft persönlich genommen · Sachlich ja, menschlich nein, Vorgesetzte vertragen selten die Wahrheit · Da keine Konsequenzen aus dieser Beurteilung gezogen werden · Warum nicht? ·

zu 2.15:
nur mündlich im jährlichen Gespräch · falls keine Einigkeit erreicht wird · Zielvereinbarungen werden/müssen von beiden Seiten getragen werden · Außer im Fall ei-

nes Dissenses · falls keine Einigung erzielt wird · Wenn unterschiedlicher Meinung · Im Zweifel als Anhang für Personal · Wenn der MA dies wünscht und kein Konsens gefunden werden kann · Wenn der MA nicht einverstanden ist! · wird unterschrieben (oder auch nicht) · Beurteilung wird im Konsens erstellt · Die Formulierungen werden gemeinsam erfasst · Beurteilung soll gemeinsam stattfinden · Allgemein zu aufwendig, aber die Möglichkeit sollte bestehen · Beide Seiten fanden einen Kompromiss · Dies wäre nur dann notwendig, wenn im Gespräch kein Konsens gefunden wird – Einzelfall · Beurteilung findet im Konsens statt ·

zu 2.16:
nur 1 x jährlich · 1 x jährlich oder 2 x im Bedarfsfall · vielleicht sogar ¼-jährlich · evtl. als Meilenstein · zur Erhöhung der Fortentwicklung notwendig · 1-mal im Jahr genügt · 1-mal im Jahr ist ausreichend · Zeitproblem · 1- bis 2-jährig · 1- x 2-mal im Jahr sollte genug sein! So schnell ändert sich nichts · Jährlich reicht · Scheitert aber an praktischer Umsetzung (Zeit) · Aufgrund der zeitlichen Auslastung des VG gäbe es sonst gar kein Gespräch · ist bereits eingearbeitet · Ziel, aber ohne Beurteilung · zu aufwendig für alle · findet ja indirekt fast täglich statt · weil es für viele VG nur lästige Arbeit ist ·

zu 2.17:
Ich will überhaupt nicht · Ich finde, es gehört alles zusammen und ist somit gleichwertig ·

II. Fragen an Beurteiler:

zu 1.4:
Trennung Gehalt – Beurteilung, kein Spielraum beim Budget · nichts · Ziele noch klarer besprechen, evtl. Zwischeninfo vom MA wenn das Ziel zu hoch gesteckt ist · nichts · was ich ändern will, kann ich ändern · Nichts wesentliches · Siehe Zielvereinbarung · Den Werdegang und die Entwicklungspläne/Vorhaben des MA besser/mehr berücksichtigen, optimalere Vorbereitung/Schulung VG ·

zu 1.5:
mehr finanziellen Spielraum (Weiterbildung, Gehalt etc.) als Gespräch *vor* Budget!! · Genauere Beschreibung der Merkmale, Erwartungen · während des laufenden Jahres → Beobachten, Körpersprache · Konsequente Messung der Zielerreichung · Auf persönliche bzw. menschlicher Ebene reden, nicht großen Chef raushängen lassen · BSC-Ziele messbar machen · Vereinbarung heißt, dass beide Seiten sich einbringen. Bei Interessenskonflikten besteht vielfach „Diktatur“ · Bessere Aufklärung über Ziele + Vorteile bzw. Notwendigkeit für MA + VG · s. 2.8.1 b ·

III. Fragen an Beurteilte:

zu 1.2
Findet nicht statt, nur einmal pro Jahr!

zu 1.3:
Entweder Bewertung Verlauf *oder* Bewertung Ergebnis ·

zu 1.3.1
aber ohne wirkliche Aufnahme · Ziele werden von oben durchgesteuert · teils · ohne Erfolg ·

zu 1.4.:
Aber: Papier ist geduldig ·

zu 1.5:
teilweise ja · z. T. · Kontrollkriterien · Keine detaillierten Kontrollkriterien · jedoch nicht durchgängig für alle Ziele · siehe Zielvereinbarung ·

zu 1.5.2:
ja, Beeinflussbarkeit der Ziele nur z. T. · konkreter und auch von VG verinnerlicht · Ein Diktat einzelner Ziele sollte möglichst unterbleiben · Tempo und Messgrößen von 1.5.1 nicht immer akzeptierbar · ca. 70 % sind meine eigenen Vorschläge · siehe Zielvereinbarung · Mehr Spielraum für Gehaltsfrage · teilweise · Leider kann man sich die Ziele nicht immer aussuchen ·

zu 1.6.:
nichts · nichts · mehr Verständnis der VG, wie es laufen soll · nichts · nichts · Erreichte Ziele sollten auch finanziell vergütet werden · s. II. 1.4 · Nichts wesentliches · Die erbrachte Leistung muss entsprechend entlohnt werden · gar nichts · Ein fester Termin rechtzeitig vor Jahresultimo · Ein Gespräch pro Jahr ist nicht ausreichend. Die Stellenbeschreibung wird nach Vorstellung des Vorgesetzten angepasst, d. h. es werden Zusatzaufgaben aufgedrückt · Durch diese Zusatzbelastung entsteht ein Konflikt mit den eigentlichen Zielen · Mehr Zeit für die Besprechung des beurteilten Zeitraumes durch die MA · Vergleich mit anderen Kollegen / Mitarbeitern intern und extern · Die Gehaltsfrage kann nicht der letzte Punkt sein. Wenn das Gehalt vernünftig ausfällt, lassen sich leichter umfangreiche Ziele vereinbaren · Eindeutige Alternativen und Perspektiven zur Weiterentwicklung fehlen nach wie vor · Die vereinbarten Ziele sollten verbindlich sein und die Erreichung nicht durch ständige neue Aufgaben erschwert werden ·

IV. Was ich noch sagen wollte, ist:

Das System dient eigentlich nur dazu ob man 1 % oder 3 % mehr Lohn bekommt. Der Rest ist nur Fassade. *Leider*! · Punkt 1 von C Ihres beigefügten EZV-Formulars ist nicht in meiner EZV aufgeführt! · Siehe 1.5 / Gehaltsentwicklung über EZV · Der Fragebogen ist zu komprimiert auch räumlich! Weniger ja, nein Fragen! Diese sind oft schwer zu beantworten, da das Leben nicht immer schwarz und weiß ist. · Das erste Gespräch fand noch bei einem Glas Bier außer Haus statt. Heute fehlt vieles • Ich sehe die heutige Praxis der EZV-Gespräche bei Burgmann noch in einem ausbaufähigen/notwendigen Stadium · Das seit Einführung ein Gespräch unumgänglich ist, ist sehr positiv · Ich bin der Meinung, das der tägliche Kontakt des Vorgesetzten und das ZVG der richtige Weg ist, Mitarbeiter richtig beurteilen und einschätzen zu können · Wichtigster Punkt ist IV. von Blatt D (Finanzielle/vergütungsmäßige Vereinbarungen für das kommende Jahr) · Verringerung der Akzeptanz durch offensichtlich ungerechtfertigte Ungleichbehandlung und laufende Ergänzung der Ziele durch zusätzliche Aufgaben · Es geht eigentlich nur um die neue Gehaltsfestlegung · Die Einschätzung der eigenen Leistung wird erst möglich, wenn man den Vergleich zu dem Kollegen hat, ein Abteilungsdurchschnitt oder ein Durchschnitt über die Firma würde da helfen! ·

Ergebnis der Befragung I., 2.17: Beurteilungen und EZV-Gespräche sind sehr wichtig und erforderlich zur Optimierung der (des):

		Rang I→V
1.	Personaleinsatzsteuerung	8.
2.	Personalführung individuell/ insgesamt	3.
3.	Mitarbeitermotivation	1.
4.	Zusammenarbeit VG/MA	2.
5.	Gerechten Entgeltfindung	4.
6.	Personalförderung	7.
7.	MA-Eigenentwicklung	5.
8.	Informationsaustausches	9.
9.	Beziehung VG/MA	10.
10.	Arbeitsgruppeneffektes (Teamförderung)	11.
11.	Führung durch Zielvereinbarung (MbO)	6.
12.	Entlastung der Vorgesetzten	14.
13.	Bindung von Mitarbeitern an das Unternehmen	12.
14.	Nachwuchsförderung	13.
15.	Personalfreisetzungsplanung	15.

Literatur

BBW (Bildungswerk der Bayerischen Wirtschaft)-Skriptum für Führungskräfte, München, 1978

BECKS-ARBEITSGESETZE, aus: Beck-Texte, 55. Auflage, 1999

BECKER, FRED: Grundlagen betrieblicher Leistungsbeurteilungen, Schäffer-Poeschel, Stuttgart, 1998

BEITZ, HOLGER: Trendletter, März 2000

BREISIG, THOMAS: Personalbeurteilung, Mitarbeitergespräch, Zielvereinbarungen, Bund, Frankfurt/Main, 1998

BUNGARD, WALTER/KOHNKE, OLIVER (HRSG.): Zielvereinbarungen erfolgreich umsetzen, Gabler, Wiesbaden, 2000

CAPRA, FRITJOF: Wendezeit, Systembild des Lebens, Scherz, München, 1992

CAPRA, FRIDJOF/EXNER, ALEXANDER/KÖNIGSWIESER, ROSWITHA: Veränderung im Management – Management der Veränderung, in: Königswieser, Roswitha/Lutz, Christian (Hrsg.): Das systemisch evolutionäre Management: der neue Horizont für Unternehmer, Wien, 1992

CRISAND, EKKEHARD/STEPHAN, PAMELA: Personalbeurteilungssysteme, Sauer, Heidelberg, 1994

DECKSTEIN, DAGMAR/SCHMIDT ANDREAS: Postmoderne Zeiten, Süddeutsche Zeitung, 29.05.2000

FERSCH, JOSEF M.: FHR-Skriptum Personalwirtschaft, Selbstverlag, Ramerberg, 1988, Anmerkung: Zeugnisse über einen unbekannten Bewerber – und unbekannten Zeugnisverfassern – über unbekannte Arbeitsplätze und Situationen dort – sind retrospektive Daten.

FERSCH, JOSEF M.: FHR-Skriptum Betriebspsychologie, Selbstverlag, Ramerberg, 1999

FERSCH, JOSEF M.: Skriptum Führungskolleg I, Selbstverlag, Ramerberg, 1998

FERSCH, SABINE E.: Das 360°-Feedback-System, Selbstverlag, Ramerberg, 2000

FREITAG, HUGO: Physiklehrbuch, C.C. Buchners, Bamberg, 1938

FREY, DIETER: Innere Kündigung, Eigenverlag, München, 1999

HENTZE, JOACHIM: Arbeitsbewertung und Personalbeurteilung, Schäffer-Poeschel, Stuttgart, 1980

HÖFLING, OSKAR: Lehrbuch der Physik, Dümmler, Bonn, 1962

JESERICH, WOLFGANG: Mitarbeiter auswählen und fördern, Hanser, München, 1981

JOPPE, JOHANNA.: Süddeutsche Zeitung, München, 27.05.2000, über: Seligmann, Martin, Pessimisten küsst man nicht – Optimismus kann man lernen.

KRESSLER, HERWIG: Leistungsbeurteilung von Managern, Ueberreuter, Wien, 1989

LIEBEL, HERMANN J./OECHSLER, WALTER A.: Personalbeurteilung, Gabler, Wiesbaden, 1992

MALIK, FREDMUND: Malik on Management (M. o. M.), Management-Zentrum St. Gallen, Heft 1/1995

MAUCHER, HELMUT: io-management ETH Zürich, Nr. 6/2000

MISSBACH, ARTUR: Vertrauliche Nachrichten aus Politik und Wirtschaft, Arbeit und Wirtschaft, Büsingen, Heft 31.03.1992

MIYAMOTO, MASAO: Die Zwangsjackengesellschaft – ein Insiderbericht über die Japan AG, Metropolitan, Düsseldorf/München, 1996

NEUBERGER, OSWALD: Das 360°-Feedback, Rainer Hampp, München und Mering, 2000

PETERS, THOMAS/WATERMAN, ROBERT: Auf der Suche nach Spitzenleistungen (bei US-Firmen), MI, Landsberg, 1983

REDDIN, WILLIAM J.: Das 3-D-Programm, MI, München, 1977

SOMMERHOFF, BARBARA: Personalbeurteilung, MI, Landsberg, 1999

SPRENGER, REINHARD K.: Das Sisyphos-Dilemma, in: Bungard, Walter/Kohnke, Oliver (Hrsg.): Zielvereinbarungen erfolgreich umsetzen, Gabler, Wiesbaden, 2000

THÖMMES, JÜRGEN: Blinde Flecken in der Beurteilungspraxis, Rainer Hampp, München und Mering, 1996

TOMINAGA, MINORU: Auf der Suche nach deutschen Spitzenleistungen, Econ, München, 1997

ULICH, EBERHARD: Arbeitspsychologie, Schäffer-Poeschel, Zürich/Stuttgart, 1994

WAGNER, HARDY: Struktogrammanalyse, 4. Auflage, MI, Landsberg, 1987

WESTKÄMPER, ENGELBERT/MAI, CHRISTOPH/KAUMANNS, WOLFGANG: TQM-KMU, Umfassendes Qualitätsmanagement in kleineren und mittleren Unternehmen, Fraunhofer Institut, Stuttgart, 1998

WUNDERER, ROLF: Vortrag „Mitarbeiterführung im Wertewandel", Arbeitskreis für Führungskräfte in der Wirtschaft, München, 07.06.1994

ZANDER, ERNST/KNEBEL, HEINZ: Taschenbuch für Arbeitsbewertung, Sauer, Heidelberg, 1978

ZANDER, ERNST/KNEBEL, HEINZ: Taschenbuch für Leistungsbeurteilung, Sauer, Heidelberg, 1982

Der Autor

Dr. Josef M. Fersch ist seit 1980 selbstständig als Unternehmensberater renommierter Firmen in den Bereichen Führungstraining, Teamtraining, Problemlösungsworkshops, Prozessbegleitung, Coaching, Personal-, Nachfolge- und Karriereberatung, Mediation usw.

Ebenfalls seit 1980 ist er Dozent für Personalführung, Personalorganisation und Betriebspsychologie an der Fachhochschule Rosenheim. An Universitäten hält er Vorträge bzw. Blockseminare.

Nach seinem BWL-Studium (Fachhochschule in München) studierte er neben seiner Berufstätigkeit an der Universität München Sozialwissenschaften und Rechtslehre. Anschließend absolvierte er eine umfangreiche psychotherapeutische Ausbildung. Er promovierte über Leistungsbeurteilungs- und Zielvereinbarungsmanagement.

Dr. Josef M. Fersch
Anger 19
83561 Ramerberg/Krs. Rosenheim
Tel.: 0 80 39/21 00
Fax: 0 80 39/30 91